大学生の
学習ダイナミクス

授業内外のラーニング・ブリッジング

河井 亨

東信堂

はしがき

　不安定化する現代社会にあって、大学の社会的役割の1つとしての大学教育は、ますます重要なものとなりつつある。大学の研究活動や社会的活動だけでなく、大学の教育活動に社会から大きな関心が寄せられている。

　大学、そして政府は、長らく大学改革に取り組んできた。特に、1984年の臨時教育審議会を起点とする改革では、大学教育に焦点化した改革が進められた。大学教育改革は、30年にわたる歴史を有しているのである。大学教育改革の歴史の中では、国立大学の独立行政法人化、シラバスや授業評価の導入やカリキュラム改革、教員と職員のそれぞれの組織的な力量形成を意味するファカルティ・ディベロップメント（FD）やスタッフ・ディベロップメント（SD）、優れた教育実践の共有、大学教員のティーチングの改善といった多岐にわたるテーマが改革の俎上にあがってきた。そして今日、スポットライトがあたっているのが、学生の「学びと成長」というテーマである。

　社会、産業界、大学人、学生のいずれにとっても、学生の「学びと成長」が関心の的となっている。グローバル化とそれに伴う激しい競争で余力を削られている社会と産業界からは、学生の「学びと成長」の向上を求める声が上がっている。少子化と大学進学率の上昇あるいはグローバル化という情勢の中で大学教育の重要性が高まるにつれ、大学人として学生の「学びと成長」を理解して後押しする責務がますます重要なものとなっている。学生たち自身にとっても、社会の先行きも自分自身の先行きも不透明で不安定化する状況下で、自らの「学びと成長」を追求する必要性に迫られている。こうして、学生の「学びと成長」についての共通認識が求められている。さらには、そうした認識を作り上げていく枠組みが求められていると言っても良い。し

がって、学生の「学びと成長」についての共通認識を形成するための研究が求められている。

　学生の「学びと成長」に関心が集まっている。では、なぜ、学生の学びと成長は重要なテーマなのであろうか。まず、学生の学びと成長は、教育実践を見る視点としての役割を担う。これまでの大学教育改革は、大学教育の実践の道具立てを整えてきた。学士課程教育の構築、アドミッション・カリキュラム・ディプロマの3つのポリシー、カリキュラム改革、FDやSD、シラバスや授業評価やICTといったツールなどである。それら教育の改善に向けた取り組みは、学生の学習にどのような影響を及ぼしたかという観点に基づいて評価されなければならない（苅谷 1998; 寺﨑 2007）。学生の「学びと成長」は、教育実践の評価の観点、すなわち教育実践を見る視点とならねばならないのである。

　また、学生の「学びと成長」は、教育実践の目標に結びついている点で重要である。それは、学生の学びと成長が教育実践の評価観点であることから帰結する。教育実践の評価においては、目標に準拠した評価が重要である（田中 2008）。学生の学習を目標に準拠して評価しなければならないという要請は、大学教育実践の目標を照らし返す。自律的な学びや主体的な学びが謳われる今日にあっては、大学教育実践の目標は、「自分に対する教育を自分で編成していく力と責任を学生たちに与えていくこと」（松下 2003: 79-80）でなければならない。こうして、教育実践を見ていく視点としても、教育実践の目標としても、学生の「学びと成長」が1つのポイントとなっている（溝上 2012）。

　さらにまた、学生の「学びと成長」というテーマとそれについての研究は、大学教育の改善の契機となる点で重要である。学生の「学びと成長」というテーマに関心が集まり、その研究が求められている。この経緯は、「ティーチングからラーニングへ」という流れとも合致するが、学生の学習への焦点化がティーチングを軽視することになっては本末転倒である。学生の学習についての理解は、大学教員の授業デザインの質的向上や教師としての力量形成と相互的に発展されねばならない（Bain 2004=2008; 松下・田口 2012）。同様に、

学生の学習についての理解を、大学構成員間の共有財産とすることができるならば、それこそがFD・SDの重要な形の1つと言える (Shulman 2004; Huber & Hutchings 2005; 松下 2008; 松下編 2011)。そして、学生の学習についての理解の発展は、「大学・学部の教育意思の表現体」(寺﨑 2001) かつ「学習者に与えられる学習経験の総体」(松下 2012a) としてのカリキュラムの改革にとっても不可欠のものである。学生の「学びと成長」というテーマとそれについての研究は、ティーチング、FD・SD、カリキュラム改革といった大学教育にとっての改善の契機となる点で重要である。

学生の「学びと成長」というテーマは重要であり、そして実際に集合的な関心が集まっている。それゆえに、学生の「学びと成長」についての研究は、喫緊の課題として迫っている。学生の「学びと成長」についての共通認識を形づくっていけるような研究が求められている。さらにまた、その認識の枠組みそれ自体を彫琢していく必要がある。より具体的に、学生の「学びと成長」に関して、何を対象にどのような研究が求められているのであろうか。

学生の「学びと成長」に関する研究の対象は、まず、学生の実態把握である。共通認識を形成するために、現在の学生の実態を把握することから始めねばならない。実態を把握すること無しに、実態把握を共有すること無しに、実りある共通認識が生み出され形づくられることは望めない。実態の把握が重要であることは論をまたない。他方で、実態の把握に留まり続けるのならば、手にしうる果実を前に踵を返すことになる。そこで次に、学生の「学びと成長」について、その実態の把握に加え、その可能性の追求がなされねばならない。研究として臨む以上、実態の把握には可能性の追求が随伴者となることは自然なことである。学生の「学びと成長」についての研究は、実態の把握と可能性の追求をもって、共通認識の形成と認識枠組みの彫琢に資することが求められるのである。

それでは、実態の把握と可能性の追求のために、どのような研究が求められるのか。実態の把握のためには、共通認識を可能にするデータを核とする調査研究が求められる。そのような調査研究では、学生の姿を具体的に捉えるデータによる調査研究(教育実践調査研究)と学生の状態を一般的に捉える

データによる調査研究（全国調査研究）、そしてそれらの接続が求められるだろう。また、可能性を追求するためには、その可能性をできるだけ具体的なものにする概念化が求められる。概念化のためには、データに基づく調査研究の結果と結びつけること、そしてその概念化をより広い概念のネットワークに位置づけて関連づけることが求められるだろう。

そこで本書では、そのような要件を踏まえ、学生の「学びと成長」をテーマとする研究に取り組む。調査研究によって学生の「学びと成長」の実態を把握し、その成果と概念化によって学生の「学びと成長」の可能性を追求していく。

まず第1章では、学生の「学びと成長」というテーマに関わる厚い背景を掘り起こすことから始める。学生の「学びと成長」というテーマの下で、各人各様のばらばらな関心ではなく共通認識を形づくることを目指すのならば、このテーマに関する厚い背景を丁寧に掘り起こす作業が不可欠である。この作業は同時に、学生の「学びと成長」というテーマがどのように成立してきたかを辿る道程でもある。その出来を辿りながら、そのテーマの持つ広がりを理解していきたい。あわせて、学生の「学びと成長」についての研究にとって、不可欠なまた有益な多くの研究を視野に収めていく。第1章では、学生の「学びと成長」というテーマに関わる研究を概観していく。

第2章からは、データに基づく調査研究と概念化を目指す理論研究に取り組む。第2章から第4章までかけて、調査法を組み合わせながら、具体的な教育実践とその中の学生の姿を捉える調査研究を進める。共通認識を可能にするデータを核とする調査研究によって、学生の実態の把握は取り組まれる。それと同時に、そこで見えてきた学生の「学びと成長」の姿の可能性の概念化を図る研究を進める。実態の把握に基づく可能性の追求は、概念化という作業によって果たされる。学生の「学びと成長」というテーマのもとで共通認識を形成するために、実態の把握と可能性の追求を両輪として研究を進めたい。

第5章では、学習研究の流れへの関連づけを通じて、概念化をよりいっそう洗練することを試みる。概念をあてはめて学生の姿を捉えるのではなく、

捉えられた学生の姿を、学習研究の流れの中へ位置づける形で進めたい。そのために、概念のネットワークそれ自体の布置を再構成することを試みる。再構成された概念のネットワークの布置の中に概念化を位置づけ直すことで、その概念化のもつ意味を掘り下げて考える。

その上で、第6章では、概念化のレンズを通して、再び、具体的な教育実践の中の学生の姿を眺めてみる。そして、第7章では、概念化を組み込んで学生の姿を一般的に捉えることを試みる。実態の把握に基づく可能性の追求として行われた概念化は、ここで、さらに実態を把握する枠組みとしての役割を果たす。概念化による枠組みに基づいて実態を把握することで、実態とそこにある可能性についてさらに把握・追求することを試みたい。

最後の第8章では、それまでの章の研究を踏まえて、「学びと成長」についての知見(明らかになったこと)と示唆(敷衍されうること)を広い視野からまとめあげることに取り組みたい。さらに、本書の中の研究で取り組めなかった点を残された課題として特定する。そして、今後の展望を描くことで課題への道筋をつけていきたい。以上が本書の研究の構成である。

目　次／大学生の学習ダイナミクス

はしがき……………………………………………………………………… i

第1章　学生の学びと成長に関する厚い背景
　　　　――本書の研究の問題と目的 ………………………… 3

第1節　日本の大学教育改革政策と学生の学習 ………………………… 4
第2節　学生の学習についての先行研究：
　　　　大学生調査研究を中心に ……………………………………… 12
　(1) 学生の「学びと成長」への関心の土壌：カレッジ・インパクト
　　　研究とインスティテューショナル・リサーチ研究 …………… 12
　(2) アメリカ高等教育の伝統と教育の再活性化 ………………… 16
　(3) 『学習への関与』と関与理論 ………………………………… 19
　(4) 学生エンゲージメント理論と効果的な教育実践論 ………… 22
　(5) IRの現在 ……………………………………………………… 27
　(6) 本節のまとめ ………………………………………………… 30
第3節　学生の学習についての先行研究：
　　　　日本における大学生調査研究 ………………………………… 31
　(1) 日本の大学教育改革の中の大学生調査研究 ………………… 32
　(2) 大学生調査研究についての整理 …………………………… 38
　(3) 大学生調査研究における学生の「学びと成長」についての先駆的研究 … 42
第4節　学生の学習についての先行研究：学習研究、コミュニティ
　　　　についての研究と学習アプローチについての研究 ………… 46
　(1) 学習研究：行動主義・認知科学・状況論の
　　　パースペクティヴの共存へ …………………………………… 46
　(2) 実践コミュニティやラーニング・コミュニティについての研究 ……… 53
　(3) 学習アプローチについての研究 …………………………… 56
第5節　調査研究への助走：本章のまとめと本書の研究の輪郭 ……… 60
　(1) 本章のまとめと本書の研究の位置 ………………………… 60
　(2) 本書の研究の輪郭 …………………………………………… 62

第2章　WAVOC教育実践の特徴とそこに参加する学生の学習の特徴——教育実践調査研究① ………… 73

- 第1節　WAVOC教育実践の概要 ………………………………………74
- 第2節　WAVOC教育実践調査研究①：目的と方法 ………………79
  - (1) 目的 ……………………………………………………………… 79
  - (2) 方法 ……………………………………………………………… 80
    - 1) 調査の概要 ………………………………………………… 80
    - 2) 調査内容 …………………………………………………… 81
- 第3節　WAVOC教育実践調査研究①：結果と考察 ………………83
  - (1) 結果 ……………………………………………………………… 83
    - 1) WAVOCプロジェクト参加学生の学習：全国調査との比較から ……… 83
    - 2) WAVOCプロジェクト参加学生の学習：
       WAVOC教育実践調査2009から …………………………… 87
  - (2) 考察 ……………………………………………………………… 95

第3章　WAVOC教育実践（プレゼン・コンテスト）における授業外の活動と学習——教育実践調査研究② ……… 101

- 第1節　WAVOC教育実践調査研究②：目的と方法 ……………… 101
  - (1) 目的 ……………………………………………………………… 101
  - (2) ボランティアフェアとプレゼン・コンテスト ……………… 104
  - (3) 方法 ……………………………………………………………… 105
    - 1) 調査の実施 ………………………………………………… 105
    - 2) 分析手続き ………………………………………………… 106
- 第2節　WAVOC教育実践調査研究②：結果と考察 ……………… 107
  - (1) 分析結果 ………………………………………………………… 107
  - (2) 考察 ……………………………………………………………… 112
    - 1) リフレクションについて ………………………………… 112
    - 2) 異なるリフレクションの間の関係 ……………………… 113
    - 3) リフレクションに関する一般的考察：先行研究との接続 …… 114
    - 4) ボランティア活動とプレゼン活動との関係および学生の学習 …… 116
    - 5) 学生の授業外学習に対するWAVOC教育実践の結びつき … 117

第4章　WAVOC教育実践に参加する学生の授業／授業外にわたる学習ダイナミクス
　　　──教育実践調査研究③……………… 123

第1節　WAVOC教育実践調査研究③：目的と方法………… 123
　(1) 目的……………………………………………………… 123
　(2) 方法……………………………………………………… 124
　　　1) 調査の概要 ………………………………………… 124
　　　2) 分析手続き ………………………………………… 125
第2節　WAVOC教育実践調査研究③：結果と考察………… 126
　(1) 各カテゴリーの結果とその考察……………………… 126
　　　1) WAVOCプロジェクトの意味づけ ……………… 126
　　　2) WAVOCプロジェクトと大学の授業との関係 … 129
　　　3) 大学の授業からWAVOCプロジェクトへの影響と
　　　　　WAVOCプロジェクトから大学の授業への影響 … 132
　(2) 考察……………………………………………………… 136
　　　1) WAVOCプロジェクトと授業外での学習 ……… 136
　　　2) 実践コミュニティおよびラーニング・コミュニティとしての
　　　　　WAVOCプロジェクト ……………………………… 136
　　　3) 学習ダイナミクスとしてのラーニング・ブリッジング … 137
　　　4) WAVOC教育実践と参加学生の学習ダイナミクスとしての
　　　　　ラーニング・ブリッジングとの関係 …………… 140

第5章　ラーニング・ブリッジングの理論的位置づけ …… 145

第1節　学習研究の流れと展開の再構成……………………… 147
　(1) 学習研究における3つのパースペクティヴの共存と拡張 … 147
　(2) 学習研究の展開3つの関心…………………………… 148
　　　1) 状況としての実践コミュニティへの関心 ……… 148
　　　2) 学習の対象に関する研究関心 …………………… 151
　　　3) 学習者自身への研究関心 ………………………… 154
第2節　さらなる調査研究に向けて──ラーニング・ブリッジング
　　　の理論的位置づけと調査項目設計 …………………… 160

(1) ラーニング・ブリッジングの理論的位置づけ……………………… 160
　(2) 実践コミュニティとラーニング・ブリッジングに
　　　ついての調査項目設計……………………………… 164

第6章　WAVOC教育実践における実践コミュニティと そこに足場を置いたラーニング・ブリッジング ――教育実践調査研究④ ……………………………… 167

第1節　WAVOC教育実践調査研究④：目的と方法 ……………… 167
　(1) 目的……………………………………………………………… 167
　(2) 方法……………………………………………………………… 168
　　　1) 調査の概要……………………………………………………… 168
　　　2) 調査項目………………………………………………………… 168
第2節　WAVOC教育実践調査研究④：結果と考察 ……………… 169
　(1) 結果……………………………………………………………… 169
　　　1) グループの作成………………………………………………… 169
　　　2) 各グループの比較……………………………………………… 170
　　　3) 各グループの特徴……………………………………………… 175
　(2) 考察……………………………………………………………… 176
　　　1) 教育実践調査研究④：実践コミュニティに足場を置いた
　　　　 ラーニング・ブリッジングが学生の学びと成長に果たす
　　　　 役割についての考察…………………………………………… 176
　　　2) WAVOC教育実践と実践コミュニティおよび
　　　　 ラーニング・ブリッジングとの関係………………………… 178

第7章　実践コミュニティとそこに足場を置いた ラーニング・ブリッジング――全国調査研究 ……… 185

第1節　全国調査研究：目的と方法 ………………………………… 186
　(1) 目的……………………………………………………………… 186
　(2) 方法……………………………………………………………… 186
　　　1) 調査の概要……………………………………………………… 186
　　　2) 調査項目………………………………………………………… 187

第2節　全国調査研究：結果と考察 …………………………………… 188
　　(1) 結果：「授業外実践コミュニティ」グループについての検討 ……… 188
　　　　1) 各グループの学年・性別・文理・偏差値別の割合 …………… 189
　　　　2) 実践コミュニティの中身に関する検討 ………………………… 192
　　　　3) 実践コミュニティで行う授業外学習の動機づけについての
　　　　　　分析と考察 …………………………………………………… 194
　　(2) 結果：「実践コミュニティとラーニング・ブリッジング」
　　　　グループについての検討 ………………………………………… 196
　　　　1) 各グループの比較 …………………………………………… 196
　　(3) 考察 ……………………………………………………………… 202
　　　　1) 各グループの特徴 …………………………………………… 202
　　　　2) 全国調査研究：実践コミュニティに足場を置いた
　　　　　　ラーニング・ブリッジングが学生の学びと成長に果たす
　　　　　　役割についての考察 ………………………………………… 205

第8章　結論 …………………………………… 213

第1節　本書の研究の総括 …………………………………………… 213
第2節　本書の示唆と残された課題と展望 …………………………… 234
　(1) 本書の示唆 ……………………………………………………… 235
　(2) 残された課題と展望 …………………………………………… 245

あとがき ……………………………………………………………… 253
文献 …………………………………………………………………… 255
事項索引 ……………………………………………………………… 289
人名索引 ……………………………………………………………… 294

大学生の学習ダイナミクス
―― 授業内外のラーニング・ブリッジング ――

第1章　学生の学びと成長に関する厚い背景
——本書の研究の問題と目的

　本書では、学生の「学びと成長」[1]というテーマについて研究を進める。その前段の作業として、本章では、本書の研究の厚い背景を掘り下げていく。第1節では、現在までの大学教育改革政策の流れを概観し、本書の背景を明らかにする。第2節以降の3つの節で、本書の先行研究を概観していく。第2節では、まず、北米を中心とする大学生調査研究を概観し、大学教育における重要なテーマであり実践的な観点でもある学生の「学びと成長」の成立とそれに関する研究の展開を辿る。学士課程の大学生活全体を対象とする包括的な視野から研究を進めている大学生調査研究の成果をまとめていく。第3節では、それらの大学生調査研究の成果と動向を受けて展開されている日本の大学生調査研究を概観する。これまでの大学生調査研究の成果から、授業外での経験や学習が学生の「学びと成長」にとって重要であることが明らかにされている。こうした授業外での経験と学習を考える上で実践コミュニティやラーニング・コミュニティといったコミュニティに着目する研究の蓄積が示唆を与えてくれる。また、授業外での経験と学習の重要性の指摘の一方で、大学教育における学生の学習にとって、授業での学習が重要であることは疑いない。本研究では、授業外での経験や学習だけでなく授業での学習も含めて研究対象としていく。そのため、第4節では、本書の研究に特に関連する研究として、学習研究の流れと、実践コミュニティやラーニング・コミュニティについての研究と、授業での学習に関係する学習アプローチについての研究を先行研究として取り上げて概観する。第5節で本章をまとめ、本書の構成を述べる。

第1節　日本の大学教育改革政策と学生の学習

　日本の戦後の高等教育政策は、1984年設置の臨時教育審議会から1991年の大学設置基準の大綱化に至る流れを節目として、大学教育改革の時代へと入ったとされる(天野 2005; 江原 2010; 寺﨑 1998)。グローバル化、ユニバーサル化、人口減少といった社会状況のもと、大学の教育改革は、生き残りをかけた競争の様相を呈し、社会から未曾有の関心が注がれるに至っている(寺﨑 1999)。高等教育制度は、教育をどのように組織して実践するか、教育成果をどのように評価するか、またその質をどのように保証するか、そしてそれらをどのように社会的に説明するかといった様々な教育的課題に直面している(天野 2004)。

　高等教育政策は、大綱化以降、まさに「教育」の改革として展開される。その背景は、大学進学率の上昇と人口動態上の変化という国内情勢と、ボローニャ・プロセスや国際大学ランキングに典型的に見られるグローバルな競争という国際情勢である。高等教育政策は、国内外の情勢を背景に、制度のあり方や教育内容をトップダウンで規定する指示型から規制緩和に対応するよう適応性の大きい制度を作り出そうとするシステム型へと転換していったのである(天野 2003; Trow 1972=1976, 1973=1976)。

　こうした情勢の中で取り組まれる大学教育改革の動きは、大学の内側からの動き、大学の外側からの動き、それらをまとめあげる動きとして整理できる。まず、大学の内側からの動きの中心は、大学教育カリキュラム改革である。この動きは、大綱化における教育課程の位置づけを1つの契機としている。大綱化前には、授業科目間の関係についての視点が無かったのに対し、大綱化後の基準では、各授業科目は、各機関の教育上の目的を達成するために体系化された教育課程の一部として位置づけられた。すなわち、「はじめに授業科目ありき」という発想から「はじめに教育課程(カリキュラム)ありき」という発想へと転換したのである(舘 1997)。この転換を受けて、各大学は、大綱化後、大学教育の質を問う社会からの声に対して、各大学の学問精神と教育意思の総体を表現するカリキュラム改革によって内側から応えようとし

ていった (寺﨑 2003)。

　次に、大学教育改革の外側からの動きの中心は、大学教育が社会的責任を果たしているかどうかを問うアカウンタビリティの要求である。アカウンタビリティとは、狭義には機関の自らの活動の意義を社会および利害関係者に示す責任を指し、広義にはその責任を果たす評価活動および機関の諸実践を含む。大綱化以降の日本の大学教育改革はまた、ボローニャ・プロセスに典型的に見られるグローバルな競争下での国際的通用性を問う声、すなわち大学教育の成果を求めるアカウンタビリティの要求に直面している (山田礼子 2012)。アカウンタビリティの要求に応えようとする取り組みを理解するには、ラーニング・アウトカムズと内部質保証という2つのキーワードが重要である[2]。ラーニング・アウトカムズとは、授業やプログラムや課程を通して学生が身につける知識・技能・態度を指す。質保証とは、機関が自らの目標とするラーニング・アウトカムズの達成や利害関係者のニーズの充足を通じて自らの教育の質の向上を図って利害関係者からの信頼を築いていくことを意味する。大学基準協会のような第三者機関を通じてこれらの質保証を図っていくことが外部質保証であるのに対し、高等教育機関自らの自己評価を通じて質保証を図っていくのが内部質保証にあたる。大学評価の方向性が、他律から自律へ移行し、また外部だけでなく内部へと深化していっているのである (大学基準協会 2009)。ヨーロッパ、アメリカ、オーストラリアといった先進諸国では、学問分野ごとに水準分けされたラーニング・アウトカムズを明示し、それらを柱とする質保証枠組みの構築を進めていくことによって、グローバルな競争を背景とするアカウンタビリティの要求に応えようとしている (Adelman 2008, 2009; Gaither 1995; Shavelson 2010)[3]。今日、日本の大学教育改革においても、ラーニング・アウトカムズや内部質保証が重要なテーマとなっている。国際的な潮流とともにアカウンタビリティの要求は、日本の大学教育改革に迫っていると言える。

　大学の内側から進められていくカリキュラム改革と外側から迫ってくるグローバルな競争とアカウンタビリティの要求とは密接に絡み合っている。両者はまとまりをもって大学教育改革をさらに突き動かしていく。両者をまと

めていく動きは、中央教育審議会答申『学士課程教育の構築に向けて』に見ることができる。ここで言う学士課程教育の構築とは、専門分野や学部といった組織ごとの縦割り区分ではなく、課程による区分で学士課程を一貫する教育を対象として大学教育改革を進めていくというものである（絹川 2006）。学士課程教育の構築は、大学教育改革を各教員の授業ごとの改善活動や各部局の改善活動といった単位ごとに区切られた改革から機関単位の視野で取り組む改革へと進む方向性を意味する（舘 2010; 寺﨑 2007）。単位ごとに区切られた改革は往々にして分断・断片化されがちであるが、これを機関単位で包括することで組織的で重層的な改革が目指されている。こうして、今日、各機関それぞれの学士課程教育の構築によって、高等教育の質保証を達成するべく、大学教育改革が進められているのである。

　以上見てきた大学教育改革の大きな流れの中で、大学教育の質は学生の学習の質によって測られねばならないという考え方が幾度となく指摘され、広く共有されていった。例えば、次のような指摘が見られる。

　　大学の教育改革は、学生たちの「学習改革」と結びついたときにはじめて意味をもつものである。したがって、大学教育の質は、何よりも学び手である学生側の学習の質によって測られるべきであり、どんな改革も、学生の学習に影響を及ぼさないかぎり、それは大学側の自己満足に終わってしまう。［中略］いまや、大学教育の「質」が問われている。その真意は、改革側の意気込みや試みを評価する段階から、改革の本来の目的である学生の学習面での変化に注目する段階に来ているということだ（苅谷 1998: 115-116）。

　高等教育政策は、今日において、大学教育の質の保証に向けて学生の学習の質を問う動きを現実のものとしている。大学教育改革は、理念の上でも、実践の上でも、教育の改革から学生の学習の改革へとその射程を広げてきている。

　実際、学生の学習の質が問われ、学士課程教育の実質的な構築に向けた政

策が進行している。この動きは、政府と高等教育機関の双方で進められている。そのような政策には、カリキュラム改革や単位制度の実質化、学士力や社会人基礎力の提起[4]、そして主体的・能動的な学習を引き出す教授法・教育実践の推進を謳うGP (Good Practice) 政策などがある。

まず、キャップ制やGPA制度の導入によって取り組まれるカリキュラム改革や単位制度の実質化は、制度上の学生の学習時間や成績評価のあり方を規定することで学生の学習を一定程度枠づけようとする政策である。キャップ制とは、単位の過剰登録を認めず、1年間または1学期間に履修登録できる単位数に一定の上限を設ける制度である。また、GPA (Grade Point Average) とは、「秀・優・良・可」や「A・B・C・D」といった評価の各段階に対して「4・3・2・1」の数値を割り当て、その上で単位数を重みづけて、平均を求めたものを指す。文部科学省 (2011) が行った「大学における教育内容等の改革状況について」という調査では、平成21年度時点で、キャップ制を実施している大学が約71%、GPA制度を取り入れている大学が約49%と報告されている。

次に、学士力や社会人基礎力のようなラーニング・アウトカムズの提起は、学生の学習を方向づける機能を果たすことが期待された政策である (川嶋2008, 2009)。これらは、機関の教育成果・学習成果として提示されるという制度上の機能を果たし、実践において目標としての役割やアセスメントの観点となるという機能も果たす。例えば、社会人基礎力に関しては、社会人基礎力グランプリとして、社会人基礎力のカテゴリーで全国の大学の学生たちが互いの成長を競い合う実践も実施されている。それは同時に、機関の教育成果・学習成果の競合という機能を担っている。また、経済産業省 (2010) が行った「大学生の『社会人観』の把握と『社会人基礎力』の認知度向上実証に関する調査」では、学生に不足していると思う能力要素を学生と企業人事採用担当者のそれぞれに質問している。この項目で、「主体性」「コミュニケーション力」「粘り強さ」を選んだ学生はそれぞれ5.6%、8.0%、3.0%に過ぎないのに対し、同項目を選んだ企業人事採用担当者の割合はそれぞれ20.4%、19.4%、15.3%であったことが報告されている。こうした枠組みの提示とそ

れに対応した調査結果を通じて、「主体性」の中身について内容上の十分な吟味を経なかったとしても、大学教育実践や学生の学習自体を方向づける側面がある。

そして、学生の学習が行われる文脈である教育実践自体に働きかける政策が、主体的・能動的な学習を引き出そうとするアクティブラーニング型もしくは経験学習型の教育実践などを推進するGP政策である（絹川・小笠原編 2011）。GP政策を通じて、取組の目標や理念が組織的に共有されているかどうかが問われると同時に優れた取り組みの共有財産化が目指され、目標としてのラーニング・アウトカムズを実践の中の教育目標と結びつけるよう働きかけがなされていった（小松 2009; 徳永 2006; 山本 2009）。GP政策は、実践の中の学生の学習のあり方をより直接的に方向づけ、働きかけようとする政策である。

高等教育政策は、大綱化以降、カリキュラム改革や単位制度の実質化という制度面の整備と、ラーニング・アウトカムズとしての学士力や社会人基礎力の提示、そして主体的・能動的な学習を引き出そうとするGP政策という実践面の整備を進めている。学生の学習の質を問う学士課程教育の構築という流れの中で、これらの政策を通じて、高等教育政策は学生の学習に働きかけを進めていると言える。

しかしながら、ここで問わねばならないことは、こうした政策上での働きかけは、学生の学習の深化を約束するものだろうかという点である。まず、単位制度の実質化を目指して進められるキャップ制はどうだろうか。キャップ制のもとでは、単位のとりやすい授業科目に学生が集中するという結果や授業選択上の制限から学びたいことが学べないという意図に反した結果を導くことが起こりうる。キャップ制は、学生の学習の深化を必然的に導くというものではない。ここで「必要なことは、授業外で自習せざるをえないような、そしてまた自発的に自習したくなるような授業を大学と教員団が創り出していくこと」であり、「そのために大学や学部全体でカリキュラムと授業をデザインしていくという発想が求められるのである」（松下 2012a: 42-3）。

また、GPAの導入はどうだろうか。GPAの導入は、厳格な成績評価と同

義ではない。教員1人ひとりそして教員団が、組織的に授業実践に基づいて、授業評価や成績の点数や評定などの意味するところを探っていく「実践的妥当化」(大塚 2012: 192)無くしては、十分な評価にはならず、したがって学生の学習の質を問いうる営みとはなりえない。GPAの導入もまた、学生の学習の深化を保証するわけではない。

　学生の学習を方向づける目標としての機能が期待されている学士力や社会人基礎力の提起はどうだろうか。まず、実践との結びつきがない抽象的な目標のままでは、その期待は実現しないだろう。そして、能力かつアウトカムとして機能することを期待されているこれらの力は、文部科学省や経済産業省が諸外国の事例や産業界の要求をもとに実践に向けて発信されるというかたちをとっている。それゆえに、能力に関する要素主義的志向と脱文脈的志向が孕まれる。それは、国内外の様々な領域で群生する〈新しい能力〉に共通する特徴である(松下編 2010)。能力に関する要素主義的志向は、学士力(**表1-7**、68頁)や社会人基礎力(**表1-8**、69頁)のように、能力を構成する要素を個別化してリストするところに顕著に見られる。また、能力に関する脱文脈的志向としては、社会人基礎力のカテゴリーを前提にした調査や評価基準としたグランプリに埋め込まれる個別具体的な実践の文脈を超えて汎用的であろうとするところに見られる。こうした要素主義的志向と脱文脈的志向が全面に出てくる結果、それらの力を実践にあてはめる際には、個別の実践の中で学生が身につけている力を無自覚に捨象もしくは歪曲して表現することになってしまう。もしくは、あるカテゴリー——例えば、「主体性」——にきわめて多様な意味を詰め込むことになってしまう。いずれにせよ、実践の中で生じていることとそれに相応する表現との結びつきを見出すことは容易ではない。人生経歴に関して自分の選択に責任を帰属される傾向が強くなってきている個人化する社会状況(Beck & Beck-Gernsheim 2002; Giddens 1991)に対して、能力に関する要素主義的志向と脱文脈的志向はあまりにも親和的である。能力という個人の評価対象、つまり自己評価の対象であり自己の拠り所となりうるものすら、個人化を推し進めるような流れの中に置かれている。要素主義的志向と脱文脈的志向に浸った能力は、個人を攻囲し、実践に働きかけ、

実践の力を奪い、実践の中の個人をばらばらに放逐してしまうような作用を持っている。ここでも出発点として必要なことは、「議論の舞台を〈実践〉に広げ」(松下 2010: 34) ることであり、どんな価値や目標を、どんな実践を通じて実現していくかを問うことである。個人の置かれている実践との結びつきを探求することなくしては、個人化の潮流に押し流されることを止めることはできない。さらには、そうした結びつきなくしては、目標やアウトカムの提起は、学生の学習の深化につながることを期待できない。

　最後に、主体的・能動的な学習を引き出そうとする GP 政策はどうだろうか。申請数や採択数から、経験学習型教育実践およびアクティブラーニング型教育実践の普及の推進に成功したと言えるかもしれない。しかし、実践が十分に効果的なものとなっているか、つまり学生の学習を深化させるものとなりえているかという問題は、申請数や採択数からでは判断できない。したがって、ここでもまた、どんな実践で、どんな学生の学習がなされているのかを問うていくことが求められる。

　これら一連の学生の学習に働きかける政策は、実践の中の学生の学習の深化を保証するものではない。それらの政策は実践の中の学生の学習にそれぞれ働きかけ、少なからずそれらを規定する。その点で、それらの政策がまったく無意味だということではない。しかしながら、実践の中の学生の学習のあり方は、政策だけで決まるものではない。実践の中の学生の学習のあり方は、その実践とそこに参加する人々によって決まるのである。言い換えるならば、実践の中の学生の学習のあり方は、その実践とそこに参加する人々によってつねに働きかけられ、築き上げられ、形をなしていくのである。学生の学習の質の向上を達成するためには、政策や制度だけでなく教育実践の日常的営みから考えていくことが不可欠である。したがって、政策や制度についての研究にとどまらず、それらの知見を踏まえつつ、教育実践という日常的営みを対象としていく研究を進める必要があるのである。

　ここから実践と研究に関して、考えを進めることができる。第 1 に、「はじめに」で触れた、「自分に対する教育を自分で編成していく力と責任を学生たちに与えていくこと」(松下 2003: 79-80) という大学教育の目標がもつ含

意を引き出すことができる。政策や制度を通じて学生の学習時間や能力を要求するということからは、学生を受動的な存在と規定するという前提を置いてしまうことになる。そうであるかぎり、政策や制度の中身として理念的に主体的・能動的学習をどれほど謳っていても、そのような学習の実現に向かうとは限らない。それどころか、その実現とは逆の方向に機能する可能性が低くない。意図せざる結果を引き起こす可能性もまた、低くない。学生を「自分に対する教育を自分で編成していく力と責任」のある能動的な構成者と捉え、そのような「力と責任」を——政策や制度よりも直接的に——与えていくことができるのは、実践においてである。したがって、学生の学習そして「学びと成長」について研究する上では、「自分に対する教育を自分で編成していく力と責任を学生たちに与えていく」ことは、制度上あるいは理念上の目標という意味だけでなく、大学教育の実践上の目標としての意味を持っていると考えられる。

　第2に、どのような大学教育研究が求められているのかについて、さらに含意を引き出すことができる。まず、政策や制度のあり方だけでなく実践のあり方を研究していく必要がある。今日、政策や制度の改革として、大学教育改革が進み、学士課程教育の構築が進められている。とはいえ、個々の授業、個々の教員、個々の組織といった実践の営みの重要性が減じるわけではない。むしろ、学士課程教育の構築が進む中では、そうした構築を実質的に担う実践の営みこそが重要である。その実践の営みに目を向ける必要がある。言い換えれば、授業・カリキュラム・評価のそれぞれで実践の営みを問う大学教育研究が求められているのである。

　さらに、大学教育改革の経緯をふりかえって現在地を確認すると、大学教育の質を問う社会からの声を受け、授業やカリキュラムや評価という教育の改革だけでなく、学生の学習の改革へと射程を広げてきたのであった。学生の「学びと成長」というテーマに関しても、制度上の改革を、「学生が成長・発展する取組として位置づけ、方向づけながら、取り組まねばならない」（溝上 2009a: 121）のである。そこで、大学教育研究もまた、授業・カリキュラム・評価といったティーチングに関わるテーマに加えて、学生の「学びと成

長」というテーマに取り組む必要がある。

　以上の含意をあわせて考えると、求められる大学教育の実践と研究は、次のようにまとめられるだろう。まず、大学教育実践において、学生を「自分に対する教育を自分で編成していく力と責任」をもった能動的な構成者と捉える実践が求められている。そして、その背景のもとで、大学教育研究において教育実践という日常的営みを対象としていく研究が必要である。しかも、ティーチングにかかわるテーマだけでなく、学生の「学びと成長」というテーマに取り組む必要がある。したがって、政策や制度の上での学生の学習を問うだけでなく、学生の「学びと成長」という実践的な観点から学生の学習を問い、そして共通認識を形成していく研究が求められているのである。

第2節　学生の学習についての先行研究：大学生調査研究を中心に

　以下の3つの節では、本書の研究に関わる学生の学習についての先行研究を概観する。すでに取り組まれ、明らかにされたことを踏まえて、本書で明らかにすべき課題を絞り込んでいく作業を行う。本書の先行研究の中心となるのは、調査データを通じて学生の学習を検討する大学生調査研究である。本節では、北米を中心とする大学生調査研究を概観することから始め、学生の「学びと成長」というテーマの確立と展開を辿っていく。

(1) 学生の「学びと成長」への関心の土壌：カレッジ・インパクト研究とインスティテューショナル・リサーチ研究

　本節で大学生調査研究として取り上げるべき研究は、アメリカで進められたカレッジ・インパクト (College Impact: CI) 研究とインスティテューショナル・リサーチ (Institutional Research: IR) 研究である。なぜなら、それらは、「『いかに学生を学ばせ成長させるか』という学生の『学びと成長』というテーマ」（溝上 2012: 132）の形成を力強く後押ししたからである。そこでまず、学生の「学びと成長」というテーマの前史となるCI研究とIR研究を検討する。続けて、学生の「学びと成長」というテーマの確立にとって重要な役割を果た

した『学習への関与』レポートとそれ以降の発展を辿る。その中で、A.W. Astinの関与理論とG.D. Kuhのエンゲージメント理論を検討する。また、学生の「学びと成長」という関心が、大学生調査研究だけでなく、アセスメント活動、IRと絡みながら進む展開にも目を向ける。

カレッジ・インパクト (CI) 研究は、T.M. Newcombのベニントン・カレッジの研究、N. Sanfordのヴァッサー・カレッジの研究、そしてH. Jacobの研究を源泉としつつ、1950年代後半のスプートニク・ショックを実際上の契機として急速に発展を見せた (Feldman & Newcomb 1969/1994; Parker & Schmidt 1982)。教育への投資こそが、個人の生涯所得を増加させ、社会の生産力を増加させ、国家の競争力強化につながると考えられていた。時代は、教育計画に熱い視線を注いでいた (矢野 1992)。大学での経験が学生に及ぼす影響を明らかにすることを目指すCI研究は、このような社会的要請に基づく実践的な性格を強く持つ研究であった (山内 2004)。

CI研究を本格化させたのは、Astin (1977) の研究である (山田礼子 2009, 2012)。第1に、Astinは、体系的かつ大規模なデータを縦断で収集する方向性を打ち出した。Astinは、30年以上にわたり、大学新入生を対象にしたCIRP (Cooperative Institutional Research Program) と上級生用のアセスメントであるCSS (College Senior Survey) を実施していった。第2に、Astin (1993) はまた、大学環境を学生がどう認識しているかを調査してきたPace (1982) とともに研究を進め、学習成果について認知と情動の側面を区別し、心理的次元と行動的次元を区別した。第3に、学生の変化に影響を及ぼす要因として大学教育の経験と個人特性や大学外環境の影響とを区別した。そして、Astinは、この区別に基づき、入学前状況というインプット要因 (I) と大学の環境要因 (E) とアウトカム要因 (O) からなるI-E-Oモデルを構築した (図1-1)。大規模データの収集・分析、学習成果への着目と分類、I-E-Oモデルの3点は、以降の大学生調査研究にとって共有財産となり、その基本的特徴となっている。

特にI-E-Oモデルは、CIRPやCSSといった調査の結果を分析・解釈する際の理論枠組みとしての役割を持った。I-E-Oモデルは、GPAや学位取得や卒後進路といった成果に対して、大学教育という環境要因と個人特性や大学

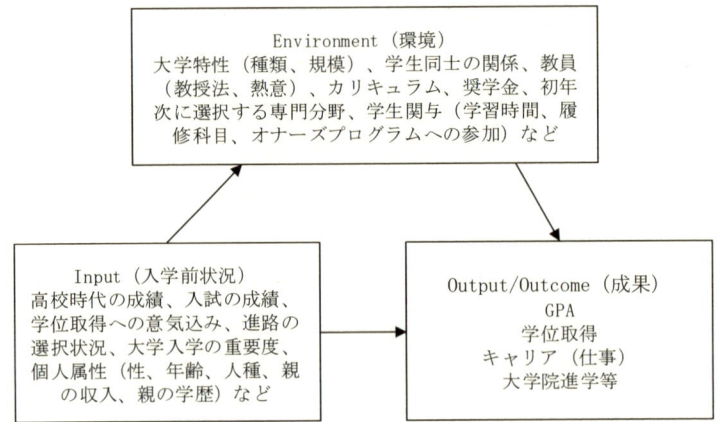

図1-1 AstinのI-E-Oモデル (Astin 1970, 1993)

外環境の影響といったインプット要因の両方が影響していることと、インプット要因が大学環境を通じて成果に影響を及ぼすことを表している。学生の変化に影響を及ぼす関係性の全体像を包括的に提示したところにこのモデルの意義がある(山田 2009)。

90年代以降のCI研究は、Astinのモデルおよび学習成果分類にPaceらの大学環境認知を加えて研究が進められた。その後、Astinのモデルは、PascarellaとTerenzini(1991)によってより精緻化された(図1-2)。インプットとまとめられていた機関特性と学生背景を分け、環境に一括されていた社会化エージェントとのかかわりと大学環境と学生関与(後述)を弁別し、それらが学習成果に影響を与えるというモデルが構築された。このようなCI研究の特徴や研究知見やそこで構築されたモデルは、大学生調査研究にとっての基本枠組みとなっている(Pascarella & Terenzini 2005)。

こうした発展を見せたCI研究の流れは、同じく1960年代以降に発展を見せているインスティテューショナル・リサーチ(IR)研究と歩みをともにしていくことになる。アメリカにおけるIRの急速な発展は、90年代以降の高等教育機関への監査や情報公開要請が背景にある(金子 2011a)。IRを巡っては、理論ベースの機関の機能や教育成果に関する学術研究志向と財政を中心とす

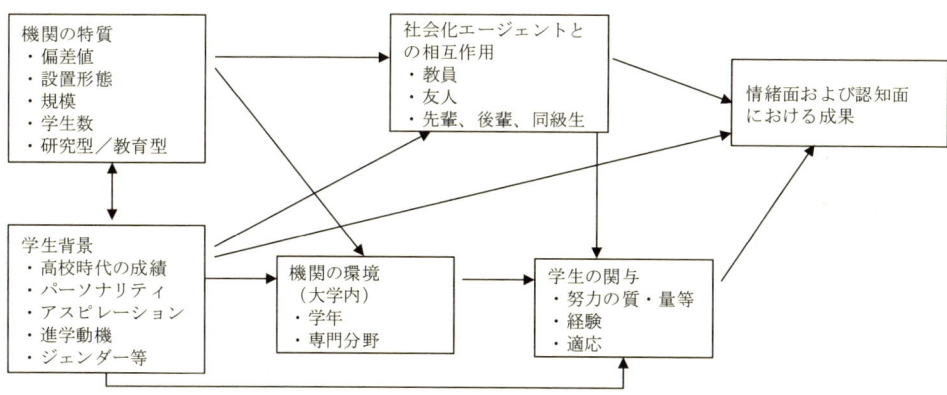

図1-2　Pascarellaの大学環境と学生の成長モデル

る大学経営に資する管理運営志向の対立が指摘されている (Dyer 1966; Fincher 1985; Terenzini 1993)。

　高等教育の政策・制度を対象にして学術的な前進を目指す研究に対し、IRは個別の機関に重点を置き、個別機関の利益に資することを1つの役割としている (喜多村 1973)。IRは、「機関の政策立案、政策決定、意思決定を支援するような情報を提供すること」(Saupe 1990) というよく参照される定義からも歴史的な経緯からも、管理運営の支援を基本的な柱としていると言える。その上で、IRにおいても、学術的な前進を目指す理論志向があって然るべきであるし、そのために学術研究志向としての高等教育研究とも協働する必要がある (岡田 2011a)。

　IRは、理念的には、学術研究志向と管理運営志向が共存する方向が目指されるべきだと考えられている。しかし現実には、管理運営の問題に強く引きつけられている。1960年代の高等教育費の増大を通じて、政治的・法的・財政的問題がIRの中心を占め、教育改善やカリキュラム改革に対する調査研究が追いやられてしまったという歴史がそのことを示している。そして90年代以降のIRの成長を支えるのが情報公開の必要性やアカウンタビリティの要求に答えることという大学外要因であることもまた、IRに対する管理運営改善への引力を顕著に示しているだろう。この現実を踏まえつつ、

IRに関しては、たとえ歴史が示すように管理運営志向に引きつけられる力が強いことを前提とせざるをえないとしても、管理運営志向と学術研究志向を共存させて進められる必要があると考えられている。

　このようにCI研究およびIR研究は、学生の学習に関わる知見を生み出す土壌を形成していった。ただし、ここまでは、学生の「学びと成長」というテーマが姿を見せる前段あるいは周縁を見てきたに留まる。この伝統の中で、そしてこの伝統の中から、「学びと成長」というテーマが育まれていった。そこには一体、どういった契機（モーメント）が働いたのだろうか。次に、この側面に光を当て、「いかに学生を学ばせ成長させるか」を問う学生の「学びと成長」のテーマの成立について明らかにしていこう。

(2) アメリカ高等教育の伝統と教育の再活性化

　「いかに学生を学ばせ成長させるか」を問う学生の「学びと成長」のテーマが現れてくる背景には一体どういった動きがあったのだろうか。まず目を引くのが、アメリカ高等教育における教育の伝統の再活性化である。アメリカ高等教育を多角的に研究してきたカーネギー教育振興財団理事長の職にあったE.L.Boyerは、アメリカ高等教育の教授団の役割が、ティーチング・サービス・研究という3つの重なり合う要素が絡まりながら推移してきたと述べている（Boyer 1990=1996）。アメリカの教授たちは、17世紀の大学の設立期以来、ティーチングを天職とし、善き指導者たらんと欲する伝統にあった（Rudolph 1962＝2003）。その後も、その主たる仕事は「規律のある勤勉な授業でなければならない」（Eliot 1869; Boyer 1990=1996: 22による引用）と考えていた。他方、1862年モリル法──後に「国有地交付大学法」と呼ばれる法律──以下の一連の法律により、大学関係者は、農業革命と機械革命のための技術指導に出かけていった。共和国設立当初よりある研究の伝統は、19世紀を通じて根を下ろし、20世紀には支配的なものとなった。アメリカ高等教育機関は、ティーチングという責務と研究という仕事のうち後者に傾斜していったのである。

　確かに、アメリカ高等教育にはティーチングの存在意義を高めるように思

われる趨勢があった。アメリカ高等教育の学生数は20世紀を通じて増加していったことがそれである。1920年には約60万人（同年齢層の約8%）、1940年には約150万人（同16%）、1960年には約325万人（同33%）、1960年代を通じて同年齢比率は毎年1%ずつ上昇し、1970年には約650万人（同45%）となったのである（Trow 1972=1976）。M. Trow (1972=1976) は、進学率が同年齢層の50%を超えるユニバーサル段階には、教授団と学生たちの間の合意の不成立、不本意就学者の増加、教育プログラムへの反乱という困難が存在することを指摘した。ユニバーサル段階の高等教育は、学生数のような量的拡大だけでなく、目的・選抜原理・教育方法・カリキュラムにおける質的変容を引き起こすことが指摘された。

　　学生が自ら学習への動機づけをもっているという前提は成立しがたくなり、むしろ学生を動機づけてやることが必要になったが、このことは、教師が学生を"こちらに向かせる"ようにするためには教材にどうアプローチしたらよいかという問題を考える必要がますます大きくなったことを意味する。このことは授業の形態を変え、教科の重点をこれまでとはちがった側面に移し、さらには、授業科目の中身を定めるさいにも直接的に学生を参加させるよう努力する必要があることをも意味しよう。そしてここ数年来、学生の声をより直接的にカリキュラム編成や意思決定機構に反映させるべく新しい委員会がつくられるようになるにつれて、こうした傾向はますます多くみられるようになっている（Trow 1972=1976: 32-33）。

　こうした趨勢にもかかわらず、高等教育の量的拡大および質的変容の中にあって、大学教員のあり方の中心はティーチングではなく研究のままに留まっていた。それどころか、研究がますます強調され優勢である中、ティーチングそして教育の伝統が色あせて来つつあるという問題すら見られていた。こうした問題に対し、Boyer (1990=1996) は、発見・統合・応用・ティーチングの4機能を教授団の仕事として再定義し、教授団の仕事の1つにティーチ

ングを明確に位置づけた。こうしてBoyerは、大学教育におけるティーチングの意義を強く主張した。Boyerの発言を見てみよう。

　要するに、われわれの結論は、すぐれたティーチングを学士課程の中心に位置づける、ということである。すべての大学教師は、授業の内容や方法を改善するために絶えず努力しなければならない。言いかえれば、「それはシラバスのレベルから、実際に学生が学んでいることの分析にまで掘り下げていくことである。それはまた、個々の学生が達成する成果を最大限に高めるために、どんな教授法がよいのかを試してみることでもある。そして、さらにはカリキュラムの内容や配分方法の改良のために、学生の学びと成長に関する文献を用いることでもあるのだ」(Study Group on the Conditions of Excellence in Higher Education 1984)。
　学士課程のカレッジは、それが最もよく機能する場合には、英知によって裏打ちされた知識を探究するための機関となり得る。すなわち、学生が、創造性あふれる教育によって、知的な関わりを持つ場所となる。このようなアイデアに基づけば、偉大な教師には、知識の伝達によってだけではなく、卒業後も長年にわたって学び続ける学生を、豊かに高め、刺激することが求められているのである (Boyer 1987=1988: 184 一部改訳)。

　Boyerは、アメリカ高等教育におけるティーチングそしてより広く教育の伝統を活性化することに注力した。Boyerの提起したティーチングのスカラーシップ (Scholarship of Teaching: SOT) は、後継の理事長であるL.S. Shulmanによって学習を取り込んだSOTL (Scholarship of Teaching and Learning) へと拡張される。SOTLという考え方は、今日、アメリカに限らず国際的に広がりを見せつつある (吉良 2010; 松下 2008; 松下編 2011)。そこに見られる基本的考えは、大学教員が授業実践に関する学術的探究を行い、それを通じて教授・学習過程を改善する試みこそが重要であるというものである。また、スカラーシップは共有財産でなくてはならないという考えである (Huber & Hutchings 2005; Hutchings & Shulman 1999; Shulman 1993, 1999)。こうして、今日も、高等教育に

おいて、ティーチングそして教育の意義は消滅することなく存在し、研究との間に創造的な関係を築こうとする努力が続けられている。

(3) 『学習への関与』と関与理論

　学生の「学びと成長」というテーマすなわち学生を「いかに学ばせ成長させるか」という観点は、教育の意義を認める努力とともに、姿を現しつつあった。先述のBoyerの記述において、引用されているStudy Group on the Conditions of Excellence in Higher Education (1984) の報告書である『学習への関与Involvement in Learning』こそが、その流れの重要な契機である(溝上2012)。

　『学習への関与』は、アメリカ教育改革の20世紀後半のターニング・ポイントとして指摘されることの多い『危機に立つ国家Nation at Risk』の高等教育版とも言われる(Koljatic & Kuh 2001; Lazerson et al. 2000)。『危機に立つ国家』以降、1986年全米知事会報告書『成果の時』や1989年ブッシュ大統領の『2000年のアメリカ』などを通じ、「アメリカの大学は一方では先端的な科学技術を研究したり開発するだけでなく、それらの活動を支える人材を数多く育成するとともに、他方では大学の門戸をできるだけ広く開放して国民全体の基礎学力を向上させることにより、人的資源の底上げをはかることを期待されたのである」(江原2003: 72, 江原2010: 38; 有本・江原1996)。

　『学習への関与』は、こうした流れを共有する報告書であった。その主要な貢献は、報告書を構成する3つのセクションと対応して3つある。それは、学士課程教育へ高い期待を示すよう求めたこと、学生が自らの学習に関与するよう求めたこと、改善のためにアセスメントとフィードバックを提供するよう求めたことである。ここに見られる3つの貢献、特に「学生が自らの学習に関与するよう求めたこと」という貢献が学生の学習への焦点化を表している。こうした貢献が可能になった大きな要因の1つとして、先に登場したAstinがこのプロジェクトの中核メンバーであったことが挙げられる。Astinは、大学の質と威信は、学生の学習にどれだけの価値を付加したかによって測られねばならないと考えていた(Astin 1984/1999)。このように、『学習へ

の関与』は、大学教育において、学生の学習への関心を集中させる報告書であった。

『学習への関与』の中心に置かれているのが「学生関与 (Student Involvement)」という考え方である。『学習への関与』では、学生関与は次のように説明される。

> 関与というタームでわれわれが意味するのは、学生たちが学習プロセスにどれほどの時間・エネルギー・労力をつぎ込んだかということである。今や、以下のことを示唆する研究エビデンスがかなりある。すなわち、より多くの時間と労力を学習プロセスに注ぎ、自分たちの教育により集中して取り組むことで、成功と達成はより大きなものとなり、自分たちの教育経験への満足もより大きくなり、大学に在学し続け学業を続けようとするようになるのである (Study Group on the Conditions of Excellence in Higher Education 1984: 17)。

関与理論が提起される以前は、高等教育の卓越性 (エクセレンス) を説明する指標として、寄附額や予算支出・カリキュラムの広さと深さ・ファカルティの知的業績・入学学生のテストスコア・入学の選抜度といった機関の外形的リソースに関わるものに重きが置かれていた。そこでは、高等教育機関を通じて学生が何を学びどれほど成長したかという内実について問われていない状況にあった。こうした背景にあって、関与理論は、大学教育の効果を捉える指標として、インプット基準やファカルティによって学生の学習や成長を捉えようとする代理指標ではなく、学生に直接フォーカスする必要性を指摘するという意味があった。

関与理論の提起者であるAstin (1984/1999) は、学生の学習についての従来の理論として、学習内容から学習を説明しようとする理論、リソースから学習を説明しようとする理論、発達心理学理論 (Chickering et al. 1981) に基づいて個々の学生に最適な教育内容・方法があるとする折衷理論という3つを挙げている。そして、これらの理論が学生をブラックボックスとしていると

批判する。これらの理論に対して、関与理論は、学生が自らの学習プロセスに関与するという積極的役割に着目し、従来の3つの理論と学習成果とを結びつける役割を担う。この意味で、関与理論は、高等教育機関に「教師が何をするかよりも学生が何をするかに焦点化するよう奨励している」(Astin 1984/1999: 522)。このような意味で、関与理論は学生の学習に注意を向ける役割を果たしたのである。

　関与理論という形で、学生の学習が調査・研究の対象としてそれまで以上に明確に確立することとなった。『学習への関与』は、3つの貢献の点からもその内容面の柱となる関与理論の点からも、学生の「学びと成長」というテーマの輪郭がくっきりとしたものとなる重要な契機であった。また、Boyerが『学習への関与』を引きながら、ティーチングの意義を主張したことは、アメリカの高等教育における教育の再活性化と学生の学習へのまなざしが注がれることと大学生調査研究の知見が整理されることとが一体となって進んでいたことをうかがわせる。『学習への関与』は、学生の「学びと成長」というテーマが姿を現す重要な契機であったと同時に、それまでの大学生調査研究の知見の蓄積を意味あるものとして光を当てる契機でもあった。

　実際、『学習への関与』は、高等教育の世界で極めて大きな影響力を持った報告書であった (Astin 1999; Koljatic & Kuh 2001; Lazerson et al. 2001)。その影響は極めて多岐にわたる。第1に、CI研究とIR研究において、学生関与を取り入れた精緻なモデルが構築され、ラーニング・アウトカムズに対する学生関与の有効性が実証された (Pascarella & Terenzini 1991)。研究面で、学生の学習についての知見の整備が進んだ。第2に、アメリカ高等教育におけるスカラーシップの再定義、特にティーチングのスカラーシップの必要性を後押しした (Boyer 1990=1996)。実践面で、大学教育の制度や理念ばかりではなく教授・学習に関心が集まっていった。第3に、アセスメント・ムーヴメントの加速に貢献した。アルバーノ・カレッジ (1979) のように1980年代までに先進的なアセスメントを続けてきた実践を土台として、アセスメントは、日常の教育実践の中心としての位置を占めるものと考えられるようになる (Banta et al. 2002; Ewell 1987, 1991, 2002. 2009; Hutchings 2010)。このアセスメントへの

表1-1　学生担当職のための優れた実践の原則
（ACPA & NASPA1997; 中井・齋藤 2007）

学生にアクティブラーニングに取り組ませる
学生が一貫した価値観と倫理基準を発達させるよう助ける
学生の学習に対する高い期待を設定して伝達する
大学のミッションとゴールを達成するために資源を有効に活用する
学生の学習を前進させるような教育的パートナーシップを築く
支援的で一体感のあるコミュニティをつくる

表1-2　学士課程教育における優れた実践のための7つの原則
（Chickering et al. 1987; 中井・中島 2005; 中島・中井 2005）

教員と学生のコンタクトを促す
学生間で協力する機会を増やす
能動的に学習させる手法を使う
素早いフィードバックを与える
学習に要する時間の大切さを強調する
学生に高い期待を伝える
多様な才能と学習方法を尊重する

関心は、学生の学びと成長をどう捉え、どう促すかという関心を意味している。第4に、American College Personnel Association（ACPA）が提出した学習と成長にかかわる『学生の学習インペラティヴ』（ACPA 1994）に影響を与えた。その流れは、その後、『学生担当職のための優れた実践の原則』（**表1-1**）の開発につながる（ACPA & NASPA 1997; 中井・齋藤 2007）。同様に、Chickeringら（1987）の『学士課程教育における優れた実践のための7つの原則』（**表1-2**）に通じ、アクティブラーニング型教育実践や経験学習型教育実践の推進に貢献した（Gamson 1991; 中井・中島 2005; 中島・中井 2005）。これらの実践原則は、まさに「いかに学生を学ばせ成長させるか」という実践的関心の結晶化と言えるだろう。『学習への関与』以降の動きは、学生の「学びと成長」というテーマへの関心を高め、より確かなものとしていったのである。

(4) 学生エンゲージメント理論と効果的な教育実践論

ここで、『学習への関与』以降の大学生調査研究として、特にNational Survey of Student Engagement（NSSE）に関わる研究に目を向ける。先に見た『学習への関与』から『7つの原則』への流れは、7つの原則を含む学生経験質

表1-3 学士課程教育の質についての観点 (Ewell & Jones 1996)

- 組織文化は以下の3つを強調をしなくてはならない
  - (1) 高い期待
  - (2) 多様な才能と学習スタイルの尊重
  - (3) 低学年時の学業
- 質の高いカリキュラムは、以下の4つを必要とする
  - (4) 学習における首尾一貫性
  - (5) 経験の総合
  - (6) 学修したスキルの進行中の実践
  - (7) 教育と経験の統合
- 質の高いインストラクションは、以下の5つを統合する
  - (8) アクティブラーニング
  - (9) アセスメントと即時フィードバック
  - (10) 協働
  - (11) 課題のための適切な時間
  - (12) 授業外でのファカルティとのコンタクト

問紙の開発 (Kuh & Vesper 1997) や7つの原則を発展させて学士課程教育の質についての観点の作成 (Ewell & Jones 1996) へとつながっていく (**表1-3**)。こうした発展をもとに、KuhとP. Ewellは、各機関がどのような特徴でどの程度学生のラーニング・アウトカムズにコミットしているかを示す情報を提供可能なNSSEを開発した。NSSEの開発は、偶発的なものではなく、大学生調査研究の流れを汲むものである。事実、Kuh (2001a, 2009) 自身、NSSEの先駆者としてN.SanfordのIR研究、Astinの大学生調査研究 E.PascarellaとP.Terenziniの研究、A. ChickeringとZ.F. Gamsonの『7つの原則』を挙げ、大学生調査の流れを再確認している。

　NSSEは、2つの目的を据えている。1つ目は、大学生の学習を調査し、それに基づいて教育の改善に結びつけることである。もう1つは、それを社会に示すことでアカウンタビリティを果たすことである。NSSEは、学生の「学びと成長」に関心を向け、効果的な教育実践への参加を調査の柱としている。そして、効果的な教育実践の5つのベンチマークを特徴として抽出している。それは、学問的挑戦の水準、アクティブラーニングと協調学習、学生とファカルティとの相互作用、教育経験の豊富化、支援的なキャンパス環境である (Kuh 2001a, 2003)。

NSSEの理論的柱は、「大学生がより学習するのは、教育的意図のある活動に自らの努力を向けるとき」(Kuh 2003) という考え方である。NSSEでは、こうした考え方を学生エンゲージメントとして概念化している。学生エンゲージメントは、一方で教室内外での教育実践に学生がつぎ込む時間とエネルギーに着目し、他方で学生たちがこれらの実践に参加するよう機関が用いるポリシーと実践に着目する概念である (Kuh 2003)。

　このような学生エンゲージメントは、学生に焦点を当てて学習の時間とエネルギーに着目する点で『学習への関与』における学生関与の考え方と共通点を持つ。他方で、学生関与は、自らの学習プロセスへの積極的参加を問い、学生エンゲージメントは、教育的意図のある、したがって効果的な教育実践への参加を問う点で異なると考えることができる。この区別は、学生の学習への関心の焦点化を共通基盤とした上で、学習者としての個人に焦点を当てるか実践への着眼点を持って個人と実践との関係に焦点を当てるかという強調点の相違と考えることができるだろう。

　NSSEでは、学生エンゲージメントが、学生の「学びと成長」にとって重要な要因と考えられている。教育的意図のある実践に学生たちを取り組ませる機関が、より質の高い機関ということになる。NSSEは、このような観点から、「教育的意図のある実践への参加の頻度」「コースワークの量」「学習機会の経験や計画」「大学環境の評価」「大学生活の過ごし方」「成長」「バックグラウンド」といった測定項目を構成要素としている (Kuh 2001b)。

　NSSEは、個別機関の現状を社会に説明するためのデータとしても活用されるし、機関の管理運営上の戦略策定にも活かされるが、さらに教職員が学生の学習をより深く促そうとする実践的な教育の改善にも活かされる (Kinzie 2009; Edgerton & Shulman 2000, 2001,2002, 2003)。例えば、効果的な教育実践として記録する対象の1つとなったアルバーノ・カレッジでは、NSSEの結果を受けて、ワークショップを開催し、教育の改善に向けた対話を生み出している (Loaker & Rogers 2005)。アルバーノ・カレッジは、そもそも特色ある教育の改善に取り組んでいる大学であった (安藤 2006, 2007)。アルバーノ・カレッジにおけるNSSEの活用は、実践的な教育の改善と大学生調査の知見が

対話・交流する事例としても理解できるだろう。

その後、個別機関でのデータを用いた分析とNSSEでの全体の分析からの知見を踏まえ、Kuhは、米カレッジ・大学協会（Association of American Colleges and Universities: AAC&U）のLEAP（Liberal Education and America's Promise）プロジェクトの一環として、効果的な教育実践についての報告書をまとめている。これまでの統計的手法に基づく大規模大学生調査と質的手法に基づく大学事例研究を踏まえ、効果的な教育実践の10の形態を挙げている（**表1-4**: Kuh 2008）。

このリストは、単位を付与する正課のカリキュラムだけでなく、カリキュラム補助型（co-curricular）教育実践を含んだ形で大学生活全体に関わる大学教育実践の効果的な形態が示されていることが特徴的である。AAC&Uでは、また、「人類の文化と自然物理界に関する知識」「知的・実践的なスキル」「人間としての責任と社会の一員としての責任」「統合的学習」といったカテゴリーからなる学士課程全体のラーニング・アウトカムズを提示している（AAC&U 2007）[5]。アメリカでは、たいていの機関では、自機関の学生にあてはまるラーニング・アウトカムズのまとまりを特定していると報告されている（Hart Research Associates 2009）。

このようにKuhは、CI研究やIR研究の伝統のもと統計手法に基づく大規模大学生調査研究において『学習への関与』や『学生の学習インペラティヴ』に見られた教育的意図のある効果的な教育実践という考え方を踏まえ、「7つの原則」を取り入れ、質的な大学事例研究とあわせて進めていった。学生

表1-4　効果のある教育実践（AAC&U 2007; Kuh 2008）

- 初年次セミナーと初年次経験
- 知の共通経験
- ラーニング・コミュニティ
- ライティング・インテンシヴ・コース
- 協働課題・協働プロジェクト
- 学士課程研究
- 多様性／グローバル学習
- サービス・ラーニング、コミュニティ型学習
- インターンシップ
- キャップストーン・コース／プロジェクト

エンゲージメントの概念化に基づき、教室内外での効果的な教育実践へ参加することが学生の成長につながることが明らかにされた (Kuh 2008)。また、そのような効果的な教育実践の10の形態 (表1-4) が具体的に示された。大学教育はアクティブラーニング形態のような正課内カリキュラム改革や授業改善を進めることと同様にカリキュラム補助型教育実践の展開を通じて、学生の学習を支援するようになっている。多くの高等教育機関は、機関レベルとプログラムレベルでラーニング・アウトカムズに対するアセスメントを展開するようになっている (Kuh & Ewell 2010)。こうした成果から、教室の外、授業の外での経験と学習の重要性が明らかになった。その後、学生エンゲージメントの概念は広く関心を集めるに至り、NSSEに基づく調査研究は今日に至るまで蓄積を続けている (Campbell & Cabrera 2011; Kuh & Ewell 2010; Trowler 2010)。多くの高等教育機関で共通学習成果が設定されている今日 (Hart Research Associates 2009; 深野 2013a)、NSSEと関連の調査研究の知見はIRや大学教育実践と共振しあう状況が生まれつつあると見ることもできるだろう (Kuh 2009)。

　さらにまた、NSSEのような全米の大学生全体の傾向をつかむ大学生調査研究は、それを通じて特徴ある高等教育機関を発見するベンチマーキングの役割も担っている。実際、AAC&Uでは、NSSEの結果や先述の学士課程全体のラーニング・アウトカムズの観点を踏まえて、より深く効果のある教育実践を追求するCompassプロジェクトを進めている。Compassプロジェクトは、学生に方針を与えることをねらいとし、すべての学生に効果のある教育実践―ハイインパクト実践と名称を変えて―の成果をもたらすことを1つの柱とし、カリフォルニア州立大学とウィスコンシン大学とオレゴン大学 (それぞれ複数キャンパスを含む) において実践的な調査研究を実施するプロジェクトである (深野 2013b)。このプロジェクトでは、個別の機関に焦点化して、効果のある教育実践の促進可能性や実施をより円滑にするシステムの開発を探った上で、さらにアメリカ高等教育機関全体にその成果を還流しようという流れが意図されている。

　AAC&Uはまた、大学生調査研究のような間接評価に基づいて実践の共

有・改善を図るだけでなく、直接評価に基づいて実践の共有・改善を図っている。学習成果の評価には、間接評価と直接評価がある (Banta ed. 2004; 山田礼子 2012)。間接評価は、典型的には質問紙調査に見られるように、学生が自らの経験や学習についての自己認識を答えさせることで、学生の自己認識を介して学生の学習成果を評価することにあたる。直接評価は、学生の自己認識を介さずに学生が何を学び何ができるかを評価することにあたる。AAC&Uが行う直接評価に基づく実践の共有・改善を図るプロジェクトとして、VALUEルーブリック・プロジェクト (VALUE: Valid Assessment of Learning in Undergraduate Education) がある。ルーブリックは、評価の観点を表す基準 (次元) と学習成果の段階を表す尺度、そしてどういうパフォーマンスが各段階にあたるかを示す記述語からなり、パフォーマンスを評価するためのものである (松下 2007, 2012b; 田中 2003)。VALUEルーブリックは、優れた実践に根差したルーブリックをもとに開発されており、メタ・ルーブリックとしての性格を持っている (Rhodes 2009)。すなわち、それ自体で個別の実践やプログラムや機関における学習成果を捉えることができるものではなく、それらの各水準の文脈でローカライズする余地を生むものであり、それによって実践の質の追求を促すものである (Rhodes ed. 2010; 松下 2012b)。こういったVALUEルーブリックもまた、実践・プログラム・機関といった個別性への関心と共有化の努力を背景に、学生の学びと成長を捉えようとする動きであり、実践の共有・改善の流れと見ることができる。

　このように、『学習への関与』以降、教育の再活性化と学習への関心が歩みをともにしていった。これは、大学生調査研究、ベンチマーキング、ケース・スタディ、アセスメント活動、実践の共有・改善を噛み合わせて、高等教育機関の教育改善に向かって進もうとする動きとして理解できるだろう。

(5) IRの現在

　アメリカ高等教育において、IRもまた、教育の伝統の活性化や大学生調査研究の進展と同じく歩みを進めている。近年では、IRの必要性と存在感を増す動きが見られる。まず、第1節でも触れたアカウンタビリティ要求へ

の対応として、高等教育内部質保証システム構築の必要性が増している。内部質保証システムの構築に向けて、データに基づいて高等教育機関自らが自己評価を通じて教育の質の説明と向上を図ることが求められている。IRは、内部質保証システムの構築に向けて、データの分析と評価の提供という形で中心的役割を期待されるようになってきている(Howard ed. 2001=2012; 中井ほか編 2013)。

また、大きくは内部質保証システムの構築に向けた流れの中で、自機関の教育の質の説明に対して役割を果たすことだけでなく、教育の質の向上に対して役割を果たすことが求められつつある。IRは、調査のデザイン、データの収集、分析前の準備、データの分析、分析結果の報告などを基本的な流れとしている(Howard ed. 2001=2012; 中井ほか編 2013; Volkewein 1999)[6]。今日、大まかな流れは同じであるものの、1つ1つの段階における役割が膨らんできている。例えば、Bantaら(2009)が提示したインディアナ大学パデュー校(IUPUI)のIRのモデル図がそのことを示しているだろう(図1-3)。

このモデルにおける評価の段階では、認証評価の対応のような機関単位の活動から、ラーニング・アウトカムズのアセスメントのような部局単位の活動、そしてプログラムまたは個別コース単位の仕事にまで活動の層が広がっている。さらに、このモデルでは、計画・実行・評価という基本プロセスに加えて、データに基づく教育改善の段階がIR活動に位置づけられている。「機関の政策立案、政策決定、意思決定を支援するような情報を提供すること」に留まらず、各部局の進めている教育改善に資することも求められている。

IRは、従来の役割に加えて、各部局の目標の設定や計画の策定、評価活動の支援、特に学生の学習の評価の支援といった新しい役割が求められている(Brittingham et al. 2008)。Bantaら(2009)は、図1-3のモデルをもとに、IRの実践において関係部局と関わっていくことの重要性を指摘している。具体的には、目標の設定および計画の策定段階から利害関係者と関わりを持つこと、そしてニーズ・進捗度合い・達成度といった評価の各局面または直接評価と間接評価といった評価の手法を通じて機関全体ないし各部局の目標との関連

第1章 学生の学びと成長に関する厚い背景

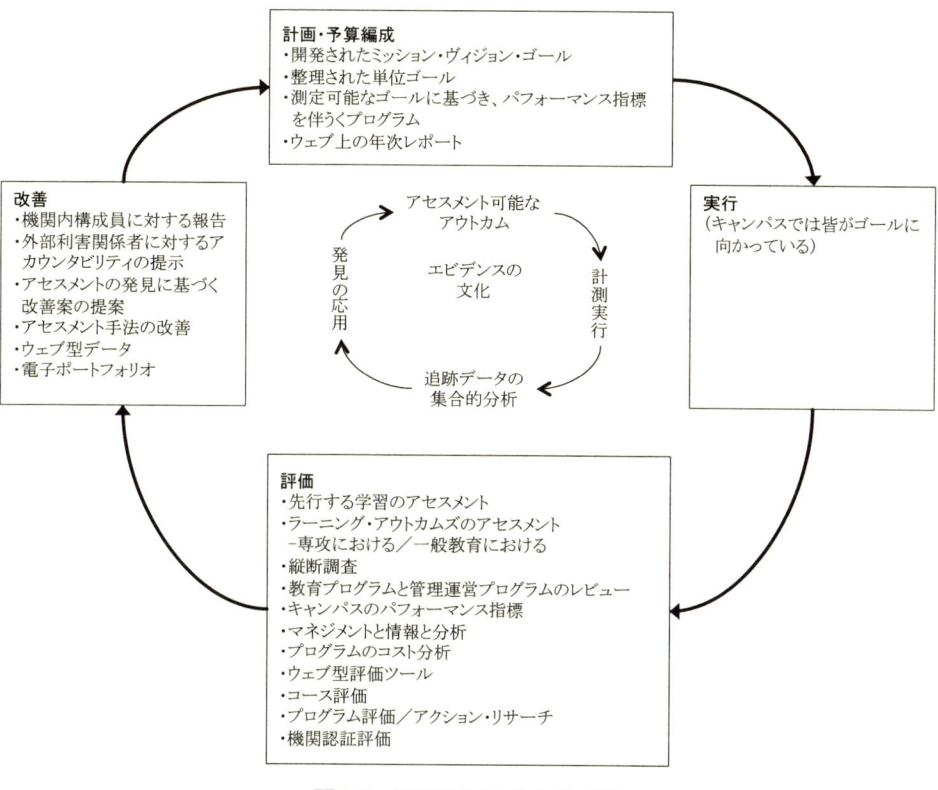

計画・予算編成
・開発されたミッション・ヴィジョン・ゴール
・整理された単位ゴール
・測定可能なゴールに基づき、パフォーマンス指標を伴うくプログラム
・ウェブ上の年次レポート

実行
(キャンパスでは皆がゴールに向かっている)

評価
・先行する学習のアセスメント
・ラーニング・アウトカムズのアセスメント
 -専攻における／一般教育における
・縦断調査
・教育プログラムと管理運営プログラムのレビュー
・キャンパスのパフォーマンス指標
・マネジメントと情報と分析
・プログラムのコスト分析
・ウェブ型評価ツール
・コース評価
・プログラム評価／アクション・リサーチ
・機関認証評価

改善
・機関内構成員に対する報告
・外部利害関係者に対するアカウンタビリティの提示
・アセスメントの発見に基づく改善案の提案
・アセスメント手法の改善
・ウェブ型データ
・電子ポートフォリオ

中央サイクル：アセスメント可能なアウトカム → 計測実行 → 追跡データの集合的分析 → 発見の応用（エビデンスの文化）

図1-3　IUPUIのIRのモデル図

に光を当てることなどを指摘している。また、IRをめぐる時代社会の変化に注意を向けながら、Wolf (2013) は、IRが、教授団や関係者とチームを創り出すこと、そして学生の学習を捉えるための多元的なアプローチに関してアセスメント実施担当者と協働することの必要性を訴えている。

　IRに求められる役割が広がり、IRの実践は変化することを求められている。(1)で指摘したように、IRには、歴史的に管理運営志向と学術研究志向との綱引きが存在する。ここに新たに現れてきたのは、機関・部局の教育改善に資することという教育改善志向である。今日の大学教育改革の流れの中で、IRは、管理運営に資することのみならず教育改善に資することを強く求められている。(4)まで見てきたように、高等教育機関とその全体で教育

改善に向かって進もうとする教育改善志向がある。IRもまた、こうした大学教育改革の重要なピースとなっている。

(6) 本節のまとめ

　高等教育機関のあらゆる領域にわたる大規模な大学教育改革としての流れの中で、「学びと成長」というテーマは産み落とされ、育まれてきた。学生の「学びと成長」というテーマは、大学生調査研究の伝統の中から育まれてきた。その重要な背景となったのは、アメリカ高等教育における教育の伝統の再活性化と教授・学習への関心の高まりであった。学生の「学びと成長」というテーマの確立にとって、『学習への関与』という報告書が重要な契機であった。そこで、それまで以上に、大学生調査の伝統、教育の伝統の再活性化、教授・学習への関心、学生の学習へのまなざしが一体のものとなった。『学習への関与』以降、学生の「学びと成長」というテーマに関わる大学生調査研究はさらに整理・進展を見せる。学生の「学びと成長」は、それまで以上に調査研究の対象となっていく。また、教授団の重要な仕事としてティーチングのスカラーシップが提起され、アセスメント・ムーヴメントが広がり、「いかに学生を学ばせ成長させるか」という教授団及び職員向けの実践原則の共有財産化が図られる。学生の「学びと成長」に対する実践的関心は確固としたものになっていく。

　学生の「学びと成長」に対する実践的関心が確立するとともに、実際の活動が多岐多層に展開される。各高等教育機関において、機関全体・部局単位・プログラムまたはコース単位で教育改善が図られ、そのための計画や意思決定を支える分析としてIRが展開される。各機関の内部質保証システムの構築の重要な役割を担うものとして、IRは、管理運営に関する経営改善と教育実践に関する教育改善をともに追求するよう求められている。個別機関が各自で教育改善に向けた取り組みを進めているだけではない。実践の共有と改善に向けて、大学生調査のような間接評価とパフォーマンス評価のような直接評価の領域で機関の垣根を越えた取り組みがAAC&Uなどで進められている。こうした取り組みでは、NSSEのような全国規模の大学生調査

研究とそれに基づくベンチマーキング、個別機関に対する質的なケース・スタディ、実践にローカライズすることを期待するメタ・ルーブリックの共同開発のような多岐にわたる活動が展開されている。

　こうして今日、学生の「学びと成長」に対する広範な関心と多岐多層にわたる活動が展開されるに至っている。学生の「学びと成長」を育んだ大学生調査研究は、CI研究やIR研究の歴史において、機関の管理運営への貢献を主眼とし、CIRPやNSSEのような大規模大学生調査の整備に伴って体系化されていった側面を強く持っていた。その意味で、学生の「学びと成長」は高等教育制度全体のアカウンタビリティの要求に応える際の立脚点としての意義や機関の管理運営上の目標を考える観点としての意義を持っていると言えるだろう。しかし、そればかりではなく、学生の「学びと成長」というテーマは、学術的な調査研究の対象としての意義、さらには『7つの原則』のように「いかに学ばせて成長させるか」という実践的観点としての意義を持つに至っている。こうして、学生の「学びと成長」というテーマは、大学教育の実践と研究の中で、管理運営の改善と教育の改善に向けた努力をかみ合わせる上で不可欠な視点となっているのである。

第3節　学生の学習についての先行研究：日本における大学生調査研究

　第2節で見てきた大学生調査研究をめぐる北米の動向は、グローバルなアカウンタビリティの要求という国際的潮流を受けている。日本の高等教育と大学生調査研究も同じ潮流の中に身を置いている。さらに、日本の大学生調査研究は北米の研究知見に多くを学んでいる。本節では、日本の大学生調査研究と関連研究の動向に目を向けると同時に、第2節の知見も含めて大学生調査研究の置かれている場について整理することを試みる。そして、その整理の上に立って、本書の研究と方向性を同じくする学生の「学びと成長」についての先駆的研究を概観していく。

(1) 日本の大学教育改革の中の大学生調査研究

　日本の高等教育において、これまで見てきたようなかたちで学生の「学びと成長」および学生の学習に関心を絞った研究が現れるのは近年になってからのことである。高等教育の制度や政策や歴史についての研究(天野 1986, 1989；寺﨑 1979；潮木 1973) は当然のこと、CI 研究という学生の学習に通じる研究(江原 1984; 山内 2004) もまた進められていた。とはいえ、それらは学生の学習への関心というよりは大学の制度や政策や歴史への関心から進められていた。

　1970 年代末や 80 年代を通じて、大学教育におけるカリキュラムや教授法が研究関心の1つとなっていった(天城編 2004; 天野 1998; 杉谷編 2011)。その一方で、実践的にも教授法の改善が不十分であり、確かなカリキュラム論が不在であると指摘されていた(喜多村 1987, 1999)。カリキュラムや教授法についての大学教育研究は主流とはなっていなかった。80 年代以降の大学生について論じるものの多くは、調査データに基づいているとは言いがたく、学生の否定的な側面を批判し、それが世間に受容されるという「大学生ダメ論」であった(新堀編 1985; 溝上編 2002)。その結果、高等教育についての研究の多くは制度・政策・歴史に関心を向け、学生について論ずるものの多くは「大学生ダメ論」に流れるという状況が生じていた。

　90 年代に入り、大綱化以降の大学教育改革が進むにつれ、それまでも地道に積み重ねられてきた授業やティーチングについての研究が少しずつ前面に出てくる[7]。例えば、授業やティーチングについての知識(池田ほか 2001; 苅谷 1992; 京都大学高等教育研究開発推進センター編 2003, 2012; 名古屋大学高等教育研究センター 2005, 2006; 佐藤 2010)、学生主体型授業の探求(小田・杉原編 2010, 2012)、協同学習(杉江 2011; 杉江ほか 2004; 安永 2006, 2012)、e-Learning (吉田・田口 2005)、ポートフォリオ(栗田ほか 2010; 酒井・田口 2012; 土持 2007, 2009, 2011)、授業評価(大塚 2007; 山地編 2007) といったテーマの研究が広がりを見せていく(大学教育学会 25 年史編纂委員会編 2004)。こうして、大学教育の研究の中に制度・政策・歴史だけでなく、授業やティーチングという実践についての研究が登場するのである。

授業やティーチングについての研究の中でも学生の学習に言及が見られないということは無いが、そこでの主眼はあくまで授業やティーチングの改善であった。日本の大学教育研究において、授業やティーチングについての研究が登場した時点においても、標準的な尺度を用いて学生の学習についての共通理解を作っていくような包括的かつ体系的な大学生調査研究はほとんど見られなかった。これに対して、「これまで多くの大学では、客観的なデータをもとに現状を把握し、それを教育改善に活かすということをおこなってこなかった。［中略］データで学生の学習行動や生活行動を把握し、それを教育改善に活かしていかなければならない。科学的なデータによって大学教育を改善していくことが、現在から今後のあり方である」（山田礼子 2012: 7）と考えられている。また、「高等教育が教育・研究において社会的責任を果たすためにも、大学の教育効果や学生の学習成果を正確に測定し、大学評価や教学改革につなげる、体系的かつ包括的な学生調査とそれに見合ったデータ解析手法の確立が喫緊の課題である」（山田礼子 2012: 46）。学生の姿についての共通認識を形成して教育の改善につなげるためにも、データに基づく調査研究が求められているのである。

　こうした「大学教育を科学する」（山田編 2009）必要があるという問題意識を共有しながら、学生の学習についての本格的な研究は、質問紙による調査データの分析に基づくかたちで発展を見せていくことになった。特に、2000年代半ば以降に進められた、東京大学大学経営・政策研究センターにおける「全国大学生調査」(http://ump.p.u-tokyo.ac.jp/crump/cat77/cat82/)、同志社大学の山田礼子を代表とする研究グループの日本版CIRP調査（山田 2009）、京都大学と電通育英会が共同実施する「大学生のキャリア意識調査」(http://www.dentsu-ikueikai.or.jp/research/)が日本での大学生調査研究の流れを推し進めた。

　以上が、日本の大学生調査研究の大まかな流れである。続けて、個別の研究知見に目を向けて、これまでに明らかにされてきたことを把握する。まず、日本でも、こうした大規模大学生調査に先立つかたちで、学生についてのデータを用いた調査研究が行われていた。それらは、CI研究の流れを受

けた学生文化の研究として進められていた(武内 1989; 武内編 2003, 2005)。その研究によって、1950年代以降大学生の学習時間・勉学必要経費が減少し、遊び志向が高まるにもかかわらず(竹内 2001)、1990年代以降になると、今度は勉学志向が高まってくるということが明らかにされた(岩田他 2001; 武内編 2003, 2005; 全国大学生活協同組合連合会広報調査部編 2012)。この結果は、大学での学習の重要性が社会的に叫ばれるようになっただけでなく、大学生自身が学習を大学生活における重要な活動と考えるようになったことを示唆している。

2000年以降、学生の学習についてデータを用いる調査研究は、北米の大学生調査研究の知見を参照して進められた。例えば、武内(2008)は、PascarellaとTerenzini(2005)を参考に(図1-2)、学生の社会化に影響を及ぼす要因として「親の学歴、入学以前の特性、入学選抜」「大学授業」「友人」「大学のチャーター効果」等を提示した。また、学生は、大学生活で「勉強」「サークル」「交友」といった幅広く自由な活動を通じて経験を豊かにしていくのであり、そのために大学はコミュニティとしての性格が求められることを指摘している。同様の指摘は、BoyerとMitgang(1996)、喜多村(1993)、天野(2004)にも見られる。

また、村澤(2003)は、能力・力量や興味・態度・関心というアウトカムに対して、大学入学以前の経験だけでなく大学在学中の取組、特に多様か

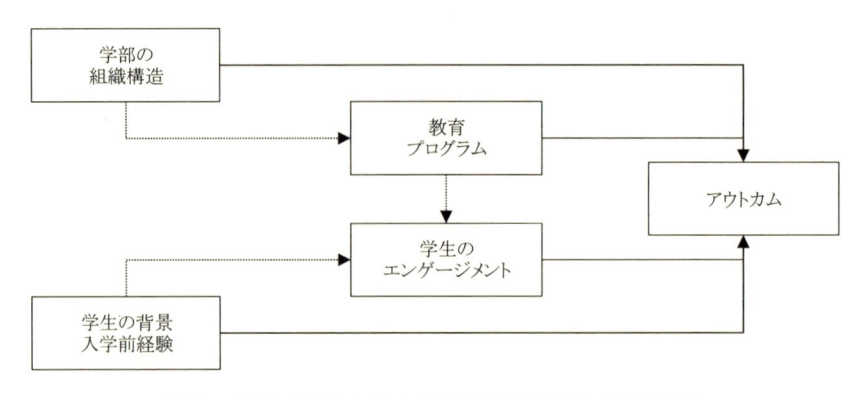

図1-4 学生のアウトカムの規定要因モデル(小方 2008)

つ工夫された授業やカリキュラムが能力・力量に対してプラスの影響を持っていることを明らかにした。葛城 (2006, 2008) は、能力の変化や専門の到達度といったアウトカムに効果を及ぼす要因としてカリキュラムの中でも教育の質よりも学習経験の質が重要であることを見出した。小方 (2008) は、村澤 (2003) や葛城 (2006) を踏まえ、Astin (1993) の関与理論や Pascarella と Terenzini (2005) のモデル、そして Kuh のエンゲージメント概念を取り入れ、学生のアウトカムの規定要因のモデルを構築した (図1-4)。このモデルは、学生の背景や入学前経験と学部の組織構造をインプット要因とし、教育プログラムや学生エンゲージメントを環境要因、アウトカムをアウトプット要因とするモデルである。

このモデルに基づき、東京大学「全国大学生調査」のデータを用いた分析から、学問的知識や汎用的技能という大学教育のアウトカムに対してアクティブラーニングを中心とする学生エンゲージメントが一定の関連をもつことを明らかにした。同じデータを用いて個別大学事例の検討 (浦田 2009; 朴澤 2009)、低偏差値校の学習時間の分析 (谷村 2009)、学習時間に着目した分析 (両角 2010) も行われている。

東京大学「全国大学生調査」を監修した金子 (2012, 2013) もまた、同調査を用いて、属性や背景そして意欲属性に規定されつつ、カリキュラムと学習行動や生活行動が、専門知識・汎用能力・自己認識という次元に弁別されたアウトカムにインパクトを及ぼし、アウトカムが学習動機に影響を及ぼすという説明モデルを構築している。この研究によって、学生自身の学習動機が大きな影響を与えること、さらに授業の形態として積極的に参加することもアウトカムにとって重要な意味を持つことが明らかにされた。

北米の大学生調査を参考に開発を進める日本版大学生調査の研究グループは、2008年には日本版新入生調査 (JFS: Japanese Freshman Survey) と短大生調査 (JJCSS: Japanese Junior College Student Survey) を開発し、まとめて JCIRP (Japanese Cooperative Institutional Research Program) として体制を整えた。山田礼子 (2007, 2012) は、Astin (1993) の関与理論と認知的・情緒的というアウトカムの区別、Pascarella と Terenzini (2005) のモデルを踏まえて、日本版大学生調査 JCSS

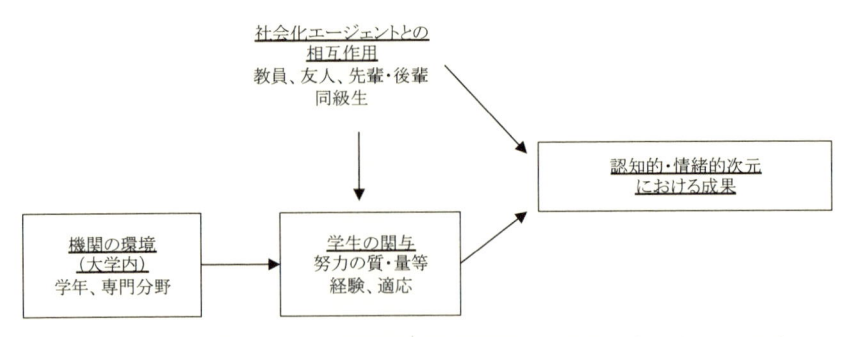

```
        社会化エージェントとの
             相互作用
        教員、友人、先輩・後輩
             同級生
                │
                ▼
  機関の環境        学生の関与            認知的・情緒的次元
  （大学内）  ──→  努力の質・量等  ──→    における成果
 学年、専門分野      経験、適応
```

図1-5　JCSS調査によって検証された大学環境と学生の成長（山田 2009）

(Japanese College Student Survey) 2005のデータを用いて**図1-5**のモデルを検証した。学年・教員との相互作用・学生の関与という環境要因のアウトカムへのインパクトが確認された。学年が上がるにつれ、学生の関与とアウトカムが上昇することが確認された。また、大学生活を肯定的に捉えるポジティヴ学生と否定的に捉えるネガティヴ学生という類型をもとに、ポジティヴ学生が認知面と情緒面のアウトカムを達成し、ネガティヴ学生がアウトカムの面でも落ち込んでいることが確認された（杉谷 2009）。

　こうした大学生調査は、大学教育の質の保証にとって重要な役割を持っている。学生調査は、筆記試験やレポートのような学習を直接対象とする直接評価に対し、学習行動や満足度を学生の認識を介して評価する間接評価としての役割を担っている（Banta ed. 2004; 山田礼子 2012）。達成度を捉えようとする直接評価とプロセスを捉えようとする間接評価を組み合わせることで、大学教育の質を保証するような学生の学習の質を検討することができると考えられている。大学教育学会においても、現在、学習成果に焦点を当てて、直接評価と間接評価をともに活用して、学士課程教育全体の質保証のあり方を検討する課題研究が進められている。大学生調査研究は、質保証に向けた取り組みの中の重要な役割を担っているのである。

　大学教育の質の保証に向けたもう1つの重要な取組がIRである。IRは、財務等の内部情報や学生調査等により得られるデータを収集・蓄積・分析し、大学経営に資する情報を提供することを役割としている。この意味で、大学

生調査とIRとは「双子」(山田 2011) の関係にあると言える。

　現在、日本のIRは、実践面でも組織体制面でも「胎動期」(森 2009) にある。現在、IRをどう進めるかといった実践に関する問題に関心が集まり、集合的に理解と改善が進められている (中井ほか編 2013)。実際、多くの大学・学部で、「大学の自己点検・評価やそれに基づく改善を確実に実行するために大学教育や経営上の各種情報の収集や分析を行う」IRが必要だと考えられている (岡田 2011b)。また、大学全体の執行部である理事を対象としたアンケートでも同様の結果が報告されている (高田ほか 2013)。経営改善を目指した実践例としては、大学行政管理学会と日本能率協会とによる大学経営評価指標などがあり、教育改善に向けた機関横断的取組としては上述のJCIRPやIRコンソーシアムがあり、機関内でのデータ収集分析に基づく取組としては大阪府立大学や島根大学や立命館大学などの事例がある (沖 2011; 高橋 2013; 鳥居 2013; 鳥居・山田 2010)。

　例えば、立命館大学のIRプロジェクトの取り組みの1つである「学生の学びの実態調査」では、「立命館大学の学びの実態とは」あるいは「立命館大学の学生の学びは多様か」という問いに対して、「高学習意欲群」「受動的学習群」「能動的学習群」「学習意欲低調群」「勤勉的学習群」「学習無気力群」を見出し、性別・文理別・入試形態別に有意差が無いことを確認している (岡田ほか 2011)。この調査では、IRプロジェクトと学部の間で、調査票の設計や分析方法に関わる対話を重ね、学部と経験や知見を共有するといった協働を進めている (鳥居 2013)。第2節 (5) で見たように、今日のIRには、機関・部局の教育改善に資することという教育改善志向が立ち現われてきている。これに対して、立命館大学のIRプロジェクトは、FDセンターである教育開発推進機構・教育開発支援センター内に設けられていることと教職協働で関係部局との連携と対話を通じて調査プロセスを進めることによって、萌芽的ながらも教育改善に向けた一手を生み出しつつある (川那部ほか 2013; 石本ほか 印刷中; Kawai et al. 2013)。教育改善に向けて実質的に歩みを踏み出している点で、日本のIRは、国際的な潮流の前線と歩調を同じくしていると言える。こうして、IRとFD、そして教育改善を「つなぐ線」(鳥居 2011) を引く努力

が行われている。この努力が意味することは、IRとFDと教育の実践的改善とを結びつけて、現代の「大学のオートノミー」(金子 2011b; 鳥居 2012)を再活性化が目指されているということである。

(2) 大学生調査研究についての整理

　以上のように、大学生調査研究は、アカウンタビリティの要求を背景に、学生のラーニング・アウトカムズ(学習成果)に着目して進められている。ここでまず、これまで日本で進められてきた大学生調査研究の問題点を探る。その上で、求められる大学生調査研究を明らかにする。そして(3)で、その方向に進展を見せている研究を概観していく。

　これまでに見てきた大学生調査研究に共通するのは、学生の学習におけるアウトカム(成果)に着目し、その成果を標準化された指標で測定しようとするアウトカム志向である[8]。しかし、このアウトカム志向の大学生調査研究における標準的測定には、信頼性・妥当性という一般的問題に加えて、学生の属性や背景のようなインプット要因と成果(アウトカム)というアウトプット要因をつなぐ教授・学習過程の実態を十分に考慮していないという問題がある(金子 2009, 2011b)。

　そもそも、CI研究をはじめ日本において進められた大学教育に関する研究が、制度の分析として、選抜と配分というインプットとアウトプットにのみ関心を向け、スループットあるいはプロセスに十分に関心を払わずに「ブラックボックス」化させてしまうという問題があった(吉田 2008)。そして、このブラックボックス化に抗して、実践の分析として、個別機関のデータ収集・分析を役割とするIRと機関内データの収集と機関間比較を期待される大学生調査というアウトカム志向の取組が行われてきていたのであった。今や、データに基づく教育改善とそのための調査研究が喫緊の課題として立ち現れている(鳥居 2013; 鳥居・山田 2010; 山田 2012)。しかし、実践の分析としても、アウトカム志向の取り組みは実践の中の教授・学習過程をブラックボックス化してしまっている。したがって、インプットとアウトプットの間のプロセスのブラックボックス化に抗してその中へ研究を進めたものの、教授・

学習過程という実践の営みはブラックボックスのままにとどまっているということが、アウトカム志向の大学生調査研究の問題である。1つのブラックボックスが封を開けられたものの、その中にもう1つのブラックボックスが残ったままになっているのである。

　アウトカム志向は、経営改善や質保証といった管理運営上の目的に役立つことを期待されていること、そしてアカウンタビリティの要求を果たすことという磁場に由来する。アカウンタビリティの要求に応え、経営改善や質保証のためには、学生の学習成果のあり方が問われねばならない、というわけである。そのため、データに基づいているが、教授・学習過程を明らかにせず、「学生をいかに学ばせ成長させるか」についての示唆を十分に引き出せないといった、教育改善を置き去りにした改革と実践が生まれてしまう恐れがある。この点に関して、高等教育の政策・制度の研究という学術研究志向とを共存させることによって、管理運営志向との間にバランスをもたらすことが重要だとIR研究において指摘されていた (岡田 2011a; 鳥居 2011; **図1-6**)。

　しかし、学術研究志向と管理運営志向が共存するとしても、往々にしてアカウンタビリティの要求をはじめ、組織外の要求に直面しその対応に追われるがゆえに経営改善のための管理運営志向に学術研究が引き寄せられるという事態に陥りがちである。この磁場は、歴史も示すとおり、不可避のものである。ましてや、「大学経営の時代」(江原 2010) と言われる今日においては、その力の大きさは推して知るべしと言ったところである。学術研究志向といっても、政策・制度の研究だけあるいは政策上での機能や制度上での構想だけでは、こうした事態に抗うことは難しい。また、政策・制度についての

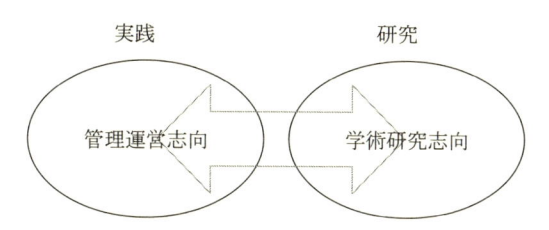

図1-6　管理運営志向と学術研究志向のバランス

学術研究志向の確立だけでは、実践の文脈から離れた抽象化になりかねない。データに基づき教育改善を志向してはいるものの実践にとって抽象的な研究が生まれてしまう恐れがある。

　ここまで取り上げてきた学生の学習に関する課題に取り組むアウトカム志向の大学生調査研究だけでは、学生の「学びと成長」における学生の学習という研究対象に対して、教授・学習過程をブラックボックス化している点においても、管理運営志向への偏りから教育の改善が置き去りになったり実践から乖離したりしかねない点でも、不十分であることが明らかになった。

　アカウンタビリティの要求、質保証、管理運営志向といった磁場の中で必要なのは、実践において実際に教育改善を達成するという教育改善志向である。IRにおいて、管理運営志向と学術研究志向だけでなく、教育改善志向が求められることはすでに見た。より大きく大学教育改革全体という視野から眺めても、管理運営志向と学術研究志向だけでなく教育改善志向が必要なことは論をまたないはずである。調査研究や実践の共有をはじめとする教育改善も進められつつあることも見てきた。しかしながら、現状、教育改善志向は、大学教育改革の荒い磁場の中でややもすれば埋没しかねない状況、あるいは形骸化・空洞化しかねない状況に置かれているように見える。極端に言えば、改革が盛んになればなるほど、実践の力がやせ細るという状況すら招来しかねないように見える。あるいはすでに招来しているかもしれない。第1節で見たように、現実に教育の改善を成し遂げるには、政策や制度を通じた働きかけだけでなく、実践の営みをくぐることが欠かせない。ここで何よりも必要なのは、実際の実践を通じて教育を改善するという教育改善志向である。

　そこで、学術研究志向として、教育改善志向を支えるような研究が求められる。すなわち、管理運営志向との間にバランスを生み出すために高等教育の制度・政策を研究するという学術研究志向だけでなく、教授・学習過程の実態を捉える実践に根ざした研究に取り組む学術研究志向が必要である。制度・政策の研究に加え、教授・学習過程の実態を捉えて理解を深める実践に根ざした研究に取り組むことで学術研究志向、教育改善志向、管理運営志向

```
        実践              研究
    ┌─────────┐      ┌─────────┐
    │ 管理運営志向 │      │ 学術研究志向 │
    │         │      │ 政策・制度の │
    │         │      │   研究    │
    └─────────┘      └─────────┘

    ┌─────────┐      ┌─────────┐
    │ 教育改善志向 │      │ 学術研究志向 │
    │         │      │ 教育実践の │
    │         │      │   研究    │
    └─────────┘      └─────────┘
```

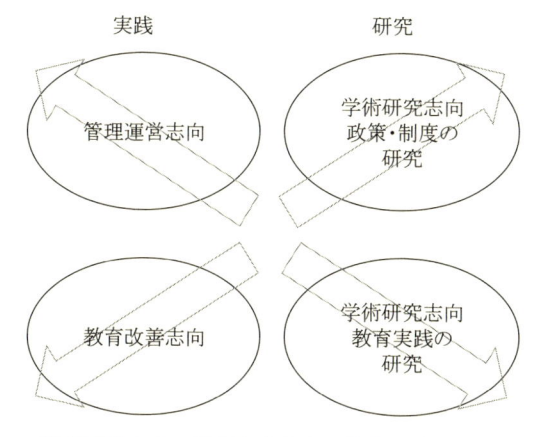

図1-7　管理運営志向・学術研究志向・教育改善志向のバランス

との間にバランスを生み出す必要がある(**図1-7**)。

　このような理解に基づくならば、学術研究志向として、調査データに基づきつつ、教授・学習過程の実態を捉える実践に根ざした研究が求められていると考えられる。教授・学習過程の実態を捉える研究には、授業やティーチングについての研究、そして学生の「学びと成長」についての研究があるだろう。第2節を通じて見てきたとおり、学生の「学びと成長」というテーマは、大学生調査研究の流れの中で確立して発展してきた。しかし、このテーマに関して進められる大学生調査研究は、歴史的経緯と合わせて、アカウンタビリティの要求や管理運営志向による磁場のため、高等教育機関が学生にどのような影響を及ぼすかという視点から行われる政策や制度の研究の側面が強かった。そのため、学生の「学びと成長」というテーマのもとで、実践の教授・学習過程を通じて学生の「学びと成長」を問うていく実践の調査研究は前面に出てこなかった。すなわち、実践の教授・学習過程を通じていかに学生を学ばせ成長させるかを問う、あるいは学生がいかに学び成長しているかを問う研究は、大学生調査研究としては発展の途上にある。この意味では、そもそも学生の「学びと成長」というテーマについての本格的な大学生調査研究は、特に日本の大学教育研究においては、まだまだこれからであると言える(杉谷 2011: 295; 吉田 2008)。学びと成長というテーマに関する共通認

識の形成とそのための認識枠組みの彫琢が急がれねばならない。

(3) 大学生調査研究における学生の「学びと成長」についての先駆的研究

このような状況の中、学生の「学びと成長」についての実践的な観点から進められてきた研究が一部に見られる。それは、具体的な授業実践事例をもとに学生の見ている世界から大学教育を考えていくという実践的な調査研究である (溝上 2003a, 2003b; 溝上編 2001, 2004)。ここに、日本の大学教育研究における学生の「学びと成長」というテーマに関する研究が確かに蓄積されていた。

その後続けて、学生の「学びと成長」をテーマとする大学生調査研究が行われている (溝上ほか 2009; 溝上 2009b, 2010)。そこでは、まず、それまでの研究 (武内編 2003, 2005; 鈴木・安岡 2007) と同様の問題を見出している。それは、学生の勉学志向が高まっているにもかかわらず、学生の授業外学習時間が1日に1時間に満たないという問題である。授業外での経験と学習が、学生の学習における重要なポイントであることは、アメリカでの大学生調査研究 (Kuh 2003; Study Group on the Conditions of Excellence in Higher Education 1984) で見出されている。日本の大学教育にとって、授業外学習が重要な課題の1つであると言える (金子 2013; 谷村 2009, 2010; 谷村・金子 2009; 山田礼子 2012)。

また、日本で進められている大規模大学生調査の1つに、京都大学と電通育英会が共同実施した「大学生のキャリア意識調査2007」がある。そこでは、NSSEやCIRPを参考にして学生が大学生活の中でどのように過ごしているのかを尋ねる「大学生活の過ごし方」項目が分析に用いられている。

まず、「大学生活の過ごし方」項目の因子分析が行われている (表1-5)。以降の分析は、全体の結果をゆがめる点を考慮して、医歯薬系の学生を除いて行われている。17項目の因子分析 (主因子法, *Promax*回転) の結果、他の調査データも考慮して比較的安定して高く負荷する3因子とその項目のみが用いられている (京都大学FD検討研究委員会 2012; 溝上 印刷中)。

1つ目の因子は、「勉強のための本 (新書や専門書など) を読む」「授業とは関係のない勉強を自主的にする」「新聞を読む」からなり、「自主学習」と名づ

表1-5 大学生活の過ごし方の因子分析（大学生のキャリア意識調査2007）

	因子1	因子2	因子3
勉強のための本（新書や専門書など）を読む	.900	-.005	-.085
授業とは関係のない勉強を自主的にする	.679	-.097	.001
新聞を読む	.554	.085	.071
インターネットサーフィンをする	-.085	.704	-.074
ゲーム（ゲーム機・コンピュータゲーム・オンラインゲーム）をする	.003	.560	-.014
テレビをみている	-.028	.513	.022
マンガや雑誌を読む	.228	.458	.087
クラブ・サークル活動をする	-.098	-.088	.722
コンパや懇親会などに参加する	.149	-.068	.651
同性の友達と交際する	-.053	.217	.484
固有値	2.952	1.556	1.365
因子寄与	2.035	1.685	1.505
因子間相関	—		
	.394	—	
	.369	.248	—

けられている。2つ目の因子は、「インターネットサーフィンをする」「ゲーム（ゲーム機・コンピュータゲーム・オンラインゲーム）をする」「テレビをみている」「マンガや雑誌を読む」からなり、「ひとりの娯楽活動」と名づけられている。3つ目の因子は、「クラブ・サークル活動をする」「コンパや懇親会などに参加する」「同性の友達と交際する」からなり、「課外活動・対人関係」と名づけられている。これら3因子の因子得点を用いて、クラスター分析（*Ward*法）を行った結果、4つのグループが見出された（**図1-8**）。

　タイプ1とタイプ2はともに、大学生活の中で、「自主学習」と「課外活動・対人関係」に時間を費やしていない。相対的に見て、「ひとりの娯楽活動」に時間を費やすのがタイプ1でそうではないのがタイプ2である。また、全体的に見て大学生活の充実感や「遊び」に関わる項目で得点が高いのはタイプ3・4であるが、「課外活動・対人関係」に関して両者の間に有意差は見られない。しかし、「自主学習」の得点が高いのは、タイプ3である。そして、将来の見通しを持ち、学習に向かい、遊びと学習をバランスよく行って、知

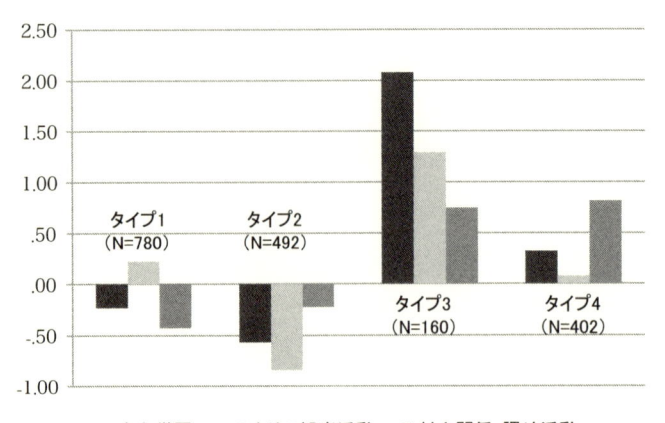

図1-8 大学生活の過ごし方による学生タイプ

(■自主学習　■ひとりの娯楽活動　■対人関係・課外活動)

識・技能を身につけることができているのはタイプ3であった (溝上 2009b, 印刷中)。

　この分析の結果、友人との交際やクラブサークル活動等の遊びだけでなく、授業外で自主的に学習や読書を行い、学習と遊びをバランスよく行うことが、「知識・技能の習得」につながっていることが明らかになった。大学生活の中で交友活動やひとりの娯楽活動のような遊びだけでなく学習を位置づけ、授業での学習に加えて授業外での学習を行っていくことの重要性が明らかにされた (溝上 2009b; 山田・森 2010)。

　続けて、そうした遊びと学習をバランスよく行う大学生活の基盤についても探究が進められている (溝上 2010)。分析で用いられたのは、「2つのライフ」と呼ばれる項目である。この項目では、まず、「あなたは、自分の将来についての見通し(将来こういう風でありたい)を持っていますか」が尋ねられ、「持っている」か「持っていない」かを回答する。「持っている」と回答した者に、「あなたは、その見通しの実現に向かって、今自分が何をすべきなのか分かっていますか。またそれを実行していますか」が尋ねられる。この質問に対して、「何をすべきか分かっているし、実行もしている(理解実行)」「何をすべきかは分かっているが、実行はできていない(理解不実行)」「何をすべ

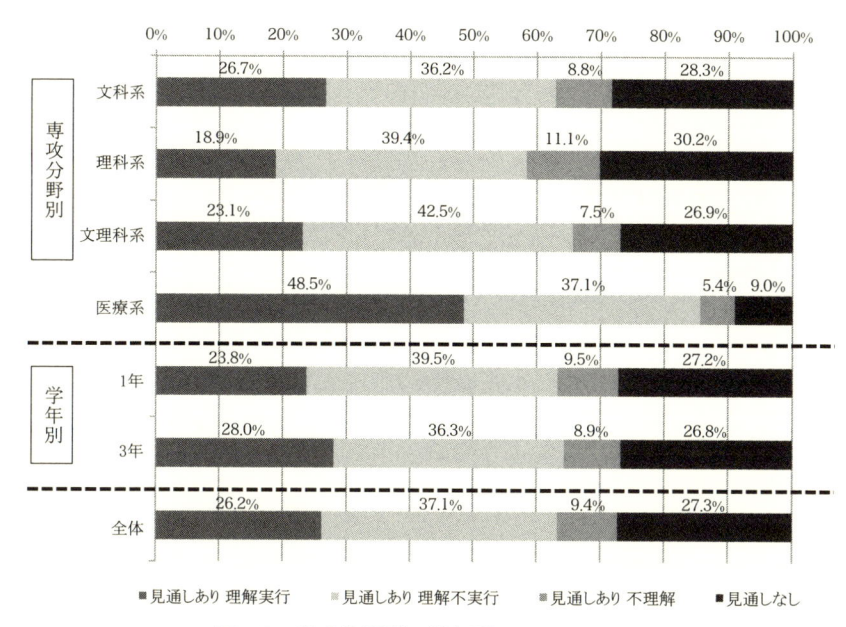

図1-9 専攻分野別・学年別の２つのライフ

区分	分類	見通しあり 理解実行	見通しあり 理解不実行	見通しあり 不理解	見通しなし
専攻分野別	文科系	26.7%	36.2%	8.8%	28.3%
専攻分野別	理科系	18.9%	39.4%	11.1%	30.2%
専攻分野別	文理科系	23.1%	42.5%	7.5%	26.9%
専攻分野別	医療系	48.5%	37.1%	5.4%	9.0%
学年別	1年	23.8%	39.5%	9.5%	27.2%
学年別	3年	28.0%	36.3%	8.9%	26.8%
	全体	26.2%	37.1%	9.4%	27.3%

きかはまだ分からない（不理解）」のいずれかに評定を求める。この項目によって、回答学生は２つのライフに関して「見通しなし」「見通しあり 理解実行」「見通しあり理解不実行」「見通しあり不理解」群に分けられる。図1-9は、専攻分野別・学年別・全体で２つのライフの各群の割合を示したものである。

この「２つのライフ」群と大学生活の過ごし方タイプの重なりを分析したところ、遊びと学習をバランスよく行う大学生活タイプ３に「見通しあり 理解実行」群が多いことが明らかになった（溝上 2010）。将来の人生（Future Life）の展望と結びつけて日常生活（Daily Life）でアクションを進めようとしていくことが、遊びと学びのバランスのとれた大学生活の過ごし方の基盤になるという考察が展開された。

学生の「学びと成長」というテーマのもと、将来と日常を結びつけながら、学生が授業外での学習に取り組み、学習と遊びのバランスの取れた大学生活を実現することで成長していけるという示唆が導きだされた。これらの研究

は、学生の「学びと成長」という実践的な観点から取り組まれた研究であり、本書の研究にとって重要な先行研究である。

第4節 学生の学習についての先行研究：学習研究、コミュニティについての研究と学習アプローチについての研究

　大学生調査研究の流れにおいては、実践の教授・学習過程の中の学生の「学びと成長」を問うていく研究は未発展であることが明らかになった。他方で、視野を広く学習研究一般を見渡せば、そこには分厚い研究蓄積が見られる。したがって、大学教育の文脈で、学習研究の知見がまだまだ活用されていないというギャップが存在する。このギャップはしばしば指摘されるものの（小山 2010）、なかなか埋められないでいる。本書では、このギャップを埋めるべく、学習研究の知見を活用していきたいと考えている。そこでまず、(1)で、学習研究の流れを辿っていく。

　その上で、本書で参照する2つの研究の流れに目を向ける。第2節で見てきたように、大学生調査研究の成果として授業外での活動やカリキュラム補助型教育実践における経験と学習が重要であることが指摘されている。本書（第2章・第3章・第4章そして第6章）では、授業外での活動やカリキュラム補助型教育実践を対象とする調査研究を実施していく。その際に活用する視点・概念として、実践コミュニティやラーニング・コミュニティがある。そこで(2)で、それらのコミュニティに関する研究に目を向ける。他方で、言うまでもなく、授業外での活動の経験と学習だけでなく、授業での学習が大学生にとって重要である。そこで次に、(3)で、授業での学習についての研究として、特に近年大学教育の分野で関心を集めている学習アプローチについての研究に目を向ける。

(1) 学習研究：行動主義・認知科学・状況論のパースペクティヴの共存へ

　学習についての研究は、20世紀を通じて発展してきた。学習についての研究では、主として、刺激と反応から行動・注意・記憶を分析する行動主義

的研究と表象の操作などの認知過程を対象とする認知科学研究が行われてきた。そしてその後、文化社会的な活動としての参加や意味づけを重視する状況論へと拡がってきた。新たな研究の登場は、それまでの研究にまるまる取って代わることを意味するわけではない。また、それまでの研究の流れの消滅を意味するものでもない。学習を捉える視点・アプローチであるパースペクティヴが新たに加わったことを意味する。したがって、今日、こうした複数のパースペクティヴが組み合わされて学習についての研究が展開される状況が到来しているのである (Engeström & Sannino 2010; Greeno 1998; Greeno et al. 1996; 河井 2011a; Mason 2007; 中原ほか 2006 ; Sawyer ed. 2006; Sawyer & Greeno 2009; Tuomi-Gröhn & Engeström eds. 2003)。

以下、行動主義、認知科学、状況論と学習研究のパースペクティヴの積み重ねをおおまかに辿っていくことにしよう。まず、学習研究が本格的に産声を上げるのは、20世紀に入って行動主義が登場してからである。行動主義は、内観法によって主観的にアプローチするのではなく、客観的に観察可能な行動とコントロール可能な刺激を研究対象とする (Watson 1913)。この立場から転移研究に取り組み、当時広く流通していた形式陶冶という考え方に反対したのが、E.L. Thorndike (1913; Thorndike & Woodworth 1901) である。転移研究とは、ある状況で学習されたことが別の状況で応用されるかどうかという問いを中心とする研究である。形式陶冶とは、ラテン語のような教科の学習が様々な課題に応用可能な一般的なスキルの修得につながるという説である。Thorndikeは、ラテン語のような教科の学習は特殊で限定的なスキルを修得するだけで一般的なスキルの修得には役立たないとし、転移における同一要素理論を主張する。同一要素理論とは、先行する学習と後続する学習の状況間に同一の要素が利用可能であることを転移の条件とする理論である。Thorndikeは、実際の刺激と反応のあり方を検証する実験を通じて、同一要素理論を主張した。学習を刺激と反応の連合と捉える行動主義は、実験アプローチによって観察可能な人間の行動を対象とした。そして、その結果、行動において活用可能なツールや分類を研究成果として生み出し、隆盛に向かった (Gagné 1965; Skinner 1938, 1950)。

観察可能な行動を刺激と反応でシンプルに研究するべしというワトソンの主張は広範な影響をもたらした。学習研究は影響を受けた一分野にすぎない。内観法によってアプローチされた意識という心の中の何かは心理学の中から追放されんとしていた。1920年代のアメリカの心理学そして世界の心理学が行動主義に傾いていくかのようであった。その影響は学術の世界だけでなく、子どもの教育や犯罪者の処置をはじめ多くの社会的活動が行動主義的観点から行われるようになっていった。まさに、行動主義によって人間の歴史社会に新たな局面が切り拓かれたのである。

　その後、学習研究が科学としての装いをまとって独り立ちするにはさらに約半世紀の月日を要した (Norman 1980, 1993)。この間、行動主義が支配的なものとなっていったものの、行動主義の抱える限界も明らかになっていった。行動主義の限界とは、人間の認知に関する現象を研究できない点である。そのため、理解・推論・思考といった教育において重要になる諸現象が十分に研究されない状態にあった。そして、この限界は、学習を刺激と反応と捉え、観察可能な刺激と反応の連合としての行動に研究対象を限定するという行動主義のアプローチそのものに埋め込まれた限界であった。

　先述の通り、行動主義は、学習のみならず心理学をはじめ諸科学の基本的枠組みをなしていた。したがって、行動主義の限界への挑戦は、広範な領域から進められることとなった。こうして登場するのが、認知科学であった。認知科学の特徴は、次の点にある (Gardner 1985=1987)。第1に、認知科学は、シンボルやスキーマ、イメージといった心的表象によって人間の認知的活動を記述・理解しようとする。第2に、コンピュータを思考のモデルとして捉え、かつ研究上の道具として活用する。第3に、方法論上の要請として、感情が支配する領域、活動や思考をとりまく文脈、歴史的・文化的要因をできるだけ除外して問題を定め研究する。第4に、心理学だけでなく神経科学や人工知能研究、言語学、人類学といった幅広い学問による学際的研究を押し進めていく。認知科学の影響もまた、「認知革命」(Gardner 1985=1987) と呼ばれるにふさわしく、広範な領域に及んだ (安西ほか編 1992)。

　認知科学は、知識を獲得・保存・変換・使用する人間固有の形式である認

知プロセスの研究に取り組む(Bruner 1983=1993)。認知科学の確立こそ、学習研究にとって不可欠のものであった。それまでの学習研究を広くまとめあげた米国学術推進会議による『人はいかに学ぶか』という報告書は、学習研究に対して、認知科学の果たす役割を次のように記している。

> 1950年代後半に、人間の認知過程の解明をめざす、認知科学という新しい領域が生まれた。認知科学は、その誕生以来、人類学・言語学・哲学・発達心理学・コンピュータサイエンス・神経科学その他の心理学の諸分野を含む多様な視点から学習の科学的研究に取り組んでいる…(中略)…。すなわち、多様な分野の科学者たちが、新しい実験装置・方法論・理論構築の方法を用いて、人間の学習の問題に真正面から取り組みはじめた。かくして「学習科学」が成立し、学習研究はようやく「思弁」の段階を脱し「科学」になったのである(Bransford et al. 1999=2002: 8=8)。

　認知科学の確立によって、学習研究は新たな局面を迎える。『人はいかに学ぶか』では、認知科学に基づく学習研究の3つの特徴が述べられている。第1に、理解を伴う学習である。認知科学の助けを借りて、単なる暗記ではなく問題解決の文脈での認知プロセスとしての理解を扱う学習研究が可能になった。第2に、知る過程において生じる認知活動が扱う学習研究が行われる。一方では、新しい知識が獲得される際に依拠する既有知識や知識の構成に先立つ誤概念が研究され、他方で、学習者が自ら知識を構成する過程が研究される。第3に、学習者が自分の学習過程を自分自身で制御するアクティブラーニングを重視する学習研究が推奨される。「学習科学は、物事を深く理解し、学んだことを積極的に活用しようとする、アクティブな学習者の育成を目指している」(Bransford et al. 1999=2002: 13 一部改訳)。

　認知科学に基づく学習研究の中核的な特徴は、行為者の認知プロセス(モニタリングとそれに続く調整のプロセス)の知識に関わるメタ認知という考え方である(Brown 1975, 1978; Flavell 1979)。メタ認知は、転移が受動的に起こるものではなく、学習者の認知と問題解決などの活動が転移を引き起こすという考

え方に基づいている。メタ認知という教育にとって重要な活動にまで研究対象を拡げた認知科学は、認知過程への着目に加え学習者とその構成的活動へも視野を拡げることになった。この点で、学習者は、知識の受動的な容器のような対象・客体というより、知識と概念の能動的な構築者と捉えられることになる(Brown & Campione 1996; Bransford et al. 1999=2002)。メタ認知を中核的特徴とする認知科学に基づく学習研究は、それまでの学習研究をまとめあげる統合的な位置を占めることとなった(Mayer & Wittrock 1996)。

　認知科学に基づく学習研究は、研究テーマの点でも研究活動の点でも、それまでよりも教育実践に近いところで多数の成果を生み出していった。まず、認知科学は、アナロジー、手続き、方略、スキーマ、問題解決といった認知に関する研究(Bassok & Holyoak 1989; Druckman & Bjork eds. 1994; Gick & Holyoak 1980, 1983, 1987; Singley & Anderson 1989)だけでなく、教授法や学習環境デザインなども研究の対象として発展を見せた(Bielaczyc et al. 1995; Palincsar & Brown 1984; Scardamalia et al. 1984; Scardamalia & Bereiter 1991; Shoenfeld 1983, 1985, 1991)。また、認知科学に基づく学習研究では、認知プロセスを研究するため実験室だけでなく教室も研究の場として発展を見せた(Chi et al. 1994)。実際、The Community of Learners Project(Brown 1992; Brown & Campione 1994)、The Fifth Dimension Project in Sandiego(Laboratory of Comparative Human Cognition 1982)、The Jasper Project at Vanderbilt University(Cognition and Technology Group at Vanderbilt 1990)をはじめとし、多数のプロジェクトが推進された。認知科学に基づく学習研究もまた、広い範囲にわたる発展を見せるのである。

　20世紀後半以降、認知科学に支えられて学習研究が独り立ちし、認知科学に基づく学習研究が支配的な流れとなっていった。認知科学に基づく学習研究に対して批判または問題提起として登場してきたのが状況論と呼ばれるアプローチである。90年代以降に精力的に取り組まれた学習研究のレビューでは、行動主義の登場、認知科学の確立に続く第3の画期として状況論のもたらしたインパクトが数えられている(Engeström & Sannino 2010; Greeno 1998; Greeno et al. 1996; 河井 2011a; Mason 2007; 中原ほか 2006 ; Sawyer ed. 2006; Sawyer & Greeno 2009; Tuomi-Gröhn & Engeström eds. 2003)。

この状況論のインパクトの中心をなしたのが、J. Laveの一連の研究である。Lave(1988=1995)は、認知科学に基づく学習研究に機能主義の理論を見てとる。Laveの言う機能主義とは、マクロな構造としての社会を既成事実とし、個人がそれを受動的に内化するというかたちで社会化を達成するという考え方である。知識・技能が、状況にとらわれることなく獲得され、状況にはめ込まれていなくとも子供に教えることができるという機能主義的考え方が認知科学に基づく学習研究に見られるとLaveは批判する。批判の対象は、第1に、一般的知識がもつ状況にとらわれない性格である。その帰結として、第2に、知識・技能とそれが習得される社会的状況とを切り離して、社会的状況に関して何も語らない点も批判される。したがって、認知科学に基づく学習研究は、状況の不問または状況の切断という点によって、抽象化された場面である実験室では有効であるものの、現実の教育実践の中では役に立たない教育を生み出していると批判される。Laveは、社会学・人類学の理論的蓄積(Bourdieu 1977など)に依って立ち、機能主義の理論に実践の理論を対置している。機能主義の理論は、知識を抽象化して、知識と実践の状況を切断して捉えているのに対し、実践の理論は、実践において知識が構成され、知識と状況がそこで行為する人々とともに関係し合っていると捉えている。

　　要するに、社会的実践の理論は、行為者、世界、活動、意味、認知、学習、さらに知ることに関係論的相互依存性を強調するのである。意味が本質的に社会的に交渉されるものであることを強調し、活動に従事中の人の思考と行為の関与的性格を強調することである。この観点では、学ぶこと、考えること、さらに知ることが、社会的且つ文化的に構造化された世界の中の、世界と共にある、また世界から湧き起こってくる、活動に従事する人びととの関係だとする(Lave & Wenger 1991=1993: 26)。

　このような実践の理論の関係論的認識が、状況論のインパクトの基礎となっていたのである。
　Lave(1988=1995)は、実際に、実験室の外、学校教育の外、日常生活場面

での問題解決活動を研究していった。具体的には、スーパーマーケットの買物の場面でどちらがお買い得かを考えるという活動やリベリアの仕立屋における徒弟制の実践を研究していった。その結果、問題解決活動は、学校式のテスト場面と独立し、その都度それぞれの状況と関連して活動のあり方が決まっていくと結論づけられていった。

　状況論のインパクトの中心人物がLaveであるとしても、Laveただ1人によってインパクトがもたらされたわけではないし、Lave以前に状況論に通じる研究が皆無だったわけでもない。状況論が登場してきたとき、Lave自身も言及するように、日常生活場面での問題解決活動についての研究が次々と発表されていた。Laveの研究と同様に状況論インパクトに大きく貢献し、「状況論革命の出発点」(佐伯 1999) と評される L. Suchman の研究がある。そこでは、人間と機械のコミュニケーション過程を通じ、認知表象や認知方略の複合体であるプランが、変化する諸状況に対する適応に向けてアクションを決定するのではなく、アクションのリソースではあるがアクションを決定するわけではないことを見出した。そして、プランに基づいてアクションが決定されるのではなく、「行為は本来的に状況に埋め込まれたものであり、状況に埋め込まれた行為は本質的にアドホックな(その都度的な)ものだ」という考え方が押し出された (Suchman 1987=1999: iii)。他にも、実験室の外、概念空間の外、日常場面での問題解決は、認知的表象を操作した産物というより、その場面における人々とリソース(テクノロジー・ツールやほかの人々)との間の相互作用であるという考えに立って研究が進められた (Carraher et al. 1985; Nunes et al. 1993; Saxe 1988a, 1988b, 1990; Scribner 1984; Scribner & Cole 1981)。さらに、J. J. Gibson (1979/1986) のアフォーダンスの概念が取り入れられ、学習が、状況において実現している側面と制約されている側面についての理解が深まっていった (Shaw et al. 1982; Greeno et al. 1993)。学習研究は、日常生活場面での相互作用――人と人、人と道具、人と環境などの相互作用――を研究の場とし、相互作用研究がまとまりをなして発展していった (Greeno 2006; Sawyer & Greeno 2009; Sawyer 2003, 2006)。状況論パースペクティヴに基づく研究もまた、多岐にわたって展開されている (加藤・有元編 2001; 茂呂編 2001; 茂呂

ほか編 2012; 上野編 2001)。

　行動主義と認知科学の研究対象となったのは、学習課題と転移課題とそれへの行動あるいは媒介プロセスと知識・スキルであり、課題・行動・媒介プロセス・知識・スキルの各々の埋め込まれた状況は自明・所与のものとして研究枠組みの中には入っていなかった。これに対して状況論は、状況という地にあたる部分を自明・所与とすることなく問い直した。すなわち状況を、静的・安定的と考えるのでなく、動的・不安定なものとして研究枠組みに取り入れ、状況と実践そして学習者との相互作用を研究対象として考慮に入れていった。状況論のインパクトを通じて、研究枠組みは、個人主義的なものではなく、社会文化的あるいは相互作用的なものとなった。このように、行動主義・認知科学・状況論は、それぞれ異なる学習を捉えるパースペクティヴとして共存しながら、学習研究を豊かにする役割を果たしているのである。

(2) 実践コミュニティやラーニング・コミュニティについての研究

　ここで、授業外での活動やカリキュラム補助型教育実践を研究する際に活用可能なコミュニティについての研究を見ていく。状況論パースペクティヴの登場以降、学習研究において、個人の知識・技能の獲得だけでなく、状況としての実践コミュニティへの参加についても研究されるようになっていった (Sfard 1998)。実践コミュニティは「あるテーマに関する関心や問題、熱意などを共有し、その分野の知識や技能を、持続的な相互交流を通じて深めていく人々の集団」(Wenger et al. 2002=2002: 33; Wenger 1998) と定義されている。学習を状況への参加と捉え、その参加する状況が実践コミュニティとして概念化され、コミュニティに関する研究の関心が高まっていった。

　こうしたコミュニティへの関心は、状況論パースペクティヴに限らず、学習研究に広く見られるものである。例えば、『人はいかに学ぶか』の著者の 1 人である A. Brown は教室コミュニティの知識の発展のために生徒たちの関心とスキルの多様化を図る FCL (Fostering a Community of Learners) プロジェクトを展開した (Brown & Campione 1996)。そこで生徒たちは、グループまたは個人でリサーチに取り組み、それをグループ内またはグループ間で学習を

共有し、最終課題にまとめあげていく。そこから、相互教授という教授法 (Palinscar & Brown 1984) や、メタ認知的かつ省察的環境や深い内容知識そして専門知識を分散・共有し合うことといった学習者のコミュニティをサポートする原則が見出されていった。

また、M. Scardamalia と C. Bereiter (1994、2003、2006) もコミュニティに着目している。彼らは、生徒がコンピュータにアイデアを書き、ほかの生徒との協働を通じて書き換えていく CSILE (Computer Supported Intentional Learning Environment) 実践を進めた。このプロジェクトは、個々の生徒の学習を通じた知識構築は、コミュニティの知識という共有財産にすることによって達成されることを示していった。

そして、学習環境をデザインするにしても、教育実践を組織化するにしても、実践コミュニティに着眼するという考え方は、重要視されている (Bransford et al. 1999=2002)。K. Bielaczyc と A. Collins (1999) は、学習コミュニティの特徴として、メンバー間で熟達に多様性があること、集合的な知識とスキルを発展させるという共同目標、学び方を学ぶこと、学習されたことを互いに共有するメカニズムがあることを挙げている。また、有効な学習環境のデザインの原則としても、学習したことを共有してコミュニティ全体の知識とスキルを発展させていくことが重要だと指摘している。学習は状況に埋め込まれており、その状況を可能にしかつ制約するコミュニティとの関係は、学習研究にとって主要な研究テーマになっている。

大学教育においても、実践コミュニティというアイデアは学習についての新しい理解の仕方として広まっていった (Lea 2005)。特に、協働学習やプロジェクト型学習、そしてオンライン学習や遠隔学習といった分野で広まっていった (Johnson 2001 など)。日本の大学教育研究においても、ゼミの場や研究室を実践コミュニティと見て検討していく研究が見られる (伏木田ほか 2011; 山田嘉徳 2012)。

また、大学教育においてより特徴的なコミュニティへの関心は、ラーニング・コミュニティについての研究である。ラーニング・コミュニティは、1980年代以降にアメリカで普及した教育実践である。ラーニング・コミュ

ニティについては、個別の教育実践ごとに多様な特徴を備えており、唯一の定義があるわけではない (Shapiro & Levine 1999)。主に参照されるのが、F. Gabelnickらの次の定義である (加藤 2007; 酒井 2009)。ラーニング・コミュニティとは、「より深い理解のための機会、学習内容を統合する機会、そして学習の取り組みへの共同参加者として学生同士や教員との交流を深める機会を学生が持てるように、複数のコースをまとめて結びつけたり、学習の内容全体を実際に再構造化したりするカリキュラム構造の１つ」(Gabelnick et al. 1990: 19) である。

ラーニング・コミュニティに大まかに共通してみられる特徴は、第1に、複数のコースを関連させることである。ラーニング・コミュニティは、複数の共通する科目を受講する学生からなり、教員同士で協調・連携しながら授業およびラーニング・コミュニティを運営していく。そうすることで、第2に、学生間のかかわりまたは学生−教職員間の知的なかかわりを高め、複数の科目での学習内容を結びつけながら、学生のアクティブラーニングや協働学習を促していく (Pascarella & Terenzini 2005)。第3に、ラーニング・コミュニティのメンバーとなることで、学生が学業と社会とを結びつけ、学業継続そして卒業につなげていきやすい (Tinto 2000)。また、第4に、高校から移行してきた初年次学生にとって、大学生活への適応をサポートする役割を持っている (Inkelas et al. 2007)。そして第5に、ラーニング・コミュニティの構築を大学の戦略の中心に据えたシラキュース大学 (Hurd & Stein eds. 2004) に見られるように、ラーニング・コミュニティは大学教育実践の効果的な形として認められてきている。すでにアメリカでは、アカウンタビリティに答える戦略として500以上の大学がラーニング・コミュニティの構築を進め (Smith et al. 2004; 高野 2007)、効果的な教育実践の１つとして全米アメリカ大学協会のプロジェクトで認められるに至っている (Kuh 2008: 表1-1)。

また、大学生調査研究の中において、ラーニング・コミュニティの効果についての研究が進められている。その結果、ラーニング・コミュニティへの参加が直接アウトカムに結びつくというよりは、学生エンゲージメントに結びついてそこからアウトカムに結びつくという間接効果があることが明らか

になっている (Pike et al. 2011; Pike et al. 1997)。ラーニング・コミュニティへの参加は、ファカルティとのかかわりや仲間の学生とのかかわりと結びついており、大学生活への適応に効果的であることもまた、調査データから示されている (Inkelas et al. 2007; Inkelas & Weisman 2003)。

このように実践コミュニティとラーニング・コミュニティについての研究が進められてきている。本書では、実践の中の教授・学習過程として授業外でのカリキュラム補助型の教育実践を対象とする調査研究に取り組む際に、分析の視点または概念として実践コミュニティとラーニング・コミュニティを活用していくことにする。その際には、見てきたようなコミュニティに関わる広い研究を受け、実践コミュニティを活動を共にする場として広く捉えて、考察に活かしていく。

(3) 学習アプローチについての研究

続けて、授業での学習を研究する際に活用可能な学習アプローチについての研究を見ていく。

大学教育における学生の学習に対しても、文化社会的な活動としての意味づけることに着目して研究が行われている。こうした研究では、還元主義、因果的説明、予測性といった実証主義科学の枠組みを超えて、「人間というものが自分たちの世界をどのように解釈するのかを理解し、そしてわれわれがその人間たちの行っている解釈という行為をどう解釈するのかを理解しようとする試み」(Bruner 1990=1999: vi; Entwistle 2009=2010: 32) を通じて意味の問題に取り組む必要性が見出されている。

この流れの中で、「大学という文脈の中で学生の学習の研究の視点からあらためて捉え直す」(Entwistle 2009=2010: 34) 学習研究が進められていった。そこでは、大学におけるティーチングの実践は学習についての研究に基づく必要があるという共通認識と、そのような必要性にもかかわらず学習についての研究が十分に行われていないという問題意識がある (加藤ほか 2011, 2012; Prosser & Trigwell 1999; Ramsden 2003)。

こうした問題意識のもと、学習アプローチについての研究は発展し、高等

教育の中で大きく注目を集めるに至っている。学習アプローチに関する研究では、深い学習アプローチと浅い学習アプローチを区別する。この区別は、MartonとSäljö(1976)のテキスト読解における浅いレベルの処理と深いレベルの処理の区別に由来する。浅いレベルの処理が、テキストそれ自体に関心を向けて、テキストの再生に向かうのに対し、深いレベルの処理は、テキストの意味するところ、すなわち著者の意図やそのテキストの要点やそこから導かれる結論といったことに関心を向け、テキストの内容理解に向かうというかたちで区別される。

学習アプローチについての研究では、その後の研究成果(Entwistle & Ramsden 1983など)を踏まえ、深い／浅いという区別を保持しつつ、処理という用語ではなく、アプローチという用語が用いられるようになった(Marton & Säljö 1997)。

学習アプローチは、学習の対象である学習内容(とその学習が行われる特定の文脈)に結びつく面と文脈を越えて首尾一貫している学習の典型的なやり方という面の両面を持つとされている。

学習アプローチという概念の第1の側面は、ある学習者が深い学習者か浅い学習者かを弁別するのではなく、ある学習者が学習内容に対して深い学習アプローチを取っているか浅い学習アプローチを取っているかを個別に弁別しようとしている(Entwistle 2009=2010)。その点で、学習アプローチは、授業内容やティーチング、授業環境に依存している(Biggs & Tang 2011; Parpala et al. 2010; Prosser & Trigwell 1999)。実際、学生は、コースごとに、授業ごとに、さらには授業トピックごとに、学習アプローチを変動させることができる。状況ごとに学習者が変動させることができる点と学習者の認知活動と結びついている点から、学習アプローチは、学習をどのように捉えているかということあるいは学習への向かい方といった学習者の意図に依存している(Entwistle 2009=2010)。

他方で、学習アプローチの第2の側面は、授業またはコース(さらには大学生活)を通じて深い学習アプローチを取るかそれとも浅い学習アプローチを取るかという一般的な弁別をするというねらいを持っている。ALSI(Approach to Learning and Studying Inventory)という質問紙調査では、学習アプローチは、学生の学習の典型的・一般的なやり方や学習への向かい方を意味している(Entwistle & McCune 2004)。学習アプローチは、個別具体的な学習内容よりも広く、学習者が自分の学習を意識的に省察するメタ認知や自己調整という包括的な認知活動あるいはパーソナルな意味づけと結びついていることが明らかにされている(Entwistle & McCune 2004; Entwistle et al. 2002)。

　このように、学習アプローチという概念は、個別具体的な学習内容との関連という面とあわせて、学習への一般的な志向性との関連という面を持っている。浅い学習アプローチとは、学習への消極的な志向性であり、表面的な内容理解に留まり、そして学習内容を自らにとって意味あるものとしていないことだと考えられる。これに対して、深い学習アプローチは、一般的な志向性としては、学習に自ら取り組んでいく志向性であり、自分なりの視点からパーソナルな意味づけをしていくことに関わっている。また、深い学習ア

表1-6　深い学習アプローチと浅い学習アプローチ (Entwistle 2009=2010)

深いアプローチ 　意図—主体的にその概念を理解すること 　　その概念を既有の知識や経験に関連づける 　　共通するパターンとその基礎にある原理を探す 　　証拠をチェックし、結論と関係づける 　　論理と議論を、因果的に、批判的に吟味する 　　必要なら、暗記学習を用いる 　　理解が深まるにつれ、自分の理解のレベルを認識する 　　コースの内容に、より積極的な関心を持つようになる	意味を追求すること ＜によって＞ ＜その結果＞
浅いアプローチ 　意図—コースの要求に合わせること 　　コースを、知識の無関係な断片として捉える 　　事実をひたすら記憶する、学んだ手続きをひたすら繰り返す 　　目的もその方法も検討することなく勉強する 　　新しい概念を意味づけることが困難となる 　　コースにも、設定された課題にもほとんど価値も意義も見出せない 　　課題に対して、どうしようもないプレッシャーや不安を感じる	再生にとどまること ＜によって＞ ＜その結果＞

プローチは、内容理解としては、知識を関連づけ、根拠を活用・探究することによって概念理解しようとすることだと考えられる(表1-6)。こうした学習アプローチの違いに基づき、学ばれる内容の意味を理解することについて主体的に関わろうとする深い学習アプローチが重要であることが主張されている(Entwistle 2009=2010)。

こうした学習へのアプローチは、大学生調査研究においても取り入れられるようになってきている。NSSE2005のデータを用いて、学問分野ごとに検討した結果、その分野での知識や手法についての合意が高い工学や物理学のような分野よりもそうでない分野の方において学生が深い学習アプローチに取り組むことが明らかになった(Nelson-Laird et al. 2008)。また、深い学習アプローチに取り組む学生は、成績と充実度が高いことも明らかになった。こうした学問分野ごとの学習アプローチの違いは、学問分野ごとの学生エンゲージメントやアウトカムの違いを考える際に有益な視点となることも指摘されている(Kuh 2009)。

学習アプローチについての研究は、「大学の授業が学生の学習に与える影響を考える概念的枠組み」(Entwistle 2009=2010: 3)をもたらした点で、大学教育における授業での学習についての研究として、重要な研究であると言える。学習を大きく分けると、学習内容やその理解といった認知に関わる学習の内的側面と学習への構えのような態度・行動に関わる学習の外的側面とに区別される(Engeström 1994=2010; 松下 2009; 松下・田口 2012)。この区別に基づいて言うならば、学習アプローチは、態度・行動という外的側面に関わりつつ認知という内的側面へ媒介する概念であると位置づけられるだろう。

今日、『学士課程教育における優れた実践のための7つの原則』(Chickering et al. 1987)や中央教育審議会答申『学士課程教育の構築に向けて』などを通じて、アクティブラーニングの重要性が広く認められるようになっている。しかしながら、そうした学生の学習への関心は、行動や態度のような外的側面での積極性が重要であると認めるにとどまりがちである。学生の学習の深化を問う上では、行動や態度といった外的側面における積極性だけに目を奪われるのではなく、内容理解に関わる内的側面で知識の構築に関与していく

積極性にも目を向ける必要がある (松下2009; 松下編 印刷中; 松下・田口 2012; 溝上 2011)。大学教育における授業での学習についての研究においては、この学習に関する外的側面と内的側面を媒介するような学習アプローチについての研究の蓄積がなされてきている。本書の調査研究では、学習アプローチについての研究成果を参照しながら考察を進めることにする。

第5節　調査研究への助走：本章のまとめと本書の研究の輪郭

　本節では、第1章全体をまとめ、本書の研究の位置を定め、輪郭を描いていく。見てきたように、学生の「学びと成長」そして学生の学習に関わる研究は広い背景を有している。研究の先で得られるものを実りあるものにするためにも、研究の位置を限定して焦点を絞っておくことは必要不可欠である。そして、本章で見てきた研究の背景を踏まえて、本書で依拠する研究知見をよりコンパクトに整理し、並行して本書の研究対象と研究枠組みを特定する。その上で、はしがきで示したものより詳しく本書の構成を提示する。以上によって、第2章以降の調査研究に移る準備を整えることにする。

(1) 本章のまとめと本書の研究の位置

　まず、第1節では、日本の大学教育改革政策の流れを辿ってきた。そこで明らかになったのは、大学教育の質を問う国内外の動きとそれに後押しされて学生の学習の質を問う動きである。また、それに伴い、大学教育の質はカリキュラム改革や授業改善だけでなく学生の学習の質において問われねばならないと考えられるようになってきた。そこから、政策や制度の上で学生の学習を問うのではなく実践の営みの中の学生の学習を問い、共通認識をつくっていく必要性が認められている。大学教育研究は、ティーチングだけでなく学習を研究する必要がある。すなわち共通認識の形成に向けて、実践的な観点から、また実践の営みとして、学生の学習について研究する必要があることが明らかになった。

　次に、第2節以降の3つの節で本書の研究の先行研究を概観してきた。実

践的な観点となる学生の「学びと成長」というテーマの確立の経緯とその広がりを辿った。また、学生の学習についてアプローチする研究として基本になる大学生調査研究の国内外の流れを概観してきた。そこから導き出されたことは、アカウンタビリティと質保証の要求の中にあって、実践における管理運営志向と教育改善志向のバランスをとるためにも、学術研究志向が必要だということである。それも、学術研究志向として、政策・制度の研究だけではなく、教育実践の研究が必要であるということである。政策・制度への示唆を出すことを志向するアウトカム志向の研究だけではなく、教育実践の中の教授・学習過程に光を当てる研究が求められている。政策の動向からも、研究の前進のためにも、政策や制度についての研究だけではなく教育実践の中の教授・学習過程についての大学生調査研究が待たれている。

　それでは、本書ではどういった範囲の研究に取り組むのか。本書では、学生の「学びと成長」という実践的観点から、学生の学習についての共通認識の形成と認識枠組みの彫琢に向けて、大学生調査研究に取り組む。第1に、本書の研究は、CI研究以来の大学生調査研究が目標としてきたような、高等教育機関の持つ学生の学習へのインパクトや教育効果を明らかにし、高等教育機関への政策的・制度的示唆を導き出すという方向を目指すわけではない。本書の研究は、大学教育実践における教授・学習過程を理解する視点をつくる方向を目指す。第2に、学生の「学びと成長」を実践的観点としていることからもわかる通り、教授・学習過程の中のティーチングではなく学生の学習に焦点を絞る。また第3に、「学びと成長」の全体を対象とするのではなく、焦点を学生の学習に絞ってアプローチする[9]。その上で、成長との関連も検討・考察していく。本書の研究では、学生の「学びと成長」という実践的観点から学生の学習にアプローチする。学生の学びと成長という実践的観点は、1つの面として、「いかに学ばせ成長させるか」（溝上 2012）という教育する側の観点と理解することができる。これに対して、本書の研究では、この観点の持つもう1つの面を採用する。すなわち、それは、学生を「いかに学ばせ成長させるか」という教育する側の観点と接続可能な「いかに学び成長しているか／できるか」という学習する側の実践的観点である。このよ

```
     実践              研究
                    学術研究志向
   管理運営志向        政策・制度の研究

                  学術研究志向
                  教育実践の研究

                いかに学ばせ    いかに学び
   教育改善志向    成長させるか   成長しているか／
                              できるか

                  教授        学生の
                ティーチング     学習
```

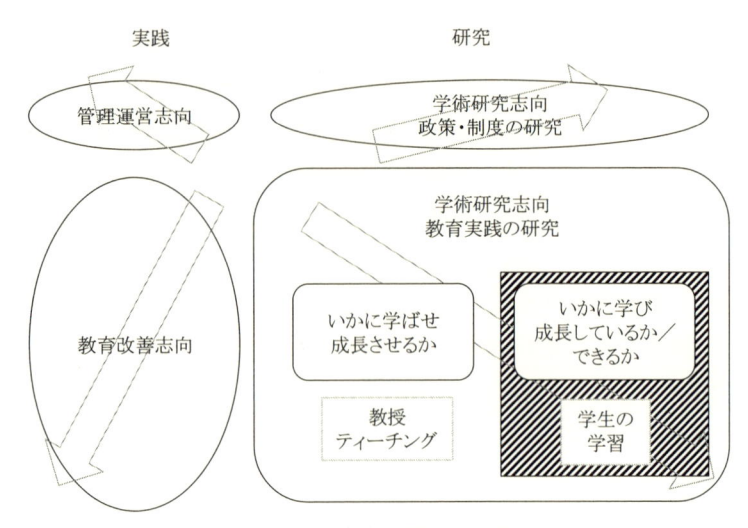

図1-10 本書の研究の位置

うな実践的観点から捉えられるのは、学生の学習のダイナミックな姿となるだろう。実践的観点から学生の学習ダイナミクスが浮き彫りになることが期待されるし、それが浮き彫りにされねばならない。したがって、本書の研究では、学生の学習についての共通認識の形成と認識枠組みの彫琢に向け、学生が「いかに学び成長しているか／できるか」という実践的観点から、調査研究を通じて学生の学習ダイナミクスの実態の把握に取り組み、さらに調査研究の成果と理論との関連づけを通じてその可能性の追求に取り組む。**図1-10**の網かけ部分が本書の研究の位置を表す。

(2) 本書の研究の輪郭

続けて、本書の研究で依拠する基本知見をピックアップしていく。本書の研究の基本的性格は大学生調査研究である。従来の大学生調査研究と方向性の点で違いはあるものの、本書では大学生調査研究で蓄積されてきた知見に依拠する点も多い。本書の研究では、大学生調査研究の先行研究と同様に、学生に直接フォーカスし、学生の経験や学習成果を含む学生の学習を研究対象とする。そこで、学生関与と学生エンゲージメントの発想に沿って、学生

が大学生活において費やす時間とエネルギー、そして学生が参加する実践に着目する。また、これまでの大学生調査研究の先行研究と同じく、質問紙調査による大学生調査研究を行う。質問紙調査で捉えられる学生の学習成果を検討対象とする。このような基本的な点で、本書の研究は大学生調査研究である。

　本書の研究では、大学生調査研究の基本的な点を踏襲する。その上で、本書の研究にとって特に重要な大学生調査研究の知見は、第1に、学生の学習にとって授業外での活動やカリキュラム補助型教育実践における経験や学習が重要であるというものである。『学習への関与』以降、大学生活における学生の学習についての関心は、授業を中心としながらも、授業外での教育的意図のある効果的な実践への参加とそこでの学習の意義を見出してきた。そこで本書の研究でも、効果的な教育実践における学生の学習を対象とした調査研究に取り組む。そして、そうした授業外での活動やカリキュラム補助型教育実践における経験を考察するにあたって、第4節で見てきた実践コミュニティやラーニング・コミュニティを視点・概念として活用しながら進める。

　第2に、大学生調査研究で見出された大学生活の過ごし方についての知見が本書の研究にとって重要である。アメリカでの大学生調査研究の成果に対し、日本の現状として、授業外での学習が不十分であるという点が指摘されている。さらに、学生の「学びと成長」という実践的な観点から、授業だけでなく授業外で学ぶこと、そして遊びだけでなく学習に取り組み、遊びと学習のバランスの取れた大学生活を過ごすことが学生の学習にとって重要であり、学生の成長につながることが見出されている。そこで本書の研究でも、大学生活の過ごし方という包括的な分析視点を研究の糸口としていく。

　そして、本書の研究は、大学教育における授業での学習についての研究の発展を無視するものではない。第3に、本書の研究では、学習アプローチについての研究を考察部分において活かすことにする。なお、学習の内的側面と外的側面の区別に従えば、本書の研究では、質問紙調査研究を柱としていることもあり、各学生の個別の学習内容に踏み込む学習の内的側面に重点を置いた研究ではなく、学習の態度・行動に関する外的側面を集中的に調査研

究の対象とすることになる。その上で、特に教育実践調査研究においては、インタビュー調査を通じて学習の内的側面に関わる学習のあり方を問い、外的側面と内的側面を媒介する学習アプローチについての研究を考察部分で参照していくことにする。

　前節までの整理と合わせて、学生の「学びと成長」という観点から学生の学習について研究する上で、十分に追求されていない点が明らかになってきたと言えるだろう。それは、十分に研究されていないものの、研究に値する点である。すなわち、授業外での経験や学習と授業での学習との間の関係についての研究である。確かに、『学習への関与』以降の国内外の大学生調査研究は、授業だけでなく授業外での経験と学習を含む学生の大学生活全体を対象に進められ、授業外での経験と学習の意義に注意を向けた。しかしながら、それらの研究では、授業外での経験と学習と授業での学習との間の関係についての研究へと歩みを進めてはいない。他方、学習アプローチについての研究をはじめとする授業での学習に関する研究では、教授・学習環境やティーチングと学生の学習との関係についての研究知見が蓄積されている。しかしながら、それらにおいては、授業外での経験や学習について問う視点は弱く、ましてや授業外での経験や学習と授業での学習との間の関係を問う視点は取り入れられていない。授業での学習についての研究においても、授業外での経験や学習と授業での学習との間の関係は十分に検討されていないのである。こうして、授業外での学習と授業での学習は双方独立して研究されており、それぞれの間の関係を含んだ学習ダイナミクスについての研究は十分に進められていない。

　そこで本書では、授業外での活動の経験や学習と授業での学習との間の関係に照準を合わせて研究していく。学生の「学びと成長」という実践的な観点から学生の学習を研究する本書では、授業での学習と授業外での学習のどちらか一方だけではなく両方を対象とし、かつその間の関係を研究対象としていく。学生の学習ダイナミクスとして、この授業外での活動の経験や学習と授業での学習との間の関係に照準し、研究対象としていく。

　そして、その学習ダイナミクスの実態の把握と可能性の追求を研究の2本

柱とする。実態を把握するためのアプローチには、特定の教育実践の中の学生の姿を具体的に捉える教育実践調査研究と広範囲の学生を対象に学生の姿を一般的に捉える全国調査研究がある。これまでの大学生調査研究においては、どちらか一方として豊かな示唆を引き出す研究は多いものの、両者を結びつけた研究はほとんど見られない。本書の研究では、教育実践調査研究と全国調査研究の連絡通路を結びつけて学生の学習ダイナミクスにアプローチする。本書の研究では、可能性の追求として、まず、実態の把握に基づいた概念化に取り組む。そして、これまでの学習研究の流れを踏まえ、その中に学生の学習ダイナミクスの概念化を位置づける。そのために、これまでの流れとその中の理論や概念のネットワークを再構成する。こうした作業によって、概念化の意味を掘り下げて理解することができるだろう。本書では、実態の把握に基づく概念化と再構成される理論・概念群の中への位置づけによって、学生の学習ダイナミクスの可能性の追求に取り組む。したがって、本書の研究の目的は、学生が「いかに学び成長しているか／できるか」という実践的観点から、授業外での経験や学習と授業での学習との間の関係という学生の学習ダイナミクスの実態を把握することと可能性を追求することである。

　本書の研究は、以上の研究の対象・目的・枠組みで進めていく。続く第2章から第4章では、具体的な教育実践の中の学生の学習ダイナミクスを対象とする教育実践調査研究を進める。本書が対象とする教育実践は、効果的な教育実践として授業外でのボランティア活動の支援やカリキュラム補助型教育実践を推進する早稲田大学平山郁夫記念ボランティアセンター（WAVOC）である。まず第2章では、WAVOCの実践の概要を把握することから始める。そして、どのようにWAVOCが効果的な教育実践を進めているのかを探る。その上で、WAVOC教育実践を対象に実施した質問紙調査「WAVOC調査2009」の分析を通じて、WAVOC教育実践に参加する学生の学習の特徴を明らかにしていく。第3章では、WAVOC教育実践に参加している学生たちが、その実践の活動を通じてどのような学習を展開しているのかを探る。具体的には、第2章を踏まえて行った授業外での学習活動としてのプレゼン

テーション活動での経験についてのインタビュー調査によって、授業外での活動とそこでの学習について明らかにしていく。第4章では、WAVOC教育実践に参加している学生たちの授業外での活動における経験と学習と授業での学習とその間の関係がどうなっているのかを探っていく。具体的には、インタビュー調査によって、WAVOC教育実践に参加する学生の授業／授業外にわたる学習ダイナミクスを明らかにしていく。そして、このWAVOC教育実践を対象とする教育実践調査研究を通して、授業外での経験や学習と授業での学習との間の関係という水準で展開される学生の学習ダイナミクスの可能性の姿を具体化するような概念化を試みる。

　第5章では、2つのことに取り組む。1つは、第4章までの調査研究を通じて練り上げられた概念化の意味するところを探ることである。具体的には、それまでの学習研究の流れを辿りつつ再構成し、その布置において本書で取り組んできた概念化がどのように位置づけられるかを明らかにしていく。この作業によって、実践の中の調査結果に基づく概念化をより広い概念のネットワークの中に置くことになる。それにより、概念化のもつ広がりと境界線を明確にし、さらなる調査研究での検討と考察で得られる成果をさらに実りあるものにできるだろう。もう1つは、概念化をどうやって調査研究に活用できるかを探ることである。具体的には、概念化をもとに実態を把握するために、調査項目に具体化する作業である。

　第6章と第7章では、可能性の追求として取り組んだ概念化を実態の把握に還流する。実態の把握に向けたデータを核とする調査研究には、2つの形がある。1つは、4章まで取り組んでいくような、具体的な教育実践とその中の学生を対象とする教育実践調査研究である。そしてもう1つは、学生の姿を一般的に検討する調査研究である。後者には、例えば全国調査に基づく調査研究がある。実態の把握には、この教育実践調査研究と全国調査研究を結びつけていくことが求められるだろう。実際に、第6章では、概念化された学習ダイナミクスのレンズを通して、WAVOC教育実践における学生の姿はどのようなものとして捉えられるかを明らかにする。そしてWAVOC教育実践の中における概念化された学習ダイナミクスはどのように働いてい

るかを明らかにしていく。続く第7章では、教育実践調査研究の成果と結びつけて、一般的に検討するために京都大学と電通育英会が共同実施する全国調査「大学生のキャリア意識」に参加して全国調査研究を行う。同様に、全国の学生を対象にした時に、概念化された学習ダイナミクスのレンズを通して、学生の姿がどのように捉えられるかとその学習ダイナミクスがどのように働いているかを明らかにする。実践に根ざした教育実践調査研究と全国の学生を対象とする全国調査研究を結びつけて、学生が「いかに学び成長しているか／できるか」という学生の「学びと成長」について統合的に考察する。

最後の第8章では、本書で取り組んできた一連の研究をまとめ、授業外での経験や学習と授業での学習との間の関係という水準の学習ダイナミクスに関して明らかになったことと示唆されることをまとめていく。教育実践調査研究と全国調査研究を通じて把握された学生の実態とその中で追求された可能性を提示し、学生の学びと成長についての共通認識の形成に貢献することが筆者の願いである。また、本書全体を通じて、そうした認識の枠組みを彫琢する作業にわずかなりとも貢献することもまた、筆者の願いである。最終章では、また、厚い背景を有する学生の学びと成長というテーマに関して、本書では取り組めなかった点を今後の課題としてまとめる。その際、背景を掘り下げたことから見えてくる展望を合わせて示すことで、課題に取り組む道筋もつけておきたい。

註

1 本書では、原則としてlearningを「学習」と訳すが、student learning and developmentというテーマを表す際には、慣例に従って「学び」と訳す（溝上ほか 2012 参照）。
2 高等教育の質保証に関する用語の定義は、大学評価・学位授与機構（2011）を参照している。
3 ラーニング・アウトカムズとクオリフィケーション・フレームワークは、それぞれ学習成果と質保証枠組みと訳される。これらの本書の研究の背景をなすラーニング・アウトカムズの明示やクオリフィケーション・フレームワークの構築の動きの詳細な紹介・検討は、羽田ほか（2010）、舘（2011）、吉田（2009）を参照。
4 参考指針として提示された学士力は、表1-7の通りである。また、社会人基礎力は、表1-8の通りである。

表1-7　学士力（文部科学省 2008）

1.知識・理解 専攻する特定の学問分野における基本的な知識を体系的に理解するとともに、その知識体系の意味と自己の存在を歴史・社会・自然と関連付けて理解する。 (1) 多文化・異文化に関する知識の理解 (2) 人類の文化、社会と自然に関する知識の理解
2.汎用的技能 知的活動でも職業生活や社会生活でも必要な技能 (1) コミュニケーション・スキル 　　日本語と特定の外国語を用いて、読み、書き、聞き、話すことができる。 (2) 数量的スキル 　　自然や社会的事象について、シンボルを活用して分析し、理解し、表現することができる。 (3) 情報リテラシー 　　情報通信技術（ICT）を用いて、多様な情報を収集・分析して適正に判断し、モラルに則って効果的に活用することができる。 (4) 論理的思考力 　　情報や知識を複眼的、論理的に分析し、表現できる。 (5) 問題解決力 　　問題を発見し、解決に必要な情報を収集・分析・整理し、その問題を確実に解決できる。
3.態度・志向性 (1) 自己管理力 　　自らを律して行動できる。 (2) チームワーク、リーダーシップ 　　他者と協調・協働して行動できる。また、他者に方向性を示し、目標の実現のために動員できる。 (3) 倫理観 　　自己の良心と社会の規範やルールに従って行動できる。 (4) 市民としての社会的責任 　　社会の一員としての意識を持ち、義務と権利を適正に行使しつつ、社会の発展のために積極的に関与できる。 (5) 生涯学習力 　　卒業後も自律・自立して学習できる。
総合的な学習経験と創造的思考力 　　これまでに獲得した知識・技能・態度等を総合的に活用し、自らが立てた新たな課題にそれらを適用し、その課題を解決する能力

表1-8 社会人基礎力（経済産業省 2006）

1. 前に踏み出す力（アクション）： 　一歩前に踏み出し、失敗しても粘り強く取り組む力 （1）主体性 　　物事に進んで取り組む力 （2）働きかけ力 　　他人に働きかけ巻き込む力 （3）実行力 　　目的を設定し確実に行動する力
2. 考え抜く力（シンキング）： 　疑問を持ち、考え抜く力 （1）課題発見力 　　現状を分析し目的や課題を明らかにする力 （2）計画力 　　課題の解決に向けたプロセスを明らかにし準備する力 （3）創造力 　　新しい価値を生み出す力
3. チームで働く力（チームワーク）： 　多様な人々とともに、目標に向けて協力する力 （1）発信力 　　自分の意見をわかりやすく伝える力 （2）傾聴力 　　相手の意見を丁寧に聴く力 （3）柔軟性 　　意見の違いや立場の違いを理解する力 （4）情況把握力 　　自分と周囲の人々や物事との関係性を理解する力 （5）規律性 　　社会のルールや人との約束を守る力 （6）ストレスコントロール力 　　ストレスの発生源に対応する力

5　AAC&Uによって提示された学士課程教育全体に関するエッセンシャル・ラーニング・アウトカムズは、**表1-9**の通りである。このアウトカムの枠組みが中央教育審議会答申『学士課程教育の構築に向けて』で参考指針として提示された学士力に影響を与えていると考えられる。

表1-9　学士課程全体のエッセンシャル・ラーニング・アウトカムズ
(AAC&U 2007; 川嶋 2008)

人類の文化と自然物理界に関する知識 • 科学と数学、社会科学、人文学、歴史、言語と芸術の学習を通じて獲得する。 学習は、現代の、あるいは人類普遍の大きな課題に取り組むことに焦点付けられるべきである。
知的・実践的なスキル (次のようなスキルを含む) • 探求と分析 • 批判的・創造的思考力 • 文書と口頭によるコミュニケーション • 計量的リテラシー • 情報リテラシー • チームワークと問題解決力 カリキュラム全体を通じて、次第により困難な課題、プロジェクトに対して、より高度な水準で、これらのスキルは実践されなければならない。
人間としての、そして社会の一員としての責任 (次のようなものを含む) • 地域や世界における市民に求められる知識や行動 • 異文化に関する知識とコンピテンス • 倫理的な思考 • 生涯学習のための基盤とスキル 多様なコミュニティへの積極的な参加と現実世界の課題への取組に根付いていること。
統合的な学習 (次のようなものを含む) • 一般教育と専攻での学習を通じて統合と高度な達成 新しい状況や複雑な問題に対して知識とスキルと責任を適用することを通じて実現される。

6　IRの定義や範囲や機能についての議論は、沖・岡田編(2011)を参照。また、より実践的にIRをどう進めるのかに関しては、中井ほか編(2013)を参照。

7　授業研究やティーチングについての研究の系譜については、山内(2002, 2004)参照。

8　アウトカムに着目するという意味でのアウトカム志向は、大学生調査研究に限られるものではなく、教育実践においても見られる。例えば、アルバーノ・カレッジの能力をベースにしたカリキュラムやアウトカム・ベースド・アセスメントがある(Mentkowski et al. 2000)。調査研究におけるアウトカム志向は(多くの場合)学士課程全体を通じてのアウトカムを測定するという意味でアウトカムに着目し、実践におけるアウトカム志向は個別の授業やコースでの学習目標の達成と関連してアウトカムに着目するというように、両者はアウトカムの見方が異なる。以下では、調査研究に

おけるアウトカム志向について論じ、それ以外の場合は説明を補って明示する。
9 学生の成長についての研究としては、学生の人格的・認知的発達過程に焦点を当てる発達心理学的アプローチなどがある (Evans et al. 2009)。

第2章　WAVOC教育実践の特徴とそこに参加する学生の学習の特徴——教育実践調査研究①

　第2章から第4章にかけて、学生の「学びと成長」という実践的な観点から、授業外での活動の経験や学習と授業での学習との間の関係の学習ダイナミクスについての教育実践調査研究を進めていく。本書で取り組む教育実践調査研究は、早稲田大学平山郁夫記念ボランティアセンター (WAVOC) の教育実践を対象にした調査研究である。WAVOC教育実践の学生の授業／授業外にわたる学習ダイナミクスについて実態の把握と可能性の追求を進めていく。

　そこで必要になることは、実態を把握する上では、より多面的なアプローチから実態を把握することと、探究の結果明らかになったことを踏まえてより深く探究していくようなアプローチである。そこで本書の研究では、まず、学生の学習に関する質問紙調査に基づく量的研究を行い、その研究結果を踏まえてインタビュー調査に基づく質的研究を進める。量的研究と質的研究を組み合わせる混合研究法を用いることで、学生の実態と学生自身の意味づけとを結びつけて検討することができる (Creswell & Plano Clark 2007=2010; 川口 2011; 川那部ほか 2013; 中村 2011; 中村編 2010)。本書における学生の学習ダイナミクスの実態の把握のためにも、量的研究と質的研究を組み合わせる方法が適していると考えられる。また、可能性の追求の上では、実態の把握に基づくことと学生による自らの意味づけを手掛かりにしていくことが求められる。その点でも、質問紙調査の結果を受けて取り組まれるインタビュー調査によって、学生による自らの意味づけを手掛かりに学習ダイナミクスの可能性について考察していくという方法が適しているだろう。

　したがって、第2章から第4章までの内容構成は次のようになる。本章第1節で、まず、大学教育におけるボランティア活動の先行研究と関連づけつ

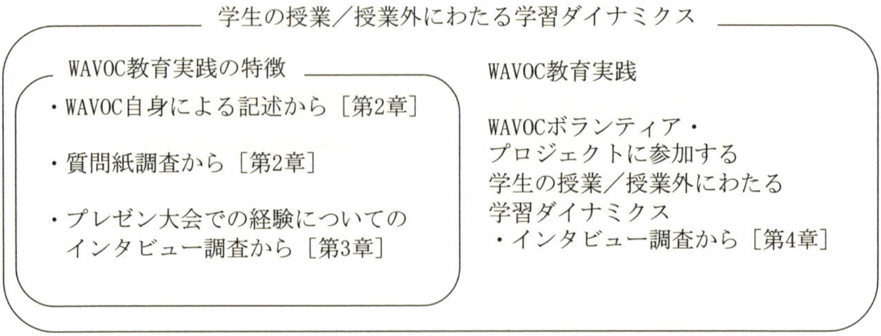

```
┌─────────── 学生の授業／授業外にわたる学習ダイナミクス ───────────┐
│  ┌── WAVOC教育実践の特徴 ──┐      WAVOC教育実践              │
│  │ ・WAVOC自身による記述から［第2章］                          │
│  │                              WAVOCボランティア・          │
│  │ ・質問紙調査から［第2章］     プロジェクトに参加する        │
│  │                              学生の授業／授業外にわたる    │
│  │ ・プレゼン大会での経験についての  学習ダイナミクス          │
│  │   インタビュー調査から［第3章］  ・インタビュー調査から［第4章］│
│  └─────────────────────┘                                  │
└──────────────────────────────────────────────────────┘
```

図2-1　2章から4章までの研究の構成

つ、WAVOC教育実践の特徴を理解することから着手する。続く第2節以降で、質問紙調査「WAVOC調査2009」を通じて、WAVOC教育実践に参加している学生の姿を理解していこう。続く第3章では、WAVOC教育実践に参加する学生の授業外での学習に光を当てる。WAVOC教育実践の重要な活動であるボランティアフェアにおいて行われるプレゼンテーション大会および予選に発表者として参加した学生を対象にインタビュー調査を行い、WAVOC教育実践に参加する学生の授業外での学びを探究する。第4章では、WAVOC教育実践に参加している学生の特徴の把握と授業外での学びの姿の把握を踏まえ、その学生たちの授業／授業外にわたる学習ダイナミクスをインタビュー調査によって探究する。質問紙調査とインタビュー調査で明らかになった学生の学習の姿とWAVOC教育実践とがどのように結びついているかを考察する。そして、授業／授業外にわたる学習ダイナミクスの可能性の追求として、それまでの調査研究と考察を踏まえつつ概念化を図る。第2章から第4章までの研究の配置を見取り図にすると、**図2-1**のようになる。

第1節　WAVOC教育実践の概要

　早稲田大学平山郁夫記念ボランティアセンター（WAVOC）教育実践について、WAVOCによる説明から理解を深めていく。WAVOCは、早稲田大学が建学の精神を実践する場として、2002年に設立された。早稲田大学は、

2001年に作成した「21世紀の教育研究グランドデザイン」において、「学問の独立」「学問の活用」「模範国民の造就」という建学の精神を「独創的な先端研究への挑戦」「全学の生涯学習機関化」「地球市民の育成」へと時代背景に即して設定しなおしている。このうち、「地球市民の育成」という理念に基づき、大学の社会貢献と国際社会に貢献できる人材の育成を目指してWAVOCは設立されたのである (和栗 2010; 早稲田大学平山郁夫記念ボランティアセンター編 2010)。

WAVOCの組織理念・教育目標・実践概要といった点からWAVOC教育実践を見ていく。WAVOCは、「社会と大学をつなぐ」こと、「体験的に学ぶ機会を広く提供する」こと、「学生が社会に貢献することを応援する」ことを組織理念としている。

そして、WAVOCでは、ボランティア活動を現代の教養と捉え、教育実践を展開している。WAVOCの教育目標は、「問題を社会の仕組みの中に位置づける力」「想像し、共感する力」「企画・立案／運営・発信する力」「自分の生き方を他者とのかかわりの中で紡ぎ出す力」の育成である。

WAVOCは、授業科目と授業外のプログラムを車の両輪として発展させてきた(表2-1)。

授業科目は、全学部の学生が履修可能なオープン科目として、一般的なボ

表2-1　WAVOCの歩み (和栗 2010)

	2002	2003	2004	2005	2006	2007	2008	2009
科目開講数*	3	6	9	12	16	17	19	21
科目履修者数	250	275	420	1064	1900	1882	2138	2000
授業外プロジェクト数	10	17	24	28	34	34	36	34
プロジェクト参加者数**	629	5790	6566	12328	12746	13813	17545	-
メーリングリスト登録者数	455	1519	2488	2692	3544	4083	5033	6500

*全学向けに開講されているオープン科目の数　**参加者数はのべ人数

ランティア論のような講義課目やワークキャンプやまちづくりに参加する体験学習科目を提供している。また、授業外でのカリキュラム補助型教育実践としてのボランティア・プロジェクト（以下、WAVOCプロジェクトと略す）は、環境・農業・文化交流や文化保全・教育や人権・スポーツといったテーマで多様な活動を展開している。講義科目とプロジェクト活動は連動している。「具体的には、科目では『学術的な知識を獲得し、体験につなげる』。科目が『体験の入り口』となって、プロジェクトにおいてさらに体験し、『社会問題に対して行動する』。そして行動を通して気づいたこと、疑問に思ったことなどを授業科目で知識として裏づけるというサイクルである。授業は半年から1年で履修が終わるが、プロジェクトは継続して体験を深めることが可能だ」(野嶋 2010: 12)。科目数・受講生、プロジェクト数・プロジェクト参加学生のいずれにおいても増加しており、現在も実践を発展させているところであると言えるだろう。

　WAVOC教育実践の特色をいくつかの点に整理しておこう。第1に、学生の現場での活動を組織的に支援するところがWAVOC教育実践の特色である。WAVOCでは、単なるボランティア活動を希望する学生とボランティアを希望する組織を結びつけるマッチングや情報収集だけでなく、実際の現場での活動機会を学生に提供しかつその活動を支援する体制をとっている。この組織的な活動支援を通じて、表面的なかたちではなくより実質的に、「社会と大学をつなぐ」[10]。さらに学生を支援する教職員は、実際に社会活動経験を積んだ実践者で、企画調整能力・交渉力・語学力・リーダーシップ・資金獲得能力を有しており、学生たちのボランティア活動を総合的に支援・指導できる。こうした体制が、学生の「現場での活動」へのコミットを支える。この組織・教職員体制によって、「学生が社会に貢献することを応援する」のである。

　WAVOC教育実践の特色は、第2に、学生同士や教職員スタッフとのかかわりをはじめ、ボランティア活動を通じて経験する多様な「他者とのかかわり」である。ボランティア活動での経験を通じて学生は学び成長できることがこれまでの実践と調査研究から明らかにされている (Astin et al. 2000; Eyler &

Giles 1999; 木村・中原 2012; 中根 2011; 山田・井上 2009; 早稲田大学平山郁夫記念ボランティアセンター編 2010)。さらに、大学生調査研究の結果、ボランティア活動やインターンシップのように何らかの活動に取り組み、そこでの経験を通じて学ぶ経験学習型の教育実践において、「他者とのかかわり」が学習成果に効果を及ぼすことが明らかにされている (Astin & Sax 1998; Kuh & Hu 2001)。WAVOC教育実践において、プロジェクトのメンバーとのかかわり、教職員とのかかわり、現場での人々とのかかわりといった多様な他者とのかかわりの中に学生たちは身を置くことになる。

　こうしたかかわりがより重要な意味を持つのが、授業外で展開されるボランティア・プロジェクトである。WAVOCプロジェクトでは、学生主体で、プロジェクトの立ち上げからメンバー募集・カウンターパートとのやり取り・連絡調整・資金調達・ミーティング・広報・実行・評価・報告に至るまで幅広い活動が進められる。プロジェクトでは現地の人々や支援企業の人々、さらには連携する組織の実践者など、多様な他者とかかわる。社会貢献を重要な目標とするプロジェクトでは、プロジェクト活動は必然的に社会性を帯び、参加学生は社会的責任を果たさなければならない立場に立たされる。あくまで学生主体で学生が責任を持つプロジェクトに対し、その責任を果たすための活動を熟達者としての教職員は支援する。

　こうした特徴から、プロジェクト参加学生は、プロジェクトを円滑に進めるためのミーティングをはじめ長期渡航や報告に向けた合宿などかなりの時間とエネルギーを活動に注ぎ込むことになる。例えば、マレーシアのサバ州ヌンバック村の衛生環境の改善を目的の1つとするボルネオプロジェクトでは (金田 2010)、30人強の学生が参加し、1年に2回 (長期休暇期間に3週間程度) 渡航してボランティア活動に取り組む。活動は、聞き取り調査や子どもたちに向けた創作劇『ゴミレンジャー』、そして実際にゴミを拾うといったことである。3週間に及ぶ渡航に向けた日本でのミーティングはおおよそ3時間、長いときには5、6時間に及ぶ。しかもそれが週に複数回ある場合が多い。参加学生たちは、このように、かなりの時間とエネルギーをプロジェクトに注ぎ込むのである。他者とかかわりながら、授業外活動に精力的に取り組むこ

とは、授業外での学習とも結びつくのではないかと予想される。

　第3に、他者とのかかわりの機会の創出に加え、「ふりかえり」の機会を創り出すことを通じて学生支援を行っていることが、WAVOC教育実践の特色である。ボランティア活動等の研究から、活動の現場で、他者とかかわりながら、活動に取り組み、その活動での経験をリフレクション（ふりかえり）することを通じて、学生は学び成長するという共通理解が築かれている（Ash & Clayton 2004, 2009; Ash et al. 2005; Bringle & Hatcher 1999; Eyler et al. 1996; 原田 2012; Hatcher et al. 2004; Jameson et al. 2008; 河村 2012; 村上 2012; Whitney & Clayton 2011）。リフレクションを支援することは、経験学習型教育実践における支援の中心である。WAVOC教育実践においても、多様な場面を通じて「ふりかえり支援」が行われている。

　学生たちは、自分たちで準備し、フィールドに赴き、プロジェクトを実行する中で、複雑な現実や問題に直面する。先のボルネオプロジェクトの場合で言えば、海岸を清掃しても次に訪れるときには元に戻ってしまう海岸を覆うゴミの山という現実と、マレーシアのフィリピン人移民の村ということで十分な行政サービスを受けられないという問題が、学生の前に立ちはだかる。その中で、参加学生たちは、「自分（たち）にできることは何か」「自分たちのしていることの意味は何か」を自らに問いそして仲間と語り考えあう（金田 2010）。

　また、東アフリカのタンザニア連合共和国の村落で、現地のニーズ調査を踏まえて、アフリカゾウによる農作物と人身被害の課題に取り組むエコミュニティ・タンザニアのプロジェクトもまた、多くの時間とエネルギーを注いで活動が行われる。数週間の活動を経て取り組まれた「ふりかえり」としてのレポートの分析と参加型観察の記録の分析から、学生たちが、自分が「正しいこと」「良いこと」として自明視していた「アフリカゾウを保護すること」という既成観念を問い直したり、現地の人たちと互いの価値観のちがいを認識した上で踏み込んだかかわりを持とうとしたり、現地での気づきが日本での生活とつながることでこれまで見えなかった「つながり」に気づく想像力が育まれたりすることが明らかになっていった（岩井 2010）。

そしてフィールドの中でも、フィールドから帰ってからも、実践の熟達者としての教職員は、学生たちに問いを投げかけ、さらに深いリフレクションを促すという支援を行っている(早稲田大学平山郁夫記念ボランティアセンター編 2010; 岩井 2010)。「ふりかえり支援」は、対面での相談や「ふりかえり」のミーティング、活動報告プレゼンテーション、そして報告書といった機会を通じて行われている。参加学生たちは、活動の中や活動の後でリフレクションを重ねて、自分の経験の意味を考えていくのである。

このように、学生が授業外のボランティア・プロジェクトの活動に取り組むことを支援の1つの柱とするWAVOC教育実践は、プロジェクトごとの「現場での活動」と組織的支援、活動を通じて生まれる「他者とのかかわり」、そうした活動での経験への「ふりかえり支援」を特徴とする。そして、WAVOC教育実践の特色をより顕著に有しているのが授業外でカリキュラム補助型教育実践として展開されるWAVOCプロジェクトである。本書では、学生の授業外での活動における経験と学習に光を当てるため、WAVOC教育実践のうち、WAVOCプロジェクトに絞って研究を進める。

なお、早稲田大学は、都市型私立で入試難易度の高い大学である。そして、WAVOCプロジェクトは自主参加であるから、活動への動機づけが高く、大学での学習動機も低くはない学生たちが参加している可能性が高い。とはいえ、WAVOC教職員によれば、プロジェクトに参加してくる学生全員がそうした学生というわけではなく、最初は大人しく自信の無さそうに見えた学生がプロジェクトの活動で役割を担っていく中で自信とモチベーションを高めていくことも多いという。この点に留意しながら、以下の教育実践調査研究を進めることにする。

第2節　WAVOC教育実践調査研究①：目的と方法

(1) 目的

WAVOC教育実践参加学生の学習の実態を把握することから教育実践調査研究を開始する。データに基づく実態の把握として、まず、質問紙調査研

究によって教育実践調査研究を進める。WAVOC教育実践調査研究①では、質問紙調査を通じ、WAVOCプロジェクトに参加する学生の学習の実態を明らかにすることを目的とする。

　第1に、この教育実践調査研究に先立って行われた全国調査「大学生のキャリア意識調査2007」の結果と比較することで、WAVOCプロジェクトに参加する学生の学習を検討する。学生の学習に着目して分析するために、質問紙調査では、CIRPやNSSEに由来する大学生活1週間をどのように過ごすのかという質問項目――「大学生活の過ごし方」項目――を用いる。この項目により、大学生活の中でどのような活動に時間とエネルギーを注いでいるのかを検討することができる。また、「2つのライフ」項目も採用した。この項目によって明らかにされる「将来の人生を展望しながら、日常生活でのアクションを進めること」が、遊びと学習のバランスの取れた大学生活の基盤となると考えられている(溝上 2009b, 2010)からである。全国の大学生と比較するねらいから、「大学生活の過ごし方」項目と「2つのライフ」項目をWAVOC教育実践調査においても採用した。

　第2に、同じ早稲田大学という大学環境に身を置く学生の中でWAVOCプロジェクトに参加する学生(以下、参加学生と記す)と参加していない学生(以下、非参加学生と記す)を比較検討する。NSSEでの項目を参考に、WAVOC教育実践の特徴と考えられる「かかわりの機会」を中心に、学生の学習をより多面的に捉えるために「読書冊数」や「学習の仕方」について尋ね、検討する。また、学習成果を間接的に測るために、「知識・技能の習得」について尋ね、検討する。これらの検討を通じて、WAVOCプロジェクトに参加する学生の学習の実態を把握し、WAVOCプロジェクトという教育実践の特徴との関係を考察する。

(2) 方法
1) 調査の概要
- 大学生のキャリア意識調査2007(以下、全国調査と略す)
　調査は、電通リサーチによるインターネットリサーチである。回答者は

全国・国公私立大学生2013名である。ただし、今回の分析で用いるのは、先行研究（溝上2009b）にならい、医歯薬系を除いた1834名である。調査は、2007年11月に実施した。
● WAVOC教育実践調査2009（以下、WAVOC調査2009と略す）

　回答者は、WAVOC提供の授業科目の受講生252名とWAVOCプロジェクトの参加学生232名の484名である。調査は、2009年6・7月に実施した。なお、学年別の参加学生は、1年生30人、2年生68人、3年生82人、4年生43人、その他・欠損値9人で、非参加学生は、1年生83人、2年生70人、3年生44人、4年生50人、その他・欠損値4人であった。以下の検討では、全体の結果を歪める可能性を考慮して、その他・欠損値を分析から除外した。

2) 調査内容

　調査表では、学年や性別を尋ねるフェイスシートの他に、以下の項目が尋ねられた。実際の調査では他にもいくつかの質問を設けているが、ここでは本章の分析に関わるものだけを示す。

【全国調査WAVOC調査共通項目】

①大学生活の過ごし方　山田編（2009）と京都大学／電通育英会共同（2007）および溝上（2009b）を参考にして、授業、授業外での学習、自主学習、読書、マンガ・雑誌、クラブサークル、アルバイト、同性・異性の友人とのつきあい、テレビ、ゲームなど17項目（**表2-2参照**）を尋ねた。それぞれに対して、1週間に費やす時間数を"(1)全然ない""(2)1時間未満""(3)1〜2時間""(4)3〜5時間""(5)6〜10時間""(6)11〜15時間""(7)15〜20時間""(8)21時間以上"の8段階評定で回答を求めた。

②2つのライフ　溝上（2001, 2009b）で使用された項目を使用して、2つのライフ（lives）としての日常生活と人生について尋ねた。「あなたは自分の将来についての見通し（将来こういう風でありたい）を持っていますか」の問いに「持っている」「持っていない」の選択を求めた。そして、「持っている」と回答した学生に、さらに「その見通しのなかでもっとも重要なものを1つ思い浮かべて下さい。あなたは、その見通しの実現に向かって、今自分が

何をすべきなのかは分かっていますか。またそれを実行していますか。最もあてはまるものを1つお知らせ下さい。」という問いを与え、3択（"何をすべきか分かっているし、実行もしている（理解実行）""何をすべきかは分かっているが、実行はできていない（理解不実行）""何をすべきかはまだ分からない（不理解）"）で回答を求めた。

【WAVOC調査でのみ使用された項目】

③学習活動「授業のなかでほかの学生たちと一緒に学習活動に取り組む」「授業外で授業に関連するような学習活動をおこなう（一人で／友達と）」「授業外で教員と一緒に何かをする」というそれぞれの機会に対して、"(1)全くおこなわない"、"(2)ときどきおこなう"、"(3)しばしばおこなう"、"(4)非常によくおこなう"の4件法で回答を求めた。

④読書冊数「半年間で授業に関連して読書した冊数」（以下、授業関連学習読書）、「半年間で授業に関わりなく読書した冊数（マンガ・雑誌は除く）」（以下、授業関連外学習読書）に対して、"(1)なし"、"(2)1〜4冊"、"(3)5〜10冊"、"(4)11〜20冊"、"(5)21冊以上"という5段階で評定を求めた。

⑤学習の仕方 NSSE (2010) を参考にして、「授業内容をそのまま記憶する（記憶）」「授業内容に関して調べものをしたり、情報収集をしたり、友人と議論したりする（分析）」「新しく学んだ内容を自分なりにまとめる（組織化）」「自分の学習活動に対して省察したり、評価したりする（自己評価）」「他の学生の発表内容やその仕方について議論・評価すること（他者評価）」「授業で学んだ理論や概念を実際の問題や新しい状況に応用する（応用）」といったそれぞれの学習の仕方に対して、"(1)あまり重点を置いていない"、"(2)少し重点を置いている"、"(3)まあまあ重点を置いている"、"(4)非常に重点を置いている"の4件法で回答を求めた。

⑥相談の機会 自分の学習活動を「友人・先輩」および「教員」に相談する機会と、自分のキャリアについて「友人・先輩」および「教員」に相談する機会に対して、"(1)全くおこなわない"、"(2)ときどきおこなう"、"(3)しばしばおこなう"、"(4)非常によくおこなう"の4件法で回答を求めた。

⑦協働の機会「大学の教職員」および「大学外の社会人や一般の方々」と協

働する機会に対して、"(1)全くおこなわない"、"(2)ときどきおこなう"、"(3)しばしばおこなう"、"(4)非常によくおこなう"の4件法で回答を求めた。

⑧知識・技能の習得　溝上 (2009b) を参考に、WAVOCの教育目標を項目化したものを加えて、使用した。専門知識、一般教養、思考力、コミュニケーション能力、情報収集能力など25項目から構成され、各項目に対して、授業で身についたか、授業外で身についたか、それぞれについて尋ねた (計58項目：表2-10, 2-11参照)。評定は "(1)全く身につかなかった" 〜 "(4)かなり身についた" の4件法とした。

第3節　WAVOC教育実践調査研究①：結果と考察

(1) 結果

1) WAVOCプロジェクト参加学生の学習：全国調査との比較から

まず、全国調査の結果 (溝上 2009b) との比較から見た結果について見ていく。**図2-2**は、大学生活の過ごし方17項目の各項目の得点である。

全国調査の分析 (溝上 2009b) では、第1章第3節で言及した通り、「大学生活の過ごし方」項目は、因子分析によって「自主学習」、「ひとりの娯楽活動」、「対人関係・課外活動」の3因子にまとめられた。3因子それぞれの因子得点を用いてクラスター分析を行った結果から、「自主学習」と「対人関係・課外活動」が学生の学びと成長にとって重要であることが明らかにされている。

以上の結果と分析を踏まえ、全国調査の大学生と参加学生・非参加学生とを比較していく (図中の各タイプの特徴は、第1章第3節(3)を参照。)。図2-2では、参加学生と非参加学生の同じ項目の得点を合わせて記載している。全国調査の大学生活の因子分析において「自主学習」因子と「対人関係・課外活動」因子の構成に特に寄与した項目に着目する。それは、「自主学習」因子については、「勉強のための本 (新書や専門書など) を読む」と「授業とは関係のない勉強を自主的にする」、「対人関係・課外活動」因子については、「クラブ・サークル活動をする」であった。

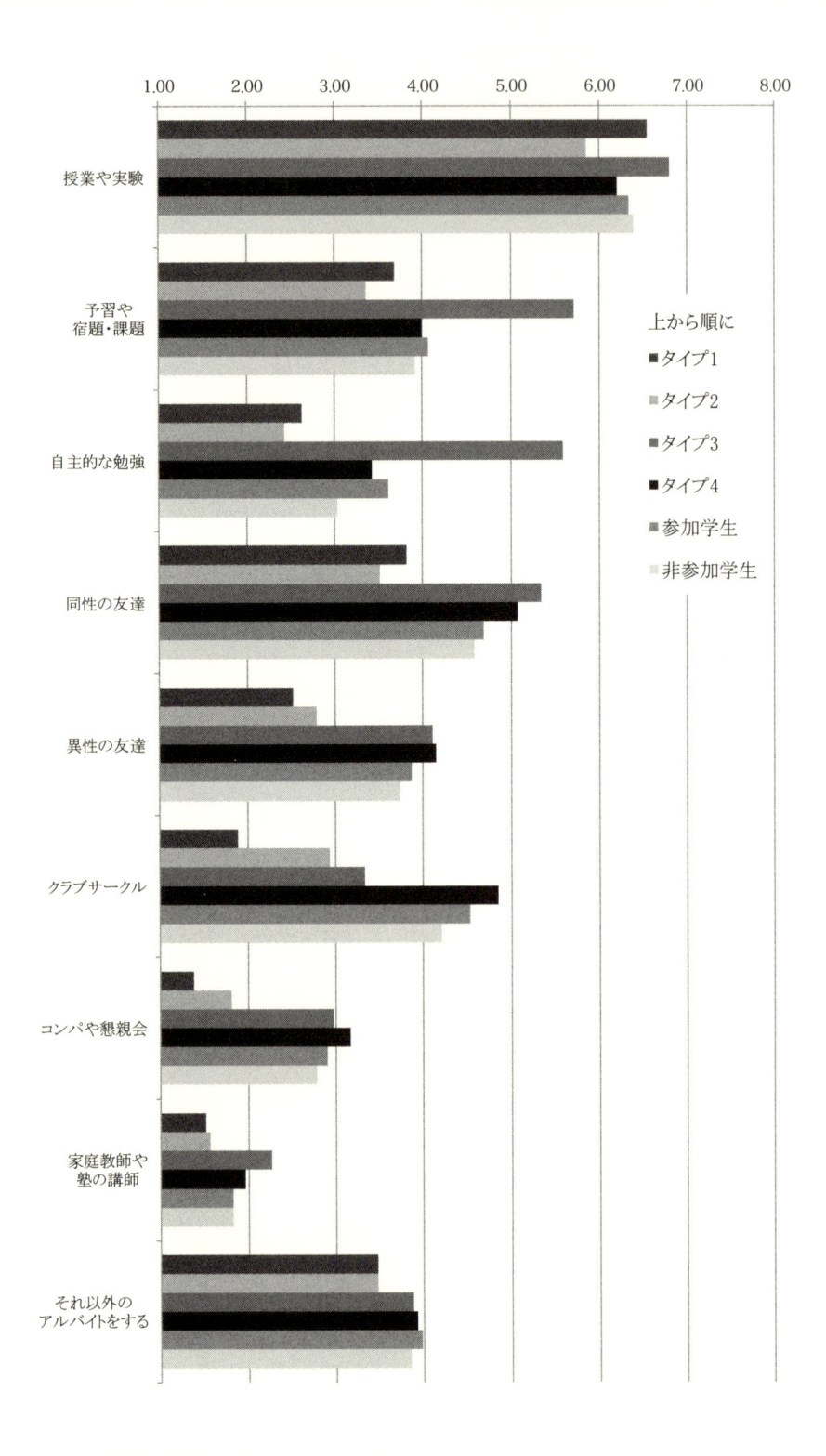

| | 1.00 | 2.00 | 3.00 | 4.00 | 5.00 | 6.00 | 7.00 | 8.00 |

授業や実験

予習や宿題・課題

自主的な勉強

同性の友達

異性の友達

クラブサークル

コンパや懇親会

家庭教師や塾の講師

それ以外のアルバイトをする

上から順に
- タイプ1
- タイプ2
- タイプ3
- タイプ4
- 参加学生
- 非参加学生

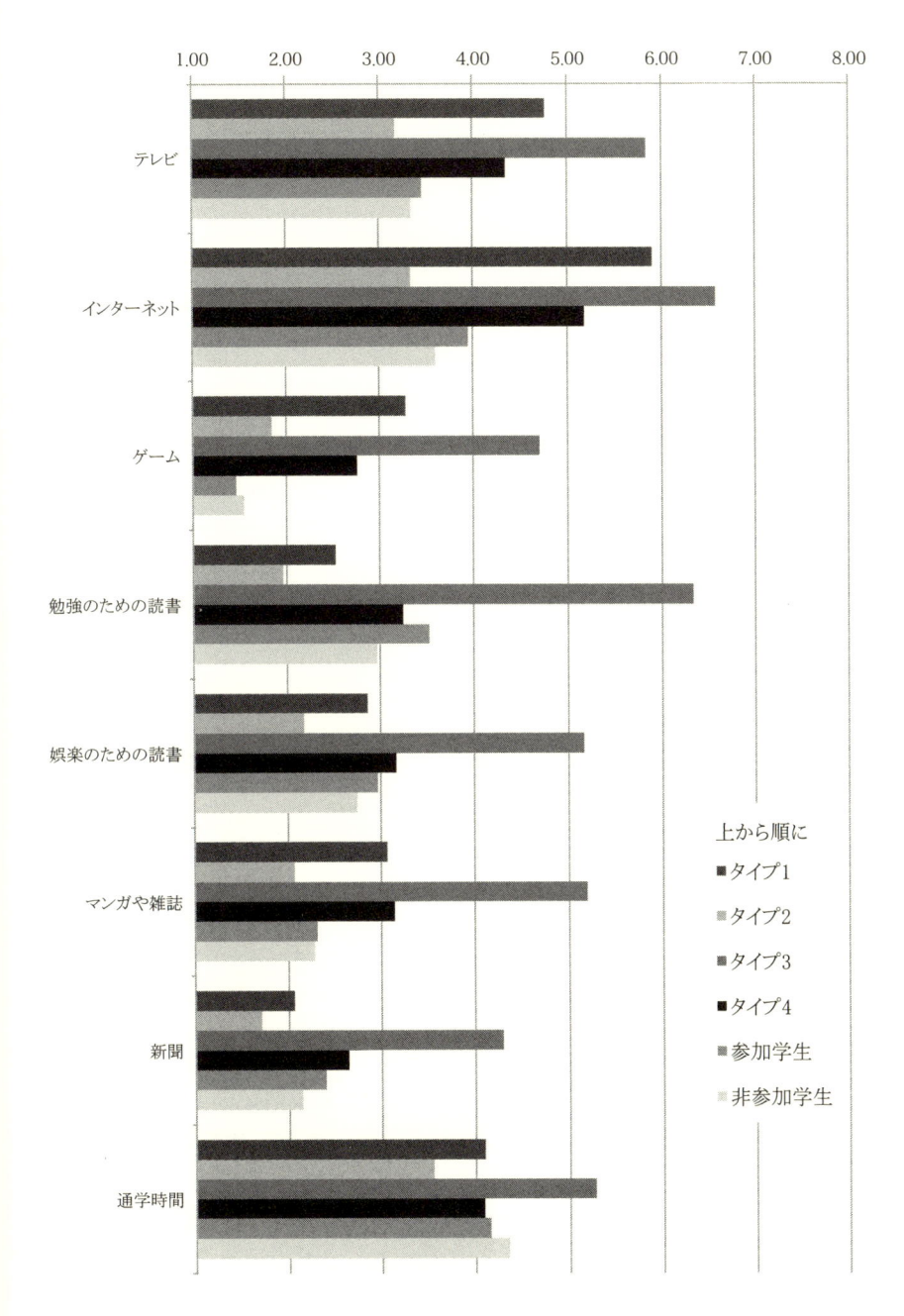

図2-2 大学生活の過ごし方の各項目の得点

(注) タイプ1〜4の類型は、第1章第2節で言及した図1-8に基づく。また、全国調査平均は、医歯薬系学生を含む平均である

これらの項目について、図2-2を見てみると、学習に関わる「勉強のための読書」と「自主的な勉強」については、タイプ3が4つのグループの中で群を抜いて高い得点であることが分かる。参加学生と非参加学生について見てみると、参加学生はタイプ1・2・4と比べて高い得点であるが、非参加学生はタイプ4より得点が低い。次に、「クラブ・サークル活動をする」について見てみると、タイプ4が他の3タイプよりも得点が高い。参加学生と非参加学生は、ともにタイプ1・2・3よりも得点が高く、タイプ4に接近しており、どちらかと言うと参加学生の得点が高いという関係にある。

次に、2つのライフの「理解実行」「理解不実行」「不理解」「見通しなし」の各群の割合を示したのが**図2-3**である。

図2-3から、タイプ1・2は、「見通しなし」が多く、タイプ4は全体の平均と近く、タイプ3は「理解実行」が多いことが分かる。参加学生と非参加学

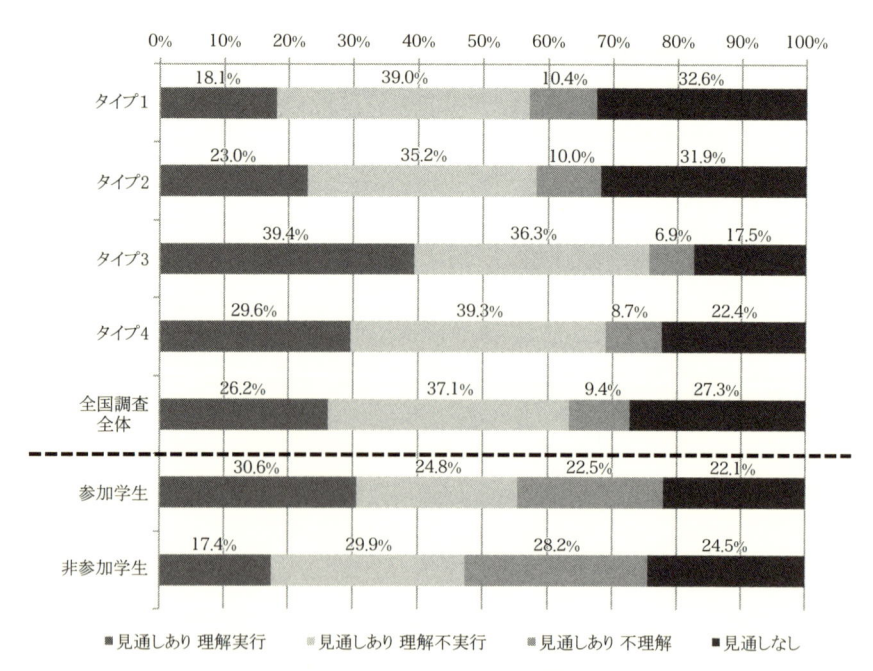

	見通しあり 理解実行	見通しあり 理解不実行	見通しあり 不理解	見通しなし
タイプ1	18.1%	39.0%	10.4%	32.6%
タイプ2	23.0%	35.2%	10.0%	31.9%
タイプ3	39.4%	36.3%	6.9%	17.5%
タイプ4	29.6%	39.3%	8.7%	22.4%
全国調査全体	26.2%	37.1%	9.4%	27.3%
参加学生	30.6%	24.8%	22.5%	22.1%
非参加学生	17.4%	29.9%	28.2%	24.5%

図2-3 2つのライフの比較

(注) 全国調査全体は、医歯薬系学生を含む

第2章　WAVOC教育実践の特徴とそこに参加する学生の学習の特徴　87

生については、全国平均より「見通しなし」が少なく、何をしたら良いかわからないという「不理解」が多いということが共通して見られる。また、参加学生は、4タイプと比べても、非参加学生と比べても、「理解不実行」が少ない。そして、参加学生は、全国平均と比べても非参加学生と比べても、将来の見通しをもって現在すべきことを行動に移している「理解実行」が多い。

　ここまで、学生の「学びと成長」を探るのに有効な「大学生活の過ごし方」と「2つのライフ」を分析してきた。その結果から、大学生活の過ごし方の学業面について、参加学生は、タイプ3には届かないものの、タイプ4よりは得点が高いということが明らかになった。同様に、非参加学生は、タイプ4よりも得点が低いということが明らかになった。参加学生に関して言うならば、「自主学習」時間はタイプ3に届かないものの他の3タイプに比べると多く、遊びと学びのバランスがとれていると見ることができる。

　また、2つのライフについては、参加学生と非参加学生ともに、「見通しなし」が少なかった。そして、参加学生の2つのライフの「理解実行」群の割合もまた、タイプ3には届かないものの、タイプ4に劣らないという結果であった。非参加学生は、「理解実行」群が相対的に少ないという結果であった。参加学生に関しては、将来を見通して現在すべきことを理解したうえで実行に移している学生が少なくないと見ることができるだろう。

　この比較検討の結果から、早稲田大学という大学機関の特質や環境（入学難易度、都市型私立等）による違いとプロジェクト活動に参加しているかどうかによる違いについて大まかに理解することができた。次に、WAVOC調査の実践に関わる項目についての分析によって、大学機関の特質や環境を同じくする参加学生と非参加学生を比較し、よりいっそう詳しく検討する。ここまでの結果から、参加学生のほうがよりタイプ3に近い位置にあることが明らかになっているが、その点についてもより詳しく検討していこう。

2）WAVOCプロジェクト参加学生の学習：WAVOC教育実践調査2009から

　WAVOC調査において、「大学生活の過ごし方」と「2つのライフ」に加えて、「相談」「協働」「学習活動」というかかわりの機会と「学習の仕方」と「読書冊

数」そして「知識・技能の習得」について、参加学生と非参加学生を比較して検討する。

「大学生活の過ごし方」項目に対して、先行研究と同様の方法（第1章第3節）により、1週間に費やす時間数を因子分析（主因子法, Promax回転）し、解釈可能な3因子を抽出した（表2-2）。それぞれの因子は、大規模な全国調査に基づく研究等とほぼ同じ分類と項目構成であったので、同じ因子構造と判断し、「自主学習」「ひとりの娯楽活動」「対人関係・課外活動」に時間を費やしているかどうか、と名づけられた。以下、因子得点を算出して分析を行った。

参加学生／非参加学生を独立変数、大学生活に関する3因子の因子得点を従属変数としてt検定した結果を図にまとめたものが**図2-4**である。結果、「自主学習」に関して、参加学生の得点が非参加学生よりも高かった（$t(443) = 4.499, p<.001$）。「対人関係・課外活動」と「ひとりの娯楽活動」の得点に有意差はなかった（$t(443)=1.888, n.s.; t(443)=1.064, n.s.$）。

また、2つのライフについての参加学生と非参加学生の比較結果は、すで

表2-2 大学生活の過ごし方の因子分析結果（WAVOC調査2009）

	因子1	因子2	因子3
勉強のための本（新書や専門書など）を読む	.896	-.024	-.059
授業とは関係のない勉強を自主的にする	.669	-.029	.091
新聞を読む	.311	.146	-.006
テレビをみている	.017	.599	-.062
インターネットサーフィンをする	.070	.504	-.075
マンガや雑誌を読む	.033	.496	.100
ゲーム（ゲーム機・コンピュータゲーム・オンラインゲーム）をする	-.065	.423	.034
クラブ・サークル活動をする	.021	-.207	.553
コンパや懇親会などに参加する	-.012	.125	.475
同性の友達と交際する	.024	.160	.452
固有値	2.204	1.619	1.315
因子寄与	1.401	1.255	.918
因子間相関	—		
	.120	—	
	.129	.319	—

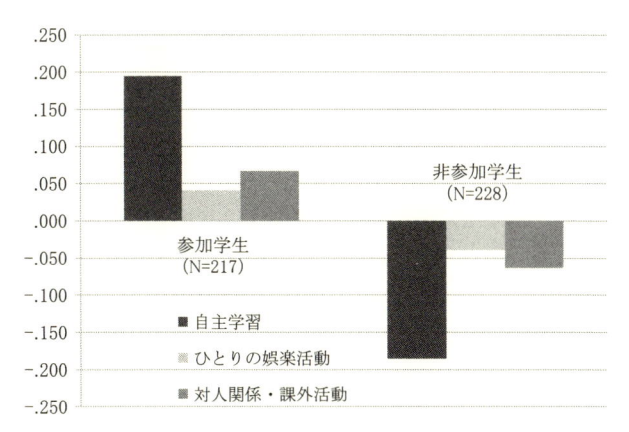

第 2 章　WAVOC 教育実践の特徴とそこに参加する学生の学習の特徴

図2-4　参加学生と非参加学生の大学生活の過ごし方因子得点の比較

に触れた図2-3の通りであるが、χ^2検定の結果1%水準で有意差が見られ（$\chi^2(3)=11.332, p<.01$）、残差分析の結果、有意に多く見られたセルは参加学生の「理解実行」であった。

次に、大学生活の過ごし方のうち学習に関する項目に関して抜き出して検討する。参加学生と非参加学生を比較した結果は、**図2-5**の通りであった。

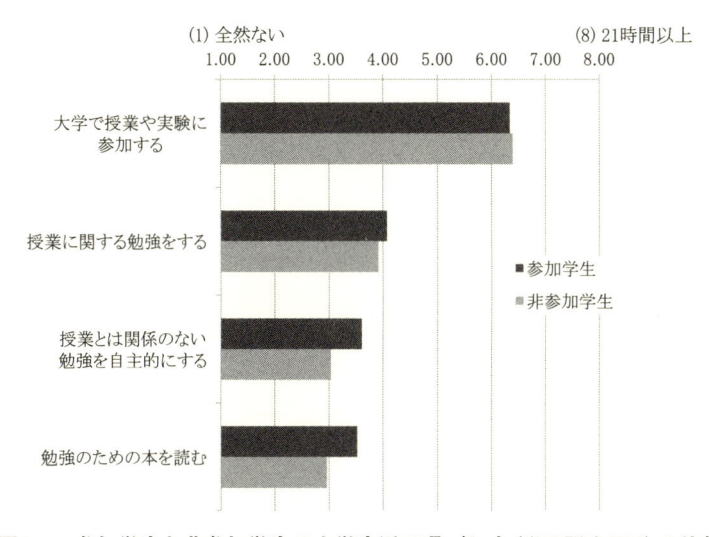

図2-5　参加学生と非参加学生の大学生活の過ごし方（学習関連項目）の比較

授業や実験に参加する時間と授業に関する勉強をする時間については有意差が無かったが ($t(448)=-.350$, n.s.; $t(452)=1.102$, n.s.)が、自主学習の時間と読書の時間数は参加学生の方が非参加学生よりも多いという結果であった ($t(454)=3.610$, $p<.001$; $t(453)=4.105$, $p<.001$)。

時間だけでなく、学習に関わる他の諸側面にも目を向けていく必要がある。そこで、学習活動の機会、読書冊数、学習の仕方に関して、参加学生と非参加学生を比較した。全体としては、それほど学習活動に取り組んでいる意識は高くない。授業で他の学生と取り組む学習活動の機会については有意差が見られなかった ($t(456)=-.343$, n.s.)が、授業外で取り組む学習活動の機会(1人でとグループでともに)については参加学生が非参加学生よりも多いという結果であった ($t(456)=3.031$, $p<.01$; $t(457)=3.521$, $p<.001$)(図2-6)。

また、読書冊数についても比較した。授業に関連する読書と授業に関連しない読書のいずれにおいても、参加学生の方が非参加学生よりも読書冊数が多いという結果であった ($t(455)=3.903$, $p<.001$; $t(456)=3.133$, $p<.01$)(図2-7)。

授業での学習の仕方に関しては、記憶と他者評価がやや低いものの、全体

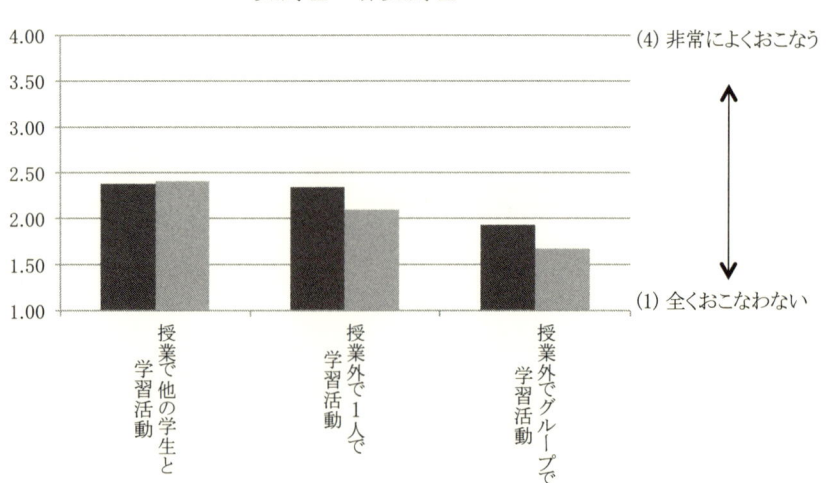

図2-6　参加学生と非参加学生の学習活動機会の比較

第2章　WAVOC教育実践の特徴とそこに参加する学生の学習の特徴　91

```
5.00                                                    (5) 21冊以上
4.50    ■参加学生　■非参加学生
4.00
3.50
3.00
2.50
2.00
1.50
1.00                                                    (1) なし
       授業関連          授業関連外・自主
       読書冊数           読書冊数
```

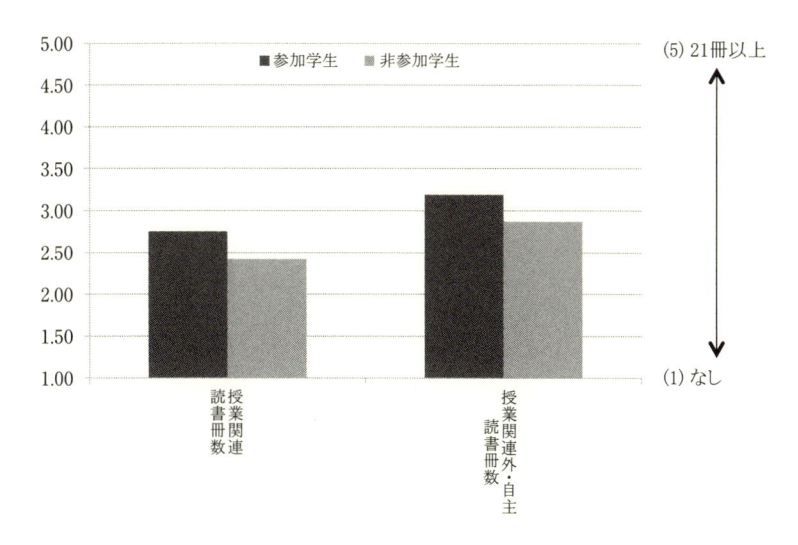

図2-7　参加学生と非参加学生の読書冊数の比較

として1から4の選択肢の値の中間の値(2.5)付近にある(**図2-8**)。その中でも、参加学生の方が非参加学生よりも自己評価に重点を置くという結果であった($t(451)$=2.234, $p<.05$)。それ以外の、記憶・分析・組織化・他者評価・応用に関しては有意差が見られなかった($t(453)$=-.177, n.s.; $t(452)$=1.723, n.s.; $t(451)$=1.393, n.s.; $t(450)$=1.174, n.s.; $t(450)$=.409, n.s.)。

さらに、WAVOC教育実践の重要な特徴の1つである「他者とのかかわり」に関連するであろうかかわりの機会に関する結果は、**図2-9**の通りであった。全体として、友人・先輩への相談機会に比べ、教員に相談したり教職員や学外者と協働したりする機会は多くないことが分かる。まず、参加学生は、自分の学習活動やキャリアを友人・先輩そして教員に相談する機会を非参加学生よりも多く得ているという結果であった($t(455)$=2.449, $p<.05$; $t(456)$=2.876, $p<.01$; $t(454)$=2.334, $p<.05$; $t(454)$=3.275, $p<.01$)。また、大学の教職員や学外者と協働する機会についても、参加学生の方が非参加学生よりも多いという結果であった($t(455)$=6.269, $p<.001$; $t(455)$=3.259, $p<.01$)。

最後に、授業と授業外のそれぞれでどのような知識・技能が身についたか

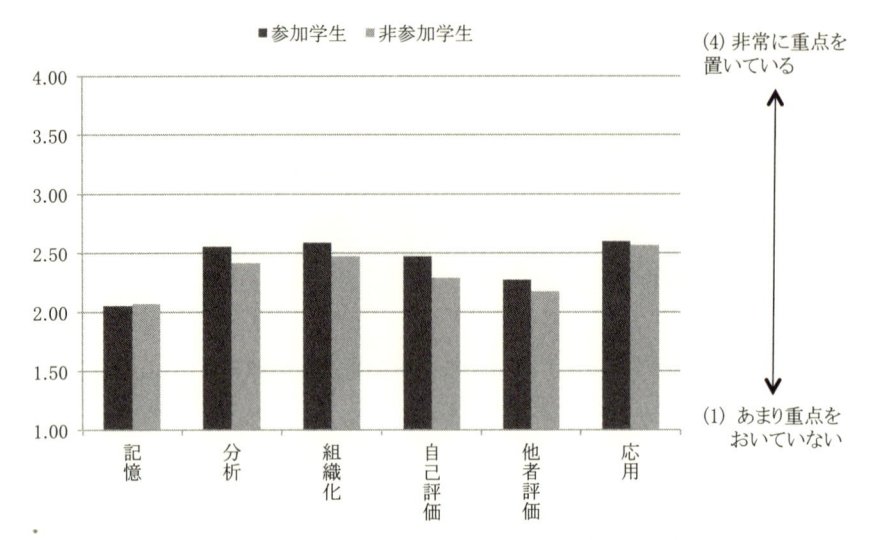

図2-8　参加学生と非参加学生の学習の仕方の比較

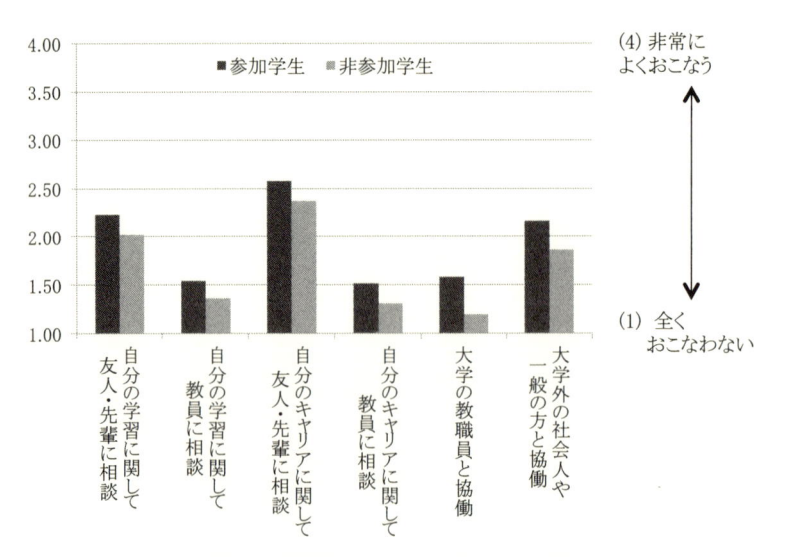

図2-9　参加学生と非参加学生の相談機会と協働機会の比較

を尋ねた結果が、図2-10と2-11である。まず、授業で身についた知識・技能について見ると、多くの項目が1と4の中間の値 (2.50) 付近にある。授業

第 2 章　WAVOC 教育実践の特徴とそこに参加する学生の学習の特徴　93

図 2-10　参加学生と非参加学生の授業での知識・技能の習得の比較

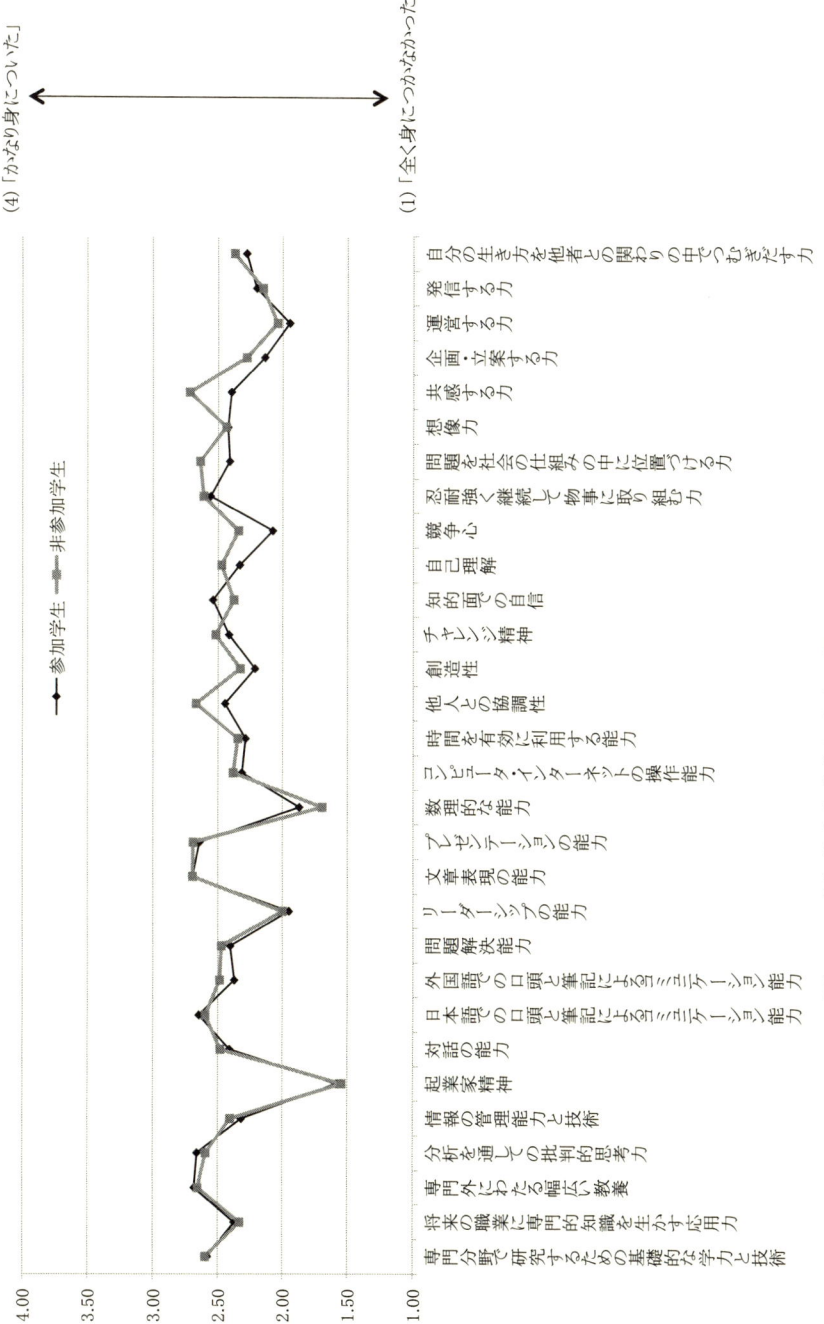

図2-11 参加学生と非参加学生の授業外での知識・技能の習得の比較

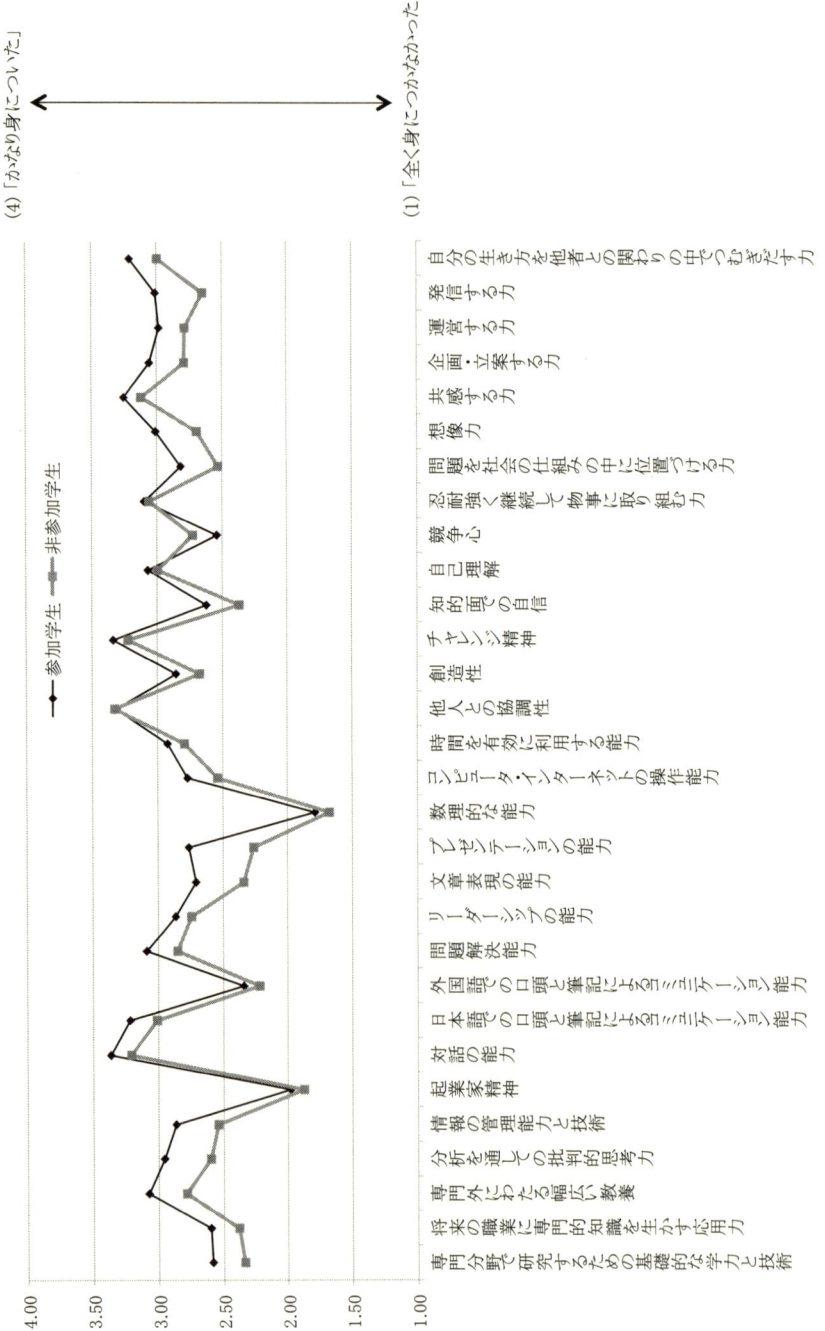

で身についた知識・技能の得点については、参加学生と非参加学生のどちらが高いかが判明ではない。次に、授業外で身についた知識・技能について見ると、多くの項目で中間の値を超えて成長を実感していることが分かる。対話の力・コミュニケーション能力・批判的思考力・情報管理・問題解決能力といったプロジェクトのボランティア活動に不可欠な力の得点が高い。また、文章表現やプレゼンテーションの力に関しては、非参加学生が中間の値を下回っているところで、参加学生がその中間の値を上回っている。参加学生は、授業外での知識・技能の習得を顕著に実感していることが明らかになった。さらに、授業外に関しては、参加学生のWAVOCの教育目標に関わる項目の得点が高い。それらは、「問題を社会の仕組みの中に位置づける力」「想像力」「共感する力」「企画・立案する力」「運営する力」「発信する力」「自分の生き方を他者とのかかわりの中でつむぎだす力」といった項目である。授業外でのボランティア・プロジェクトの支援を1つのポイントとしているWAVOC教育実践で学生が確かにそれらの力の成長を実感していることが示された。参加学生の専門外にわたる幅広い教養の得点が高いことも興味深い結果と言える。この点は、次の考察で触れることにしよう。

(2) 考察

　ここで、全国調査との比較と非参加学生との比較を踏まえて、参加学生の学習の特徴について考察する。第1に、大学生活の過ごし方と2つのライフの検討結果から考察する。参加学生は「自主学習」に非参加学生よりも多くの時間を費やす大学生活を過ごしている。授業外で自主学習と課外活動に取り組むことは、遊びと学習のバランスの取れた大学生活につながる点で重要である（溝上2009b）。また、将来を見通したうえで現在すべきことを理解して実行に移すことが重要である（溝上2010）。参加学生は、「理解実行」群が3人に1人近くと全国平均や非参加学生と比べて多かった。参加学生のうち少なくない学生たちが、将来への展望を持って遊びと学習をバランスする大学生活を過ごしている。
　第2に、学習時間だけでなく学習に関する他の諸側面の検討結果から考察

する。参加学生は、授業外での学習活動に取り組み、授業に関わりなく読書を進めていることが伺えた。また、WAVOC教育実践参加学生は、プロジェクト活動に取り組む中で、自分自身のキャリアや学習活動について友人・先輩に相談する機会が多くある。それだけでなく、大学の教職員や大学外の社会人や一般の方と協働する機会が多くある。教職員とのかかわりの機会が、学生の「学びと成長」にとってプラスに作用する点は、これまでの大規模調査でも指摘されてきたことである (Astin 1993; Kuh & Hu 2001; Pascarella & Terenzini 2005)。さらに、現場で出会う様々な他者とのかかわりは、例えば同年代の大学生同士のかかわりとは違って、学生を公共の世界の中の社会的責任のある立場に置くことになる (舘野 印刷中)。そのようなかかわりは、学生自身の社会的責任感といった意識からマナーや立ち振る舞いといった言動に至るまで、学生同士だけで閉じられた場に身を置いていたのでは触れることのない経験をもたらすだろう。

　第3に、習得された知識・技能の点から考察する。これまでも、プロジェクト・ベースド・ラーニングやサービス・ラーニングを含む経験学習の意義は謳われている (井下 2011)。今回の調査結果で見られた、参加学生の授業外での知識・技能の習得はまさにプロジェクト活動の中で達成されたと考えられる。対話の力・コミュニケーション能力・批判的思考力・情報管理・問題解決能力・文章表現・プレゼンテーションといった一連の力またはスキルは、プロジェクト活動に不可欠であると同時にプロジェクト活動を通じて身につけられる力なのである。また、「問題を社会の仕組みの中に位置づける力」「想像し、共感する力」「企画・立案／運営・発信する力」「自分の生き方を他者とのかかわりの中で紡ぎ出す力」の育成というWAVOCの教育目標に表現された力を参加学生たちは身につけていた。これらの力は、市民性を構成する内容もしくは市民的スキルと捉えられるものである。AAC&U (2012) は、多くの実践の検討から市民的能力やスキルを集約して提示している。本章で検討したWAVOCの教育目標となっている力は、AAC&Uで集約された市民的能力やスキルに先んじて、WAVOC教育実践の文脈に根ざしてローカライズされた市民的能力やスキルと捉えることができる。実践に

根ざした能力やスキルが目標となり、それによって学生の活動を支援する方向性を考える指針となる。そして、このような目標を掲げて現代社会に向き合うWAVOC教育実践に対して、学生たちもまた「現場での活動」への支援を受けつつその力を携えて社会に向き合っていくのである。

　第4に、いくつかの検討結果からうかがえる点について考察しておく。他者とのかかわりを持ち、「自主学習」により多く時間を費やす参加学生は、授業で分析したり自己評価したりする学習の仕方に重点を置いている。この「自分の学習に対して省察したり、評価したりする自己評価」という学習の仕方は、WAVOC教育実践の特徴である「ふりかえり」の重視と呼応していると考えられる。ここから、「ふりかえり」重視の授業外のWAVOC教育実践は、学生の授業での学習を支援することにもつながっていると考えることができる。また、プロジェクトに参加する学生たちは、授業とは関連のない自主的な読書の冊数だけでなく、授業に関連する読書冊数も非参加学生より多く、授業外で専門外にわたる幅広い教養を習得していると感じていた。このような授業外でのアカデミックな学習は、授業での学習への波及効果を十分に持ちうると考えられる。

　これらから示唆されることは、2点ある。1点目は、WAVOC教育実践であるボランティア・プロジェクトでの活動と参加学生の授業外での学習が効果的に結びついているということである。もう1点は、参加学生の授業外での活動における経験と学習が授業での学習に影響を及ぼしている可能性である。この示唆を図示したのが、**図2-12**である。

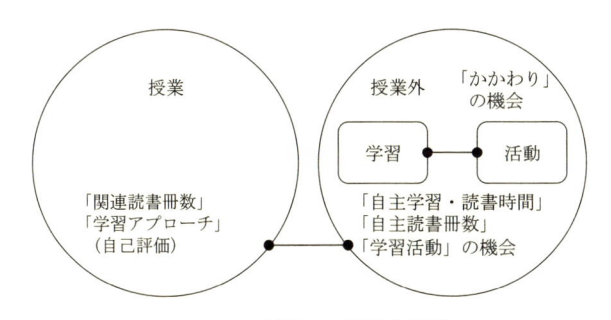

図2-12　本研究の結果と示唆

WAVOC教育実践調査研究①では、この2つの結びつきは示唆されるにとどまる。そして、この示唆から次なる研究課題が立ち現われてくる。第1に、授業外での活動と学習との結びつきについての研究課題がある。まず、WAVOC教育実践の参加学生の授業外での学習とはどのような学習なのかを理解する必要がある。それとともに、授業外での活動が授業外での学習にどのように結びついているのかを明らかにする必要がある。そして、知識・技能の習得といったアウトカムとどのように結びついているのかを考察する必要がある。さらには、参加学生の授業外での活動と学習と学習成果とがWAVOC教育実践とどのように結びついているかを考察する必要がある。第3章では、このような授業外での活動と学習の結びつきに関する教育実践調査研究を進める。

　第2に、授業外での活動における経験と学習と授業での学習との結びつきについての研究課題がある。授業外で展開されるWAVOCプロジェクトという教育実践に参加する学生の学習の実態の把握を進める中で、参加学生たちの授業での学習への影響が示唆されたことは非常に興味深い。研究上も実践上も授業外での経験と学習に注目と関心が集まっているが、学生の学びと成長という実践的観点に沿うならば、学生の授業外での経験と学習だけでなく、授業での学習を視野に入れる必要がある。さらには、両者の関連を検討していく必要がある。この点は、本書でこれまでに述べてきたことである。しかしながら、最初からこの視点が確立されていたわけではなく、2章から4章の教育実践調査研究を通じて形作られてきた視点でもある。この視野の広がりまたは視点の形成は、もう1つの転換を伴っている。すなわち、学生たち自身が、授業外での活動の経験と学習を受けて授業での学習を意味あるものに変えていけるのではないか、むしろ学生たちはそう変えているのではないかという見方である。ここには、学生をどう学ばせ成長させるかを考えるという立ち位置から、学生がどう学び成長しているかを理解するという立ち位置への転換の契機がある。第4章では、実践的な観点すなわち学生がいかに学び成長しているかという観点から、授業外での活動における経験と学習と授業での学習の間の関係という学習ダイナミクスの実態を把握すると同

時にその可能性を追求していく。

註

10　本書の研究プロジェクト後、2011年3月11日、東日本大震災があった。そこでのWAVOCの教職員の方々および学生たちの反応は、岩井編(2012)、加藤編(2011)、兵藤(2013)に詳述されているので、そちらをご覧頂きたい。

第3章　WAVOC教育実践（プレゼン・コンテスト）における授業外の活動と学習——教育実践調査研究②

　第3章WAVOC教育実践調査研究②では、第2章の質問紙調査で明らかになった授業外での活動と授業外での学習との結びつきの実態をより具体的に明らかにしていく。本章の研究では、ボランティアフェアにおけるプレゼン・コンテストという活動とそれに関わる学習に着目する。コンテストに参加した学生を対象に、学生の活動に関するリフレクションに着目してインタビュー調査研究を行う。学生の意味づけとしてのリフレクションを手がかりに、学生の授業外での活動における経験と学習の結びつきの実態を具体的に把握していく。そこで第1節では、なぜリフレクションに着目するのかという理由とプレゼン・コンテストの概要について述べた上で、WAVOC教育実践調査研究②の目的と方法を示す。第2節では、インタビュー調査の結果とそれを踏まえた考察を進めていく。

第1節　WAVOC教育実践調査研究②：目的と方法

(1) 目的

　ボランティア活動に関わる学習を考える上で参考になるのは、サービス・ラーニングの研究である。サービス・ラーニングは、アカデミックな学習と関連するコミュニティ・サービス活動を意識的に統合しようとする教育方法と規定される (Howard 1998; Bringle & Hatcher 2009)。サービス・ラーニングは、基本的に、カリキュラムの中に位置づけられる正課の教育形態であり (Bringle & Hatcher 1995, 1999; Furco 1996; 木村・河井 2012)、効果のある教育実践の1つに数えられる (AAC&U 2007; Kuh 2008)。その点で、本章の研究で対象としてい

る単位と関わりなく取り組まれる授業外の活動とは異なる。この点に留意しつつ、実際のボランティア活動とそれに関わる学習を理解する上で役に立つサービス・ラーニング研究の知見をレビューしていく。

ボランティア活動に関わる学習のような「経験からの学習」にとって重要なのは、リフレクションである (Boud et al. 1985; Boud et al. 1993; Boud & Walker 1991; 河井 2012a; Kayes 2002; Kolb 1984; Kolb et al. 2001; Kolb & Kolb 2005)。ここで、経験学習理論とサービス・ラーニング理論の検討から、経験からの学習にとってなぜリフレクションが重要なのかを理解していくことから始めよう。

今日のサービス・ラーニング理論の源流の1つは、J. Dewey以来の経験学習理論である (Eyler & Giles 1999; Giles 1991; Saltmarsh 1991)。経験学習理論を体系化したD. Kolb (1984) は、学習を知識の獲得と変容の2つの次元の相互作用から捉える。この2つの次元は、知識の獲得が知覚に基づく具体的なものか (具体的経験) 表象を通じた抽象的なものか (抽象的概念化) という区別と、知識の変容が個人の内側へ向かうこと (省察的観察) と外側へ向かうこと (活動的実験) のどちらによって生じるかという区別によってさらに分けられる。そして、具体的経験・省察的観察・抽象的概念化・活動的実験の間でサイクルあるいはスパイラルがまわることによって、経験から意味を引き出す「経験からの学習」が進むとされる (木村 2012; Kolb 1984; 松尾 2006, 2011)。リフレクションのプロセスは、このような経験学習のサイクルあるいはスパイラルの重要なパートなのである。

経験学習理論と同じくDeweyの理論に依拠する重要なリフレクションの理論が、D.Schön (1983=2007) の省察的実践理論である。Schönは、思考と行為を二者択一として捉えるのではなく、統合的に把握しようとした。すなわち、人が思考しているときは行為せず、行為しているときは思考せずというような考え方を退けて、人は行為・実践の中で思考することができると考えたのである。そして、Schönは、このような考えに基づいて、「〜についての省察」(reflection on 〜) と区別される「〜の中の省察」(reflection in 〜) を提案した。省察的実践理論によって、リフレクションの概念はより精緻化された。

サービス・ラーニング理論は、こうした理論的知見を引き継いでいる。

サービス・ラーニングは、実践面でも研究面でも北米で20世紀を通じて発展を見せてきた (唐木 2010)。その成果として、サービス・ラーニングの実践者と研究者の知恵を集めて、『サービスと学習を結びつけるための優れた実践の諸原則』を結実させた (Honnet & Poulsen 1989)。その1つに、「効果的なプログラムは、人々が自分たちのサービスの経験について批判的に省察する (reflect on) 構造的な機会をもたらす」というものがある。さらに、大学生調査研究によって、リフレクションが学習成果に結びつくことが実証的に示されていった (Astin et al. 2000; Eyler & Giles 1999; Hatcher et al. 2004; 木村・河井 2012; 木村・中原 2012)。

　ボランティアをすれば、すぐさまそれが有意義な学習になるわけではないし、効果のある活動になるわけでもない。効果のある活動と有意義な学習を実現していくためには、自分たちの活動とそこでの経験に対してリフレクションしていくことが必要不可欠である。したがって、経験から意味を引き出すこと、思考と行為をつなぐこと、効果のある活動と有意義な学習を実現することという点で、ボランティア活動を通じて学ぶ上でリフレクションが重要なのである。

　このように研究と実践の双方で、リフレクションの意義が認められている。WAVOC教育実践においても、「ふりかえり」すなわちリフレクションが重視されている。WAVOC教育実践においては、ミーティングや日々のやり取り、報告書といった多様な場面で、教職員が関わりながらあるいは仲間同士のやり取りを通じて、学生の「ふりかえり」＝リフレクションを深化させるよう試みられている。WAVOC教育実践の中でも特に「ふりかえり」＝リフレクションの深化にとって重要な役割を果たすと考えられていることが、部外者に向けて自分たちの活動や気づきを表現して伝えることである (兵藤 2010)。WAVOC教育実践において、表現して伝える典型的な場の1つが、ボランティアフェアのプレゼン・コンテストである。

　そこで、WAVOC教育実践調査研究②では、プレゼン・コンテストに参加したWAVOCプロジェクト参加学生をインタビューし、ボランティア・プロジェクトでの活動とプレゼンテーションを作っていくこととの結びつき

のあり方をより具体的に明らかにする。ここでは、プレゼンテーションを通して実践を「伝える」こと(作成過程と実演過程を含む)をプレゼン活動と表記し、プレゼン活動をボランティア活動での経験からの学習とみなす。

(2) ボランティアフェアとプレゼン・コンテスト

次に、ボランティアフェアとプレゼン・コンテストの具体的な実態を見ていく。WAVOCが主催するボランティアフェアは、毎年5月に開催されており、2010年のテーマは「動き出そう！今から、ここから、自分から」であった。ボランティアフェアは、新入生を対象に、ボランティアに参加するきっかけを提供することを目的としている。その内容は、各プロジェクトについて聞きたいことを何でも気軽に聞けるブースと「プロジェクト活動を通じて大学生に伝えたいメッセージ」というテーマで実施されるボランティア・プロジェクトによるプレゼン・コンテストからなる。このコンテストでプレゼンテーションするプロジェクトは、授業外でボランティア活動する学生たちのプロジェクトである。

WAVOCがこのプレゼン・コンテストを実施する理由は、次の2点である[11]。まず、活動の「現場の問題」を解決していくには、より多くの人々や社会全体に訴えることが重要であり、この「社会に伝える」「メッセージを発信する」活動の機会を設ける必要があると考えるからである。また、学生が社会に「伝える」メッセージを練り、プレゼンの技術を磨き、ボランティア活動に対する多角的な意味づけを行うことで、自分たちの活動を「伝える」技術を身につけ、自分たちの活動や経験の意味をより深く考えてほしいと願うからである。

実際、学生たちは、新入生を中心とする新メンバーの勧誘や他のプロジェクトのメンバーとの交流といった目的の他に、前年度1年間の自分たちの活動をリフレクションする機会と考えてこのプレゼンテーションに臨んでいる。そして、このプレゼンテーションに向けて、多くの場合、ミーティングや合宿を重ね、リハーサルを経て、プレゼンテーションを作り上げる。この作成過程で学生たちは、プロジェクトのボランティア活動の日々の出来事やそこ

第3章　WAVOC教育実践（プレゼン・コンテスト）における授業外の活動と学習　105

で出会った人々について話し合い、メンバーの見方や考え方を知り、さらにメンバー1人ひとりについてお互いにより深く知り合い、協働して、学習を深めていくのである。

(3) 方法

1) 調査の実施

今回の調査では、プレゼンテーション後にWAVOC教職員の協力により、このプレゼンテーションに参加した授業外ボランティア活動のプロジェクト・メンバー14人にインタビューを実施することができた。対象学生の学年と性別は、**表3-1**の通りである[12]。

インタビューは、2010年5月にWAVOC事務所で実施し、1人ずつ個別に半構造化インタビューを実施した。所要時間は、90分程度であった。「分析手続き」にある4つのカテゴリーを枠組みとして想定したが、実際のインタビューは、生き生きとした物語が語られるように経験の流れに沿って自由に話してもらった。経験の流れに沿って聞きとるためにこちらから尋ねた点は、プレゼンテーションに参加する経緯、プレゼンテーションのメッセージの実際の作成過程、他者との関わり、関連するボランティア活動での経験、そして今回のプレゼンテーションについてどういったことを考えたかである。経験の流れに沿って話を

表3-1　インタビュー対象学生の学年と性別

	学年	性別
A	4年	男
B	4年	男
C	4年	男
D	3年	男
E	2年	男
F	2年	女
G	2年	男
H	2年	女
I	3年	女
J	4年	男
K	3年	女
L	2年	男
M	2年	男
N	2年	男

聞くだけだと、プレゼンテーション作成と実演に内容が限定されるかもしれないので、適宜、関連するボランティア活動での出来事や考えたことを尋ねるよう留意した。研究の趣旨および内容を回答者に説明した上で、調査データの取り扱い、調査結果の目的外使用の禁止、調査対象者の匿名性の確保などについて、回答者から同意を得た上で調査を実施した。調査の内容から見ても、倫理的問題はないものと判断された。

2) 分析手続き

リフレクションは、経験に対する意味づけを基本とし、行為と思考の接着剤、効果のある活動と有意義な学習の契機という側面を持つ。ここでは、インタビューを通じて、経験を考えて意味づけている発言を広くリフレクションと見て検討対象としていく。検討対象とするリフレクションは、活動を共有していない新入生に向けて行うプレゼンテーションに関わるリフレクションである。何についてふりかえるかというリフレクションの対象とどのような状況でのふりかえりかというリフレクションの状況という観点からリフレクションの分類を整理することができる。ここでは、まず、リフレクションの対象として、授業外でのボランティア活動かプレゼン活動かを区別する。続いて、リフレクションを行う状況として、ボランティア活動・プレゼン活動・プレゼン活動後が想定できる。

この整理から、4つのリフレクションを区別することができる(図3-1)。①ボランティア活動での「ボランティア活動についてのリフレクション」、②

```
   状況                    対象
   〜での                  〜についての
   〜を通じての

・ボランティア活動 ●――①――● ボランティア活動
                    ＼②／
・プレゼン活動    ●――③――● プレゼン活動
                    ／④
・プレゼン活動後  ●
```

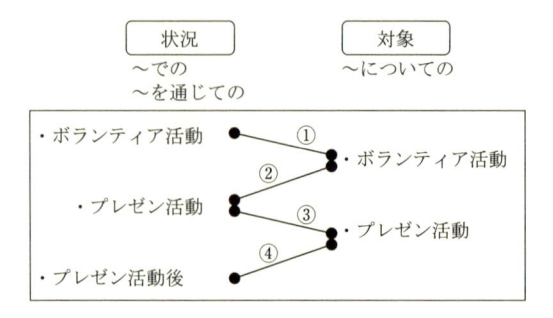

図3-1 リフレクションのパターン

プレゼン活動を通じての「ボランティア活動についてのリフレクション」、③プレゼン活動を通じての「プレゼン活動についてのリフレクション」、④プレゼン活動後の「プレゼン活動についてのリフレクション」という4つである。この4つの区別を基に分析を進めることにする。

まず、インタビューをすべてトランスクリプトに起こした。ここから、出来事や経験の想起や報告を除きつつ、経験を考えて意味づけていくリフレクションにあたる発言のまとまりをできるだけ拾っていった。そして次に、それぞれの発言のまとまりが、上記4つのグループのどれにあたるかを吟味し、それぞれに割り当てていった。リフレクションについての4つのグループに分類された発言数と発言例を**表3-2**から**3-5**にまとめた。以下の記述では、発言例への参照を示す場合は、発言例のナンバーを括弧でくくって表記する（例、発言例1への参照の場合、(1)）。

第2節　WAVOC教育実践調査研究②：結果と考察

(1) 分析結果

ボランティア活動での「ボランティア活動についてのリフレクション」の

表3-2　①ボランティア活動でのボランティア活動についてのリフレクション（発言数：32）

No	発言例
1	子どもたちの、なんていうんですかね、その、気持ちを無視してじゃないですけど、勝手に僕たちがこう[ボランティア活動を]やり始めるのはまあ、突きつめちゃうと自己満足になりかねないなあとは思って。
2	相手に言われてその言われたことをただやるだけっていうのは、本当にボランティアなのかなとか、そこの葛藤にはいろいろありましたけど。
3	僕が渡航中に感じたのは、すごい、ボランティアっていうそのもの自体がなんか難しいなあっていうのを感じてたので、でもうそれを[聴衆に]ぶつけてみたいと。
4	障碍をもった子どもたち、とがんばれる場をつくるっていう、つくりたいっていう思いがやっぱり強くあったので、それをいろんな人に共感してもらいたいっていうところは源泉にはあったと思います。

（注）[　]は筆者補足を、…は省略を表す。

グループは、活動の中で、出来事や経験に直面して考えたことに関係する発言のグループである。学生たちは、ボランティア活動の中で、今までの知識や考え方が揺さぶられる。その中でも、自分たちの活動が自己満足なのではないかという鋭い問いを差し向ける学生は少なくない(1)。あるいは、自分たちのやっていることに意味はあるのか、またはその意味は何なのかといった問いも活動の中で生じる(2)。そこで学生たちは、今までの考え方を修正したり、新しい見方を見出したり、これまでの知識と直面している出来事や経験の間で葛藤し、揺れ動いたりするのである。そうした葛藤は、ボランティア活動そのものがもつ難しさについて考えるところまで及ぶ(3)。そうした葛藤に直面するのも、そもそも活動に何らかの思いを持って取り組んでいるからだろう。例えば、活動で関わる人たちと一緒に頑張れる場をつくるという思いや共感できる場をつくるという思いをもって学生たちは活動に取り組む(4)。学生たちは、こうしたコンフリクトが生じる過程で、自らの経験について考えている。言い換えるならば、学生は「ゆらぎ」(河村ほか 2001)の中でリフレクションしているのである。

　プレゼン活動を通じての「ボランティア活動についてのリフレクション」のグループは、活動から距離をとって、活動について考えたことに関係する発言のグループである。このパターンのリフレクションが行われるのは、活動が一区切りして日常生活に戻ってきた時のように、活動に没頭している状況とは違って活動から離れた状況においてである。現場での活動から離れた状況には、例えば、現地での活動に備えて大学でミーティングしている時や国外の活動から帰国して日常生活に戻った時などがある(5,6)。

　学生たちは、ボランティア活動から距離のある状況で、活動の中での経験や出来事あるいは自分が感じたことや考えたことをふりかえって整理して、意味を引き出そうとする。距離のある状況では、ボランティア活動に没頭している時には見えなかった関連や広がりが、リフレクションを通じて見えてくる。例えば、活動中に感じた感謝を日常生活でどう行動に移すことができるかと考えたり、活動を通じてつくられたプロジェクトの強みを再認識して育もうとしたりする(7,8)。

第3章　WAVOC教育実践（プレゼン・コンテスト）における授業外の活動と学習　109

**表3-3　②プレゼン活動を通じてのボランティア活動についての
リフレクション（発言数：27）**

No	発言例
5	集落の人っていうのを一番考えたんで、で他の子の話のなか、でその限界集落って、その、実際に、行ってないとまあ、一般的な負のイメージとうちのたぶん活動してる人の知ってるイメージって全然違うよねってことを言ってくれて、気づいたっていう。あ、そうだなって思ったんですよ。
6	空港に帰ってきて、電車に乗って、ああいう世界もあってこういう世界もあるんだっていう、何でしょう、すごい、ギャップじゃないですけど、そこになんか、なんていうんでしょうね。
7	じゃあその、みんなが思う［ボランティア活動した地域の人への気持ちを］ありがとうありがとうって報告書で書くんですけど、それを、じゃあ活動が終わった今、あなたたちはその言葉を行動に移せているんですかみたいな。
8	このプロジェクト自体がそれ［お互いの考えをぶつけて活動をつくっていくところ］が魅力だったはずなんですよ、議論をつくして、でまあほんとけんかするくらいけんかして一個作るっていう、魅力だったんですけど、ちょっと今それがちょっと薄いんですよ。それを今目指してる途中で、それをメンバーにも伝えたかった。
9	私が、集落の人たちの、を、をー、姿を伝えたいっていうのがあったんで。なんか、一番この活動の魅力っていうのが、向こうの集落の人柄だと思っているので、私は。ほんとにその、向こうの人たちがいないと成り立たない活動なんで。ま、自分たちが、こういうことやってますああいうことやってますって言っても、やっぱり向こうの人たち、の協力がないと何も進まないことなんで。
10	実際に聞いてもらいたいのは、参加者の声だなというふうに、そこで、その点わりと普通に気づいたというか、まそれでも、その方が効果があるんじゃないかっていうふうに思って。

　こうしたリフレクションは、活動の中で生じたコンフリクトを解消しようとして行われることもあれば、今回のプレゼンテーションの機会のように他者に自らの経験を伝える時に行われることもある。見方を変えれば、プレゼンテーションの機会があることで、何を伝えるのかを考え、活動の経験や出来事を深くリフレクションしていくことができると言えるだろう（9、10）。ボランティア活動における経験や出来事の意味を明確にしようとして、学生たちは活動についてリフレクションするのである。
　プレゼン活動を通じての「プレゼン活動についてのリフレクション」のグループは、プレゼンテーションをどう作るかを模索する中で考えていたこと

**表3-4　③プレゼン活動を通じてのプレゼン活動についての
リフレクション（発言数：33）**

No	発言例
11	言葉にしちゃうと安くなっちゃうんですが、その相手の視点にたつ…みたいな意識は、常にもっておかないとコミュニケーションは取れないなっていうふうに思いました。この大会の趣旨みたいなところと、聴いてくださる方々が、どういう属性で、どういうふうに思ってくれているのかってことを考えていって、相手の視点に立ったうえで、要は、共感を得なきゃいけないと思ったんです。
12	自分たちの言いたいこと、その伝えるべきことと、その相手の気持ちっていうその譲歩する部分、のすりあわせがすごい難しい。
13	みんな深く考えているんだなって、そのとき。みんなの気持ちが1つになれたのはそのときかな。自分の思っていることを言える時間がたっぷりあったので、それぞれ言えた部分で。言って、聞いて、ふりかえって、で、1つのものを仕上げて、1つの台本仕上げていく部分で、まあみんなの思いがわかりはじめた。
14	あらためてこう思い返して考える、思い返して考えたときに、木を倒すたくさんのプロセスがある、木を切る前っていうところから、木を切った後までつづいていく、そのプロセスから言葉を引っ張ってくる。
15	なんで自分が行かなきゃいけないのかって、なんで自分が行ったのかっていうのを伝えたい、そうすればきっと、他のプレゼンとはちがうものができるんじゃないかなって。
16	その感想読んで、自分が春渡航で1番心に残ってたことが、学校での交流会のことなんですけど、その交流会での子どもたちの笑顔を想像してて、で、なのに、[別の学校では交流・支援を]やめなきゃいけないっていう、その、渡航のつらい部分ですよね。そういうところの対比から。…私のほうですごく楽しかったんで、別の学校のほうでやめなきゃいけないっていうギャップがすごくあって、自分がもしそうなったらって考えてた。

に関係する発言のグループである。学生たちがプレゼン活動で模索するのは、自分たちの活動を聴衆に「伝える」ことを目的としているからである。自分たちの活動を聴衆に伝えようとすることは、新入生の勧誘という目的や自分たちの経験をより深くリフレクションするという目的と合致し、このプレゼンテーションの趣旨とも呼応する。「伝える」ことに向けて、学生たちは、聴衆の立場に立ってプレゼンテーションを設計する(11、12)。また、多くの場合、一緒にプレゼン活動する仲間と協働する中で、お互いの考えを話し合い、聴き合う(13)。そこで、自分(たち)の経験に遡ったり(14、15)、他人の経験を聴きながらその経験を想像したりする(16)。学生たちは、このような協

第3章　WAVOC教育実践(プレゼン・コンテスト)における授業外の活動と学習　111

表3-5　④プレゼン活動後のプレゼン活動についてのリフレクション(発言数：47)

No	発言例
17	1つひとつその自分が楽しんでるから彼らも楽しんでるとなかなか考えることは無かった。ま、具体的にふりかえって考えたときに、機会としてありましたし、あーあれっていうのは、やっぱりそういうことだったんだなっていうことをちゃんと明確に認識する機会にはなりましたね。
18	自分たちの今までの活動ふりかえって、なんかたまに交流会とかどういう意味があるんだろうって思うこともあって、その答えが一つは出たのかなって思いました。交流会は確かに役に立つけど、…ちょっとどうなのかなって思った部分もあったりして。そういうのを整理して、ふりかえって、次の、次に進むための一歩みたいな、意義はちゃんとありました。
19	社会への発信が、プロジェクトのメンバーで、このフレーズいいねって、これ使えるじゃんって言ってくれて、ま、ちょっとうれしかったっていう。…たとえば去年のプレゼン、あとボラフェアのテーマ、今までの活動で考えたこと、からわりと自然発生的にこういうことをアピールすればいいんじゃないかって…それが、意外と受けて。
20	[プレゼンのような機会がないと]共通認識つくっていくっていうのも、あんまり深くはできない経験だと思うので。それは時間はかかると思いましたね。ま、てきとーに、あ、ここでいっかって妥協点を探すことだったら、できると思うんですけど。ま、みんなほんとに自分の思ってること全部言って、それをみんな納得してっていうのだとすごい、ま、効率は悪いけど、いいものが出来上がるんだなあって。…[今後のプロジェクトの実践でも]あたしは、プレゼンをやったから、時間かけても、深く話し合えば、絶対いいんだなと。
21	意義として考えられたのは、…一丸となることの良さっていう。あとはやっぱり、メンバーを巻き込むことの難しさと楽しさの実感。
22	相手の欲しいものに応えれてるのかなっていう、すごい意識して、するようになりましたね。プレゼン、ま、準備もそうですけど、全体を通して。今こう、相手がどういうのを求めてるんだろうっていうのをすごい考えるようになって、僕これをしゃべりたいんですーみたいな、とかじゃなくて、こう相手がどういう欲しいのかなっていうのをすごい考えるようになりましたかね。でそれを、こう、自分の言葉でうまく伝えれるように。
23	プレゼンで自分たちの活動をふりかえって、そっから自分たちの言葉をつくったじゃないですか。で、それとおんなじように、自分の失敗とか、当時思っていたことを、ふりかえって、で、そっから新しいことにチャレンジできるんじゃないかなっていう。そういうおんなじなんかやり方、とりたいなあって思って。

働を通じて、お互いのことを知り、自分の経験を(再)解釈している。学生たちは、自分の経験と視点、メンバーの経験と視点、聴衆の視点、現場で関わる人たちの視点を混ぜ合わせて、そこから意味を引き出しているのである。

プレゼン活動後の「プレゼン活動についてのリフレクション」のグループは、プレゼン活動の意味を考えたことに関係する発言のグループである。学生たちは、自分たちが取り組んできたプレゼン活動に向かって、うまく「伝える」ことができたかどうかを考える。多くの聴衆の前でプレゼンテーションすることは、学生をリフレクションへと導く。学生たちは、プレゼン活動の経験をプロジェクトでのボランティア活動や自分自身と関連づけて、そこから学ぼうとする。

　プロジェクトでのボランティア活動との関連では、自分たちの活動がどういう意味をもっているのかについて明確な認識を持ったり(17、18)、プレゼンテーション作成過程で作られたものやその方法を実際にプロジェクトの活動の中で有効活用しようとしたりする(19)。自分自身との関連では、このプレゼン活動の過程で深く話し合う中で共通認識をつくっていくことや一丸となって取り組む協働の意義を見出している(20、21)。また、ボランティア活動においても本質的に重要な、相手の視点に立つことの重要性を再確認している(22)。さらには、プレゼン活動の過程で有効な学習のやり方を見出し、今後のプロジェクト活動に活かそうとしている(23)。学生たちは、プレゼン活動の経験を今後のボランティア活動そして大学生活に活かしていこうとするのである。

(2) 考察

　以上4つのリフレクションのグループについての分析を踏まえ、ボランティア活動と学習としてのプレゼン活動との関係を考察する。最初に、リフレクション全体について考察し、次に異なるリフレクションの間の関連と構造について考察し、先行研究と関連づけながらそれらを総合する。そして最後にプレゼン活動とボランティア活動の関係を明らかにし、その中での学生の学習のあり方を考察する。

1) リフレクションについて

　まず、これら4つのグループの発言全体を見渡して、リフレクション全般

について考察する。第1に、リフレクションは、何の脈絡もなく行われるのではなく、出来事や経験と結びついて行われるということにあらためて注目する必要がある。そして、リフレクションと出来事や経験との結びつきの形は1つとは限らない。例えば、現場で出来事や経験に直面してリフレクションすることもあれば、プレゼン活動のように現場から離れていてもリフレクションすることもある。また逆に、リフレクションによって出来事や経験についての葛藤を解消し、それらを足場固めとして、次の活動や行動へと進むこともある。リフレクションは、出来事・経験あるいは活動や行動と結びついており、ボランティア活動やプレゼン活動の状況に根ざしている。

　第2に、リフレクションには他者との関わりが結びついているということにも注目する必要がある。ここで他者とは、仲間や実践の現場の人々（参加者や子どもたちや現場の人など）、そして聴衆である。他者とのかかわりには、現場やプレゼン活動を通じて触れあったり議論し合ったりするようなかかわりや、プレゼンの場面に備えて他者のことを想像していくようなかかわりがある。どのような他者とかかわるかによって、そのリフレクションは変化している。また、①ボランティア活動での「ボランティア活動についてのリフレクション」と②プレゼン活動を通じての「ボランティア活動についてのリフレクション」は、同じボランティア活動についてのリフレクションであっても、リフレクションの状況がボランティア活動であるのかプレゼン活動であるのかによって、そのリフレクションは変化している。したがって、かかわる他者によって、またその状況によって、リフレクションは変わってくると考えられる。

2) 異なるリフレクションの間の関係

　続けて、異なるリフレクションの間の関係について考察する。いくつかの発言例に見ることができるように、リフレクションは、出来事・経験やアクションと結びついているだけでなく、インタビューに答えるナラティヴの中で異なるリフレクションと結びつけられていることがわかる。

　まず、③プレゼン活動を通じての「プレゼン活動についてのリフレクショ

ン」には、②プレゼン活動を通じての「ボランティア活動についてのリフレクション」との結びつきがある。学生たちは、プレゼンテーションをどう作るかを模索する状況の中で、自分たちのボランティア活動についてリフレクションしている (8、9、10)。

さらに、③プレゼン活動を通じての「プレゼン活動についてのリフレクション」には、①ボランティア活動での「ボランティア活動についてのリフレクション」との結びつきもある。学生たちは、プレゼン活動の中で自分の経験や考えたことを「伝える」という目的に向かって、ボランティア活動の中での自分のリフレクションへ遡ったり、協働の中で他者のリフレクションを想像したりするのである (13、14、15、16)。また、①ボランティア活動での「ボランティア活動についてのリフレクション」において、すでに「伝える」ことに向かう思いや実感があり、実際に「伝える」プレゼン活動に取り組む中でその思いや実感がプレゼン活動を進める力の源泉となっていくこともある (3、4)。

そして、④プレゼン活動後の「プレゼン活動についてのリフレクション」には、②プレゼン活動を通じての「ボランティア活動についてのリフレクション」との結びつきが見られる。この結びつきは、プレゼン活動での経験を今後の活動に活かしていこうとすることによって生じるものと考えられる (17、18、19、20)。こうしたプレゼンテーションの機会は、学生たちのこれまでのボランティア活動の経験から意味を引き出すことと同時に、これからのボランティア活動に向かう足場を作ることにつながっているのである。

このように、プレゼン活動によって普段の日常のボランティア活動とは異なる文脈が重ね合わさることになり、ボランティア活動でのリフレクションやボランティア活動についてのリフレクションが再解釈されたり、新たに生まれたりする。この点で、プレゼン活動は、ボランティア活動に関するリフレクションをボランティア活動から開いていく契機となっていると言える。

3) リフレクションに関する一般的考察：先行研究との接続

リフレクションの深化にとって何が重要であるのかまたそこでの学習とは

第 3 章　WAVOC 教育実践（プレゼン・コンテスト）における授業外の活動と学習　115

どのようなものかという点について、先行研究と関連させながら、以上の考察をまとめていく。

　既に述べた通り、経験学習理論およびサービス・ラーニング研究において、経験から学ぶ際にリフレクションが重要な役割を果たすことが指摘されている。他方で、本研究の分析で再確認されることは、そうしたリフレクションに深さをもたらすためには、実際の活動の出来事と経験とそこへの結びつきが不可欠だということである。ボランティア活動に取り組むこと無しに行われるリフレクションは、出来事や経験との十分な結びつきがないため、具体性のもつ深さを備えることができない。ボランティア活動に取り組んだとしても、そこでの出来事と経験への結びつきが弱ければ、リフレクションは深まらない。

　また、サービス・ラーニング研究の中では、コースの中でのライティングにおいて、学習目標の観点を意識したり、他者からのコメントやフィードバックを受けたりして、リフレクションを深化させていく教授法が提示されている (Ash et al. 2009; Ash et al. 2005; Jameson et al. 2008)。本章の研究で分析してきたのは、授業外でのプレゼン活動におけるリフレクションである。本章の研究の分析から、リフレクションの深化には、学習目標の観点からの吟味だけでなく、プレゼン活動のように日常のボランティア活動とは異なる状況での出来事と経験に結びつけてリフレクションしなおすことも有効だと考えられる。

　そして、出来事や経験と結びついたリフレクションは、クリティカル・リフレクションだと言える。クリティカル・リフレクションは、「思考の質とアクションの質とその両方の関係を向上するように機能する」(Whitney & Clayton 2011: 150) リフレクションである。本章の研究の場合、単なるボランティア活動に関するリフレクションではなく、ボランティア活動とプレゼン活動という異なる状況を重ね合わせながら取り組まれたリフレクションを対象とした。異なる状況によって、思考の質やアクションの質とその両方の関係を向上するようにリフレクションが深く構造化されることを見てきた。

　さらに、本章の研究の分析結果から、他者からのコメントやフィードバッ

クという直接的な他者とのかかわりがプレゼン活動中においても重要な働きをしていることが確認できた。例えば、仲間同士でのプレゼンテーションのブラッシュアップや教職員からのフィードバックなどである。また、誰に向けてプレゼンテーションするのかという形で聴衆としての他者を意識することで、ボランティア活動でのリフレクションとは違った形でプレゼン活動のリフレクションが行われる。この点からも、自分とは異なる視点をもたらす他者とのかかわりと異なる状況が関わることがリフレクションの深化にとって重要な役割を果たしていると考えられる。

4) ボランティア活動とプレゼン活動との関係および学生の学習

　ここで、WAVOC参加学生の授業外での学習は活動とどのように結びついているのか、その学習はどのような学習であると特徴づけられるのか、それらの活動と学習はどういった成果に結実するのかという3点について、まとめて考察する。まず、WAVOC教育実践調査研究②の結果から、リフレクションの深化は、実際の活動での出来事と経験に結びついていること、異なる状況が関わること、他者とのかかわりがあること、そして複数のリフレクションを重層的に構造化することによって生まれる。WAVOC教育実践に参加する学生の授業外での活動が学習へと結びつくのは、こうしたリフレクションの深化の過程を通じてであると考えられる。

　そして、このリフレクションの深化の過程は、他者の視点と異なる状況を交えつつ自分自身の経験を吟味し、より豊かな意味を汲み出すという過程である。リフレクションを通じて、自分の経験を意味づけていくという点で自己理解さらには自己変容を遂げていくことができる。リフレクションの深化の過程は、自分自身との関係における変容に通じる、パーソナルで省察的な意味形成の過程である。したがって、ボランティア活動とプレゼン活動に見られるWAVOC教育実践参加学生の授業外での学習は、パーソナルで省察的な意味形成としての学習であると言えるだろう。

　第2章でも見たように、WAVOC教育実践の参加学生は、プロジェクト活動に伴う知識・技能の習得を達成していた。さらに、WAVOCが教育目標

とする力やスキルの習得を達成していた。プレゼン活動は、リフレクションの深化を促す構造的な機会であり、プレゼン活動を通じてこそ「問題を社会の仕組みの中に位置づける力」「想像し、共感する力」「企画・立案／運営・発信する力」「自分の生き方を他者とのかかわりの中で紡ぎ出す力」といった力を自分のものにしていくことができる。「伝える」ためには、「私」の経験を語ることは重要であるが「私」にしかわからない閉じた私的な言葉ではなく公共の言葉で語ることが必要になる。その作業の中には、自分の経験をより広く社会の仕組みの中に位置づけて考えることが求められる。また、深いリフレクションを通じて、現場で関わった人々や新たに出会う聴衆に対して想像して共感して発信していくことは、効果的に「伝える」ことそのものだと言えよう。そして、リフレクションの深化を通じて、パーソナルで省察的な意味形成としての学習は、自分の生き方を紡ぎだすことにも通じている。このように、リフレクションの深化を促す構造的な機会としてのプレゼン活動は、WAVOCの教育目標の達成への有意味かつ効果的な通路となっている。

5) 学生の授業外学習に対する WAVOC 教育実践の結びつき

これまで、学生がプレゼン活動を通じてどのように学び成長しているかという観点から分析を進めてきた。ここで、WAVOC教育実践(特にプレゼンテーションの機会)は学生の「学びと成長」をどのように支援できているかという観点から、これまでの分析をなぞり直しておこう。まず第1に、WAVOCが提供するプレゼン・コンテストは、参加する学生にとって、自分たちの現場でのボランティア活動とそこでの他者とのかかわりの経験をリフレクションする構造的な機会(「ふりかえり支援」)を創り出すという支援の役割を有効に果たしている。

プレゼンテーションの機会に向けて、プレゼン活動に取り組む中で、学生たちは、ボランティア活動の中であるいは活動から距離をとって、活動の経験や出来事をリフレクションする。リフレクションは、現場でのかかわりの中で、仲間との協働の中で、経験から意味を引き出すことにつながっている。そして、今回分析したように、プレゼンテーションの機会は、プレゼン活動

を通じてリフレクションすることによって、普段のボランティア活動とプレゼン活動という異なる状況が関わり合い、リフレクションが深化する機会となっている。

　このリフレクションの深化の過程では、プレゼン活動に取り組む中で、仲間との協働や聴衆の視点に立つことを通して、これまでのボランティア活動での「ボランティア活動についてのリフレクション」とプレゼン活動を通じての「ボランティア活動についてのリフレクション」は解釈され直すことになる。また同時に、プレゼン活動を通じての「プレゼン活動についてのリフレクション」に結びついて、これからの「ボランティア活動についてのリフレクション」が行われる。このように、異なる状況が関わり合う中で、互いに関連しあう重層的なリフレクションをすることができる。他者とのかかわりの中で、活動に没頭する時と距離を置く時を通じて、互いに関連する重層的なリフレクションを行い、学生たちは経験から意味を引き出している。ボランティア活動における仲間やフィールドの人々とのかかわり、そしてプレゼン活動における仲間や聴衆とのかかわりによって、学生たちは他者の見方や考え方を知り、他者の経験を想像し、他者の立場に立ち、それらと照らし合わせつつ自分の経験に立ち帰ってリフレクションし、自分の見方や考え方を発展あるいは変容させている。そして、こうした想像を広げることを通じて見方や考え方を変容することは、WAVOCが追求している学びのあり方の1つでもある（岩井 2010）。このように、参加学生たちはWAVOCプロジェクトでの活動の経験からパーソナルで省察的な学習をしているのである。プレゼンテーションの機会は、それ自体、リフレクションの深化とパーソナルで省察的な学習が実現する場としての役割をもって学生たちへの支援となっている。

　第2に、このプレゼン活動とリフレクションの深化過程において、特に教職員による働きかけが学生の学習を支援している。プレゼンテーションの機会は、構造的に学生のリフレクションの深化とパーソナルで省察的な学習を実現する条件を備えてはいる。しかしながら、それを実現していくためには、学生たち自身の精力的な取り組みに加えて、教職員の働きかけが不可欠

となっている。教職員の働きかけとは、実際のプレゼン活動の作成過程で相談に応じたり、リハーサル段階でコメントをしたり、プレゼン・コンテストのねらいを明確に学生に提示したりすることなどである。活動の熟達者でありこれまでも学生たちの姿を見続けてきた教職員の働きかけが、学生をより深いリフレクションへと後押しする。現場での他者や聴衆といった他者のかかわりだけでなく、教職員による働きかけが学生にとって刺激となる。学生たち自身によるリフレクションは、教職員の後押しもあって、自らの鑑識眼（松下 2002）や批評する力（児美川 2012）を養うことにつながると考えられる。

　そして第3に、プレゼンテーションの機会は、自分たちの活動を社会に向けて発信する「社会に伝える」機会として構造化されている。その意味で、自分たちの関係のあり方を考えるだけでなく、社会との関係のあり方を考え直すことまで可能性は広がっている。いわば、社会との関係を編み直す学習の機会となっているのである（山口 2009）。こうした「現場での活動」「他者とのかかわり」そして「ふりかえり」というWAVOC教育実践に支えられつつ、活動へのコミットメントを再構成し、活動を知る・伝える責任感を育んでいくという形で、プレゼン活動は、市民的責任感や市民的心性そして市民的スキルを育んでいくことにも寄与していくと考えられる。こうした意味で、プロジェクト活動を踏まえたプレゼン活動は、「社会と大学をつなぐ」というWAVOCの組織理念の1つに向かっていると言える。

　本章では、リフレクションに注目して検討・考察してきた。その結果、リフレクションは、出来事と経験、他者とのかかわり、他のリフレクションといった多岐にわたる関連を有して学生の「学びと成長」にとって重要な役割を果たしていることが明らかになった。このことから、WAVOC教育実践の特徴である「現場での活動」「他者とのかかわり」「ふりかえり支援」という3つの特徴の中で「ふりかえり支援」はくさびの働きを持っていると考えられる。ふりかえりつまりリフレクションの深化において、「現場での活動」での出来事と経験そして「他者とのかかわり」が活かされ、学生の「学びと成長」に結実するからである。したがって、WAVOCが「ふりかえり支援」を強調し、そこに力を入れていることは、学生の「学びと成長」をより確かな

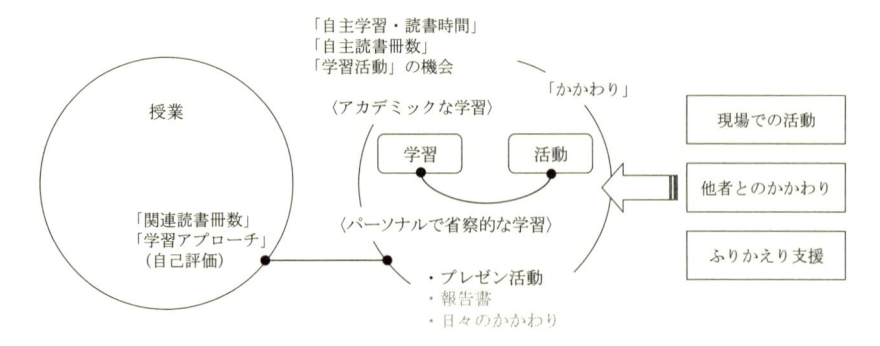

図3-2 ボランティア活動とプレゼン活動と参加学生の学習

ものにしていく理に適った支援のあり方である。

　教育実践調査研究②では、教育実践調査研究①で示唆された授業外での活動と学習の結びつきについて、ボランティアフェアでのプレゼン活動を対象として探究してきた。その結果、ボランティアフェアでのプレゼン活動は、重層的なリフレクションの深化を通じてパーソナルで省察的な経験の意味形成としての学習を促すことを見てきた（**図3-2**）。

　本章では、考察を進めるにあたって、サービス・ラーニング研究を参照してきた。既に述べたように、サービス・ラーニング研究は正課に位置づけられる教育形態である。その意味で、異なる対象についての研究知見を応用的に参照すると留保しておいた。しかし、本章の検討と考察はむしろ、サービス・ラーニングの研究知見や理論のカリキュラム補助型教育実践への応用可能性を示していると言えるだろう。

　とはいえ、正課外で授業とは直接関わるわけではないボランティアフェアでのプレゼン活動における経験に対する意味形成は、知識や概念の理解といったアカデミックな学習とはやや性格を異にする。アカデミックな学習は、プレゼン活動よりも、報告書作成や現場での活動をどう作っていくかについての日々のミーティングに関わって行われているかもしれない。また、本章で浮き彫りにしたパーソナルで省察的な学習は、現場でのプロジェクト活動を通じてより濃密なかたちで生じているかもしれない[13]。今回のプレゼン活

動に焦点化した調査研究では、これらの点についての調査データを十分に集めて検討することができなかった。プレゼン活動のみならず、いくつものチャンネルを通じて、学生の活動と学習と成果が結びついていることだろう。本章では、その一端を明らかにしたにとどまっている点を付言しておく。

註

11 ボランティアフェア当日に配布された資料に基づく。

12 今回の調査では、35プロジェクト200人以上のWAVOCプロジェクト参加学生から14人の学生についての探索的インタビューであり、このデータがWAVOCプロジェクトの参加学生を完全に代表するとは言えない。また今回の調査は、WAVOCプロジェクトに比較的適応している学生を対象としている。より包括的または多角的にWAVOCプロジェクトでの経験と学習を明らかにするには、今回回答してくれた学生の所属するプロジェクト以外のプロジェクトまで対象として研究を広げる必要がある。同様の制約は、第4章WAVOC教育実践調査研究③においても当てはまる。

13 WAVOCプロジェクト活動の現場での学生の姿は、早稲田大学平山郁夫記念ボランティアセンター編（2010）などを参照していただきたい。

第4章　WAVOC教育実践に参加する学生の授業／授業外にわたる学習ダイナミクス
―― 教育実践調査研究③

　第4章教育実践調査研究③では、第2章で示唆されたもう1つの結びつきの実態を明らかにしていく。第2章では、WAVOC参加学生の授業外での活動における経験と学習とが関連していることとそれらが授業での学習に影響していることが示唆されていた。授業外での活動における経験と学習との関連については、第3章で研究した。本章では、授業外での活動における経験と学習と授業での学習との結びつきについて研究する。方法としては、第3章と同様に、学生の意味づけに着目し、インタビュー調査研究を行う。まず第1節では、本章の目的と方法を示す。第2節ではインタビュー調査の結果とそれを踏まえた考察を進めていく。その際、第2章以降の実態把握のための調査研究の知見をまとめあげ、授業外での活動における経験や学習と授業での学習との間の関係という学生の学習ダイナミクスの実態把握と結びついた形で概念化を図ることで、その可能性を追求していく。

第1節　WAVOC教育実践調査研究③：目的と方法

(1) 目的
　今日の大学生調査研究は、学生が学び成長していく上で授業外での経験と学習が効果的であることと、授業外での学習が遊びと学習のバランスある大学生活を実現し学生の成長につながることを明らかにしている(第1章)。しかしながら、授業外での経験や学習と授業での学習の関係という学習ダイナミクスについては十分な研究が行われてはいなかった。そこで本章では、これまで研究の対象としてきた、WAVOCプロジェクト参加学生にインタ

表4-1 インタビュー対象学生の学年と性別

	学年	性別
1	4年	女
2	4年	女
3	3年	男
4	3年	男
5	3年	女
6	4年	女
7	4年	男
8	4年	女
9	4年	男
10	3年	男
11	4年	男

ビューを行い、彼らの授業外での経験と学習と授業での学習との関係を明らかにすることを目的とする。そしてまた、第2章以降明らかにされてきた学生の学習ダイナミクスの実態を基にその概念化を図ることを目的とする。

(2) 方法

1) 調査の概要

　WAVOC教員の紹介を通じて、各教員が担当として関わっているプロジェクトから、3～4名の参加学生に調査協力を依頼した。その結果、参加学生11名が調査依頼に応諾した。調査協力者の個人属性は**表4-1**の通りである[14]。2009年7月にWAVOC事務所4階会議室にて行った。

　1人あたり約90分の半構造化インタビューを行った。質問は以下の4つであった(図4-1)。

　①「○○さんにとって、WAVOCプロジェクトでの活動・経験はどのようなものですか」という問いへの回答を分析することで、参加学生にとっての授業外のWAVOCプロジェクトの活動とそこでの経験の持つ意味について考察する。②「○○さんにとって、WAVOCプロジェクトでの活動とそこでの経験と大学の授業(講義・ゼミなど)との関係はどのようなものですか」という問いへの回答を分析することで、WAVOCプロジェクトと大学の授業との関係を考察する。③「大学の授業(講義・ゼミなど)での学習は、WAVOCプロジェクトでの活動とそこでの経験にどのような影響を与えていますか」という問いへの回答を分析することで、授業がWAVOCプロジェクトにどの

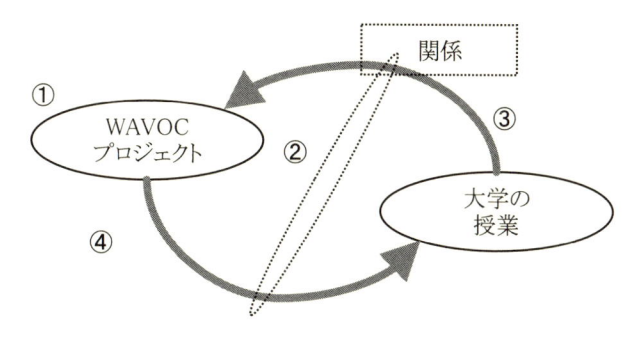

図4-1　参加学生の学習ダイナミクスと質問項目

ような影響を与えているのかを探る。④「WAVOCプロジェクトでの活動とそこでの経験は、大学の授業（講義・ゼミなど）での学習にどのような影響を与えていますか」という問いへの回答を分析することで、WAVOCプロジェクトが、授業での経験にどのような影響を与えているのかを探る。

　インタビューでは、以上の4つの質問を行い、状況や話に応じて質問する順番や内容を柔軟に変化させ、生き生きとした物語が語られるように留意した。また、インタビューの流れのなかで、発言を受けて、適宜内容を膨らませる質問や関連した質問も行った。インタビュー内容はICレコーダーに録音された。インタビューを始める前には、研究の趣旨および内容を回答者に説明した上で、調査データの取り扱い、調査結果の目的外使用の禁止、調査対象者の匿名性の確保などについて、回答者から同意を得た上で調査を実施した。調査の内容から見ても、倫理的問題はないものと判断された。

2）分析手続き

　分析のために、録音されたインタビュー・データからトランスクリプトを作成した。4つの質問項目、すなわち①「WAVOCプロジェクトの意味づけ」、②「WAVOCプロジェクトと大学の授業（講義・ゼミなど）との関係」、③「大学の授業（講義・ゼミなど）のWAVOCプロジェクトへの影響」、④「WAVOCプロジェクトの大学の授業（講義・ゼミなど）への影響」を枠組みとしてインタビュー・データを分類した。分類カテゴリーの結果を、発言数とともに**表

4-2から表4-5に示す。

　カテゴリーは、それぞれ以下の通りに命名された。すなわち、枠組①は「力の感覚の源泉」、「方向づけの感覚の源泉」、「メンバーとの信頼関係の場所」、枠組②は「WAVOC優先型」、「同一水準型」、「コンフリクト型」、枠組③は「プロジェクト活動の中で知識を活用」、枠組④は「授業の選択」、「授業の中でのアカデミックスキル」であった[15]。

第2節　WAVOC教育実践調査研究③：結果と考察

(1) 各カテゴリーの結果とその考察

　以下、枠組①〜④とそれぞれにおけるカテゴリーの結果について考察を行う。

1) WAVOCプロジェクトの意味づけ

　まずは学生たちがWAVOCプロジェクトをどのように意味づけているかを見ていく。WAVOCプロジェクトは、それに取り組む学生にとって、やりがいと充実感の源泉となっている。参加学生は、WAVOCプロジェクトにかなりの時間とエネルギーをつぎ込む。そうした中でやりがいと充実感を感じている。そして、プロジェクトそれ自体にやりがいや充実感を感じているだけでなく、そこから広がって日常の大学生活にも充実感を得ている。また、プロジェクトの活動を通じて、仲間たちとぶつかったり、真剣に悩んだり、喜びを分かち合ったりする。参加学生たちは、真剣に取り組む中で、自分自身が受け入れられたという承認の感覚を受け取っている。このように、WAVOCプロジェクトはこれまで行ってきたこと、それも全力で取り組んできたことという点で「力の感覚の源泉」である。

　WAVOCプロジェクトには、もう1つの意味づけがある。「力の感覚の源泉」という意味づけは、これまで行ってきたこと、それも全力で取り組んできたことという点で力の感覚の源泉となっているという意味づけであった。もう1つは、これから行っていくこと(就職活動や卒業後のキャリア)に関わると

表4-2　枠組①　WAVOCプロジェクトの意味づけ（発言数：20）

カテゴリーとその説明		発言例
力の感覚の源泉	個人としては、プロジェクトには大きなやりがいを感じ、その経験の中で視野を広げていくことができるので、充実感をもっている。また、メンバーとの人間関係のなかでは、関係をつくっていく力が鍛えられ、そこから承認の感覚を得ている。そして、全力で取り組む中で、日常の思考や行動や価値観の基盤が形づくられている。	● 朝までかかってまとめ上げたっていうのに、なんか、ま、自分が最も生きる場所でもあると思ったし、でその自分がこう生きたことで、このプロジェクトに大きく貢献できたと、かつ自分が受け入れられた、このプロジェクトに認められたっていう感覚がすごくあって。 ● すごいなんか、視野が広がったっていうのはあると思う。 ● 自分の活動してたりとか、考えてたりとかは、プロジェクトに[依拠して]いつも考えてたりするんだと思います。活動としては動いてないだけで。…ほんとこれなかったほんと私、大学生活いったい何してたんだろうって感じになりますよね。
方向づけの感覚の源泉	進路を考える際や就職活動の際に方向性を決める要因である。さらに、将来のビジョンを考える基盤ともなる。	プロジェクト入って、キャンプに行って、それでいろいろ、けっこう、そこで考えさせられた部分があって、結局司法試験をやめたっていうのがあるんですよね。
メンバーとの信頼関係の場所	出会いが豊富で、いろいろな人と広く、またメンバーたちと深く、人間関係をつくっていく場所である。そこでは、深い信頼関係をつくってきたし、その信頼関係は、承認の感覚を通じて自分にとっての居場所という安心感をもたらす。	● やっぱり、こう、自分が一番力を発揮できたり、こう、生きがい、やりがいを感じられるのって、何かこう自分が信じたところに向かって、一生懸命やってるときだったりとか、そこに信頼できる仲間がいるとか、そういう関係。 ● 人間関係をつくる上でも、やっぱり、すごく、価値があるものだと、思ってて。 ● ほんとにプロジェクトとかだと、自分の悩みだったり弱みだったりとかを曝け出してるんで、……チームワークというか信頼関係が。

(注) [　]は筆者補足を、…は省略を、……は沈黙をそれぞれ表す。以下同様。

いう点で、今後の大学生活についても人生についても、その方向性を定める際の拠りどころとなるという意味づけである。また、そうした展望を得るための拠りどころとなるという意味づけである。プロジェクト活動での具体的な経験は、自分自身の方向性を考えるときの拠りどころとなっている。こうすれば大丈夫という拠り所の見つけづらい不安定な現代社会にあって、学生

たちは全力で取り組むプロジェクト活動での経験を通じて自分たちの方向性を考えていく。このような意味において、WAVOCプロジェクトは「方向づけの感覚の源泉」である。

「力の感覚」と「方向づけの感覚」の両方の源泉となっているWAVOCプロジェクトは、「メンバーとの信頼関係の場所」でもある。WAVOCプロジェクトはメンバー共同で進めていくものであり、メンバー同士の関係を築く場所となっている。参加学生は多大な時間とエネルギーを費やして様々な活動を遂行し、それを達成する過程でメンバーとの信頼関係を築く。その過程では、真剣に全力でプロジェクトを進めようとするがゆえに、自分自身の悩みや弱みといったところまで互いにむき出しになることが少なくない。そして、学生たちは、その結果得られる信頼関係に立って、自分にとっての居場所がそこにあるという安心感を受け取る。このように、WAVOCプロジェクトは、参加学生にとって重要な活動であり、「力の感覚の源泉」「方向づけの感覚の源泉」であり、そして「メンバーとの信頼関係の場所」であるような活動の場、すなわち「実践コミュニティ」（Lave & Wenger 1991=1993）となっている。

そして、実践コミュニティとそこでの関係性が学生たちの自己アイデンティティ形成の基盤となっている。自己アイデンティティ形成は、社会的役割や適所といった対他関係と複数の自分自身の捉え方のような対自関係とが関わる（Erikson 1968）。学生たちは、プロジェクト活動の個々の役割によって、またはメンバー同士の関係性の中での役割によって、自分自身を捉えたり（自己定義・自己理解）、自分の居場所を確保したり、自分自身への承認を得たりしていく。それは同時に、他のメンバーを理解したり（他者定義・他者理解）、他のメンバーの役割を認めたり、他のメンバーを信頼・承認したりしていく過程である。実践コミュニティとその中核となるプロジェクト活動をともに進めながら、信頼と承認に基づいて自他の相互の関係を構築していき、自分自身のあり方を変容させつつその理解を深めていく。このような意味で、学生たちは実践コミュニティとそこでの関係性を基盤に自己アイデンティティ形成しているのである。

2) WAVOCプロジェクトと大学の授業との関係

続けて、学生たちがWAVOCプロジェクトと授業との関係をどう捉えているかを見ていく。そうすることで、WAVOCプロジェクトだけを見ていたのでは視野に入ってこなかったことが考察できるだろう。まず、「WAVOC優先型」は、WAVOCでの活動を授業よりも自分が成長できる場所として位置づけるものである。特に、低学年時にプロジェクトの活動に打ち込むため、授業よりもWAVOCプロジェクトでの活動を優先するという事態が生じるという発言が聞かれた。プロジェクトに多くの時間とエネルギーをつぎ込む

表4-3 枠組② WAVOCプロジェクトと大学の授業との関係（発言数：8）

	カテゴリーとその説明	発言例
WAVOC優先型	WAVOCプロジェクトを自分が成長できる場所として意味づけ、WAVOCプロジェクトを優先するという関係	やっぱ、自分がやってて成長するというか、一番主体的に取り組んでいることが、授業よりもサークル活動だったので、…単位取るためっていうのも結構あったし。自分が成長できるのは、サークルの方なのかなって。
同一水準型	WAVOCプロジェクトは、授業の延長上にあるととらえたり、WAVOCプロジェクトと授業を対照的にとらえたりするという関係	ボランティアって言いづらいんですよね。他のグループみたいに、ボランティアっぽかったら、ボランティアをしてるんだけどっていえるんですけど、完全に自分の勉強みたいになってるので。ちょっと、授業の延長みたいな。
コンフリクト型	どんな関係にするか模索したり、両立を課題としたりして、その関係づけに取り組む経験の中で、自分のスタンスを探究するという関係	● こっち［WAVOC］は心をきたえる感じで、こっち［授業（講義・ゼミなど）］は頭を鍛える感じ。こっちの理屈はこっちには通じないし、こっちの理屈はこっちには通じないなって思って。
		● 自分の中ではやっぱり、プロジェクト一色やったりするんですけども。…やっぱこっち［授業］も、すごい興味があって、これ［イスラーム］をやるために転部して、……だから、やっぱり、プロジェクトとそっちの勉強が両立できたら、っていうのが、自分の理想。
		● そこ今ちょっと、考えてるところなんですよね。うーん、難しいですよねー。うーん、なんか、他のロースクールを目指してる友だちはやっぱり、勉強一本。で、なにボランティアやってんのみたいな、雰囲気なので。

ということからも、授業との関係で見たときにWAVOCプロジェクトが優先されるというのは理解できることである。

他方、「同一水準型」は、「WAVOCプロジェクトは大学の授業の延長上である」という発言に見られるように、WAVOCプロジェクトと授業とを同一水準に並べるものである。もっとも、「同一水準型」の発言をした学生の場合でも、枠組①「WAVOCプロジェクトの意味づけ」において「やりがい」や「なくてはならない」旨の発言をしており、WAVOCプロジェクトを重要だと見なしている。しかし、そのことで授業がWAVOCよりも重要ではないという見方は取らないのである。先のWAVOCプロジェクトの意味づけにおいて見たように、学生にとってWAVOCプロジェクトは重要な活動の場である。したがって、授業との関係で見たとしても、基本的にWAVOCプロジェクトが重視されていると言えるだろう。

3つ目の「コンフリクト型」は、「WAVOC優先型」や「同一水準型」のように、WAVOCプロジェクトと授業との関係をうまく位置づけられない、あるいは両者をどう両立させるかということに葛藤（コンフリクト）を覚えている状態である。そこでのコンフリクトは、第一次・第二次と二重に生起していることがわかる。

第一次コンフリクトは、WAVOCプロジェクトの活動それ自体から生じるコンフリクトである。参加学生はプロジェクトに多大な時間とエネルギーを費やし、真剣に取り組んでいる。他の団体や関係者・当事者と関わるがゆえに社会的責任を伴い、プレッシャーも大きい。それだけに、プロジェクトの節目の達成感は大きい。しかし、そのようなプロジェクトであるからこそ、仲間たちとの人間関係をめぐって、プロジェクト上のタスクをめぐって、プロジェクト進行の方針をめぐって、ささいな態度や言動をめぐって、多種多様なコンフリクトが生じる。他の団体や関係者・当事者とかかわって進められるというプロジェクトの属性が相まって複雑さも増す。第一次コンフリクトは、このようなプロジェクトの活動それ自体から生じるコンフリクトである。

第二次コンフリクトは、WAVOCプロジェクトと授業との関係の調和状態が崩れて生起するコンフリクトである。例えば、WAVOCは心を鍛える

場所、授業は頭を鍛える場所といったように、両者が違う世界として感じられるような場合や、友達はロースクールを目指して勉強一本で頑張っているのに、自分はボランティアもやって何をやっているんだろうと感じられるような場合がそうである。いずれの場合も、WAVOCプロジェクトと授業の両者の活動それ自体の重要性を認めている。その意味で、このコンフリクトは、第一次コンフリクトのレベルで生じているコンフリクトではないが、異なる活動の関係性において生じているコンフリクトなのである。これが第二次コンフリクトである。このように、第二次コンフリクトは、それぞれの活動を調整し折り合いをつけることに関するコンフリクトである。この二重のコンフリクトは、一般の学生にとっても、様々な活動に取り組む大学生活の中で頻繁に生じうる。それも、授業外での活動にコミットすればするほど、そこでの学習の深化と比例して、第二次水準で調整が難しくなり、第二次コンフリクトが大きくなると考えられる。

　そして、この第一次と第二次の二重のコンフリクトもまた、学生の自己アイデンティティ形成と関わっている。枠組①、つまりWAVOCプロジェクトとの関係だけに目を向けると、その実践コミュニティに参加しながら、そこでの関係性を基盤に自己アイデンティティの感覚を形成している姿が見えてくる。確かに、第3章でも枠組①でも見たように、お互いの意見をぶつけ合いながら、学生たちは活動を進める。その意味で、WAVOCプロジェクトの活動に取り組む過程での自己アイデンティティ形成は、波風なく調和的に進められるというよりもコンフリクトがありながらも航行していく過程と言えるだろう。

　しかし、学生の大学生活全体もしくは人生という包括的な視野から眺めると、個々の活動におけるコンフリクトとは違って複数の活動の間の関係に関わるもう1つのコンフリクトが見えてくる。学生たちにとっては、活動内コンフリクトだけでなく活動間コンフリクトの調整という課題が立ち現われている。WAVOCプロジェクトという重要な活動の実践コミュニティを1つの足場とし、個別の活動内コンフリクトと活動間コンフリクトの調整に取り組んで、自己アイデンティティの感覚をそれぞれの水準で二重に形成していく。

自己アイデンティティは、それぞれの活動ごとの自分と、人生全体のパースペクティヴから活動の関係をやりくりする自分との間で対話しながら形成されるのである (Hermans & Kempen 1993=2006; Hermans et al. 1992; 河井 2011b; 溝上 2008)。第一次コンフリクトの水準では、活動に取り組む「私」と授業で学習に臨む「私」というそれぞれの私が、それぞれの活動でのコンフリクトに対処する。第二次コンフリクトの水準では、「私」は、どちらを優先させるかやどうやってバランスと相乗効果を生み出すかを考え、場合によっては衝突したり交渉したりすれ違ったりしながら、複数の活動の間の関係をやりくりする。このとき、第三者の目から論理的に見れば、個別活動の第一次水準よりも活動間関係の第二次水準が上位にあるように見える。第二次水準に座す「私」が、第一次水準の「私」たちを従えればよいように見える。そうすれば、問題は解決するように見える。しかし、実践の中では活動の間の関係を調整する「私」が絶対的な力を持つ統御者として振る舞えるわけではない。そもそもそのような統制力を持つのであれば、活動の間にコンフリクトが生じることなく人生を漕ぎ進めていけることになる。活動の間の関係を調整する「私」もまた、活動に取り組む「私」の声に押されたり引き寄せられたりする。いずれの「私」も発言力を持って対話のテーブルにつく。いずれの「私」も同時並置される (Hermans & Kempen 1993=2006)。このように、自己アイデンティティの感覚というのは、複数の「私」の声を響かせ合いながら対話的に形成されていると考えられる。

3) 大学の授業からWAVOCプロジェクトへの影響とWAVOCプロジェクトから大学の授業への影響

続けて、枠組③④(表4-4、4-5) の検討から、参加学生がWAVOCプロジェクトと授業での学習という異なる活動の間の関係を組織化している中で、2つの活動がお互いにどのように影響しているかを明らかにする。

参加学生はプロジェクトの様々な場面で、授業で得られた知識を活用する。そのような知識の活用には、WAVOCプロジェクトの持つ社会的責任と、新入生や学生の友人や活動で出会う社会人や関係者・当事者にその活動を説

表4-4　枠組③　大学の授業のプロジェクトへの影響（発言数：10）

カテゴリーとその説明		発言例
プロジェクトの進行や活動の中で知識を活用	授業での知識を、プロジェクトの中での考え方や活動のやり方といったところでプロジェクトの進行に活かす。プロジェクトのバックボーンとして、説明のリソースとして、理解のリソースとして、授業での知識を活用する。プロジェクトの活動の中で理解を深めるために授業での知識を活用する。	● ロジカルシンキングみたいな授業は、因果関係をどう作るかみたいなところで、けっこう参考になりましたね。
		● やっぱりそのプロジェクトのなかでも、結局そのゴミ問題の、影響を与えている一番大きい要因ってどれなんだろうとか…。知識というよりは、その知識をどううまくつかえるかっていう力っていうのはたぶんほんとにゼミで培ったもので。
		● 例えば…、［サッカーサークルの友人に活動のことを尋ねられた時に］、「え、わかんない」ってならないじゃないですか、そうすると。こういう歴史的な問題があって、で、実際こういう病気で、みたいな。でそういうところとかも、その、知識を、説明できるというか。それはやっぱり、これはやっぱ、活動している時にできなきゃダメだなって思ってることなんで。
		● プロジェクトをきっかけとしてジェンダー法をとったじゃないですか。で、それで学んで、いろいろシステムで、こうＤＶあった人はこうシェルター入って、保護観察処分になってどうのこうのっていうふうなシステムを［授業で］学んで、で、実際には、どうなっとるんやろなみたいなって感じで。

明していく必要性とから促されている側面がある。授業の知識が授業外の現実を解釈する絶対の規則として活用されるのではなく、知識と経験は相互に循環する関係をなして知識の実践的活用が行われる。例えば、実際のプロジェクトの中で、授業で得られた知識の助けを借りて活動を考えたり、活動の中で遭遇した出来事を理解しようとしたりする。知識は、それをどう活かすかという考え方とセットになって捉えられており、そうして実践と関わっていく。同時に、その知識自体がプロジェクトでの経験の中で省察の対象となる。このように、参加学生は授業で得られた知識をWAVOCプロジェクトの中で実践的に活用している。

表4-5　枠組④　WAVOCプロジェクトの大学の授業への影響（発言数：13）

カテゴリーとその説明		発言例
授業の選択	WAVOCプロジェクトを優先しながらも、プロジェクトに関連する授業を選択したり、プロジェクトと並行して興味を広げたり創り出したりするというようにプロジェクトの経験を授業に活かす。	● 授業の選択も、こ、このプロジェクトに関連したような、例えば、異文化間教育論とか、その、アジア文化論とか、そういうものをたくさんとって。
		● まあWAVOC入って、プロジェクトやって、ジェンダーっていうものにも気がついたので、それを法律的な視点から見たらどうなのかっていう。まあ、たぶん、プロジェクト入ってなかったらジェンダー法みたいなのはとらなかっただろうなっていうのはありますし、うん。
授業の中でのアカデミックスキル	プレゼンのやり方からWAVOCプロジェクトでの経験をもとに授業に省察的に取り組んだり、授業課題における問題意識をつくったり、そうした問題を発見・選択したりすることまで、広くアカデミックスキルを活用する。	● 授業とかで思うのは、具体的な話なっちゃいますけど、プレゼンが、プレゼンにすごい自信がある。
		● なんか、前はひたすら暗記して、暗記してみたいだったんですけど、なんか、この制度は、要はこういうことでしょみたいな、なんか、なんかちょっとバランス見ながら書けるようになったなって。
		● こっち［ゼミ］では平等の話とかをするんですよ。何が平等かとかそういうのディベートしたりするんですけど。…そういうときに、そう、なんか、自分はこう［WAVOCプロジェクトでの経験が］思い浮かぶわけじゃないですか。
		● えっと、やっぱりその、現地に三回渡航する中で、ムンバックっていう集落の抱えてるゴミ問題なんですけど、……その活動する中で、どうやったらその問題変わるのかなっていうことも考えるんですけど、そうしたときにやっぱり、社会的な構造の中でゴミ問題とらえてかないと、……政治経済との関係性っていうのが、すごく影響受けるんだなってのを肌で感じたことで、興味がわいていって、やっぱり社会的に、どうしていくかってことまで考えないと、問題の本質的なところは見えてこないのかな的なことを、なんとなく思いまして、やっぱりその政治とか経済の構造みたいな勉強したいなって思いました。

参加学生はまた、プロジェクト活動の経験を授業での学習に関わらせていく。1つは「授業の選択」への影響である。参加学生はプロジェクトを基軸にして、あるいはそれとの関係で「授業の選択」をしていくことがある。また、WAVOCプロジェクトを通じて興味が拡がったり、新たに興味が生まれたりして、その興味に関わる授業を取るということもある。参加学生は「授業の選択」という形で、プロジェクトでの経験を、授業での学習に関連づけている。実践コミュニティとしてのWAVOCプロジェクトに時間とエネルギーを注ぎ込む学生からすれば、プロジェクトを基軸として授業との関係を考えるということは合理的である。

もう1つは「授業の中でのアカデミックスキル」への影響である。参加学生は、問題のたて方、レポートの書き方やゼミ・演習でのプレゼンテーションの仕方など、いわゆるアカデミックスキルと呼ばれるものを、プロジェクトでの経験から身につけている。そのような一般的なアカデミックスキルを異なる具体的な状況で活用して、授業での問題を考えたり発言したりしている。さらに、プロジェクトでの経験から形成された興味関心は、ゼミでのテーマや卒業論文のテーマの選択といった授業での学習を全体的に統合するような問題意識を形成する可能性がある。実際、インタビューに協力してくれた学生の中には、その後、自分の活動と学部での専門の学習とを結びつけて卒業論文のテーマとしていった学生がいる。学生たちは、授業外での経験と学習をもとに講義・ゼミ・卒業論文といった授業での統合的学習に取り組んでいくことができる。

WAVOCプロジェクトでの活動と学習だけに研究範囲を限定してしまうと見えなくなることがある。それは、プロジェクトに参加する学生たちが、大学生活の中で、プロジェクト以外の活動、例えばアルバイトや他のサークルそして授業に時間とエネルギーを割いているということである。今回光を当てたのは、プロジェクトの活動と授業である。この2つの活動に参加学生はかかわっている。そうした大学生活を過ごす中で、参加学生は、WAVOCプロジェクトと授業を、双方向に往還しながら、それぞれの学習を架橋して両者の関係を組織化している。すなわち、一方で、授業で学習した知識をプ

ロジェクトや活動の様々な場面で実践的に活用し、他方で、興味の拡張や創出、問題意識の形成や省察など、授業外での活動における経験と学習を授業の選択や授業での学習に関係づけていたのである。

(2) 考察
1) WAVOCプロジェクトと授業外での学習
　WAVOC調査2009を通じて行った教育実践調査研究①から、WAVOCプロジェクト参加学生が、自主学習に時間を多く注ぎ、実際の読書冊数も多いという結果が得られた。教育実践調査研究②では、プレゼン活動に焦点化してパーソナルで省察的な経験の意味形成としての学習のあり方を明らかにしたものの、知識・概念についてのアカデミックな学習という側面は十分に明らかにされなかった。これに対して、WAVOCプロジェクト参加学生の学習ダイナミクスについて、インタビュー調査を通じて行った教育実践調査研究③から、相手や受け手がいるボランティア活動を続ける中で興味関心を抱いて学習していく場合や知る責任感や必要性を自覚して学習していく場合が確かに見出された。このように、WAVOCプロジェクトは、興味関心や知る責任感・必要性が生まれる場として、参加学生の授業外での学習を促し、自主学習や読書に時間とエネルギーを向けるようになっていると考えられる。

2) 実践コミュニティおよびラーニング・コミュニティとしてのWAVOCプロジェクト
　インタビュー結果から、WAVOCプロジェクトが、参加学生にとって、「力の感覚の源泉」であり「方向づけの感覚の源泉」であり、「メンバーとの信頼関係の場所」であるような実践コミュニティ（Lave & Wenger 1991=1993）であることが示された。さらに、このように学生仲間同士の間、教職員との間、活動での多様な他者との間に「かかわり」の機会がある点、そして活動とかかわりを通じてプロジェクト型学習や経験の意味形成や知識の習得といった学習が行われる点から、WAVOCプロジェクトをラーニング・コミュニティと特徴づけることもできる。
　第3章での結果や参加学生の報告から、WAVOCプロジェクトがリフレク

ションを深化させる場となっていることが示されている。WAVOCプロジェクトは、例えば、「現場での活動」を通じて容易に解決できない問題や現実に直面する中で、自分の価値観が揺り動かされ、自分たちの活動の意味や自分の価値観や既成概念を問いなおしていく場であった (岩井 2010; 金田 2010)。また、WAVOCプロジェクトには、活動を終えた後でも、プレゼンテーションの機会のように活動に関するリフレクションを深化させる機会がある。そこには、活動を共にした仲間、活動で出会い関わった人々、WAVOC教職員、その報告を聞いてくれる聴衆という他者とかかわりながら、活動において感じ考えたことと活動を離れてプレゼン活動の中で考えることとを結び合わせて重層的にリフレクションを深化させていく学生の姿があった。

　実践を共有する場としての実践コミュニティそして学習を共有する場としてのラーニング・コミュニティであるWAVOCプロジェクトにおいて、活動での出来事や経験の意味がより深く解釈されるようになる。そればかりでなく、自分たちの活動の意味を新たに発見することもできる。そしてまた、リフレクションに取り組む学生たちにとっては、そうした経験や自分たちの活動に加えてメンバー1人ひとりの役割や貢献について新たな発見をすることもできる。それはまた、自分自身のプロジェクトの中での役割や適所を発見することでもある。自分たちの経験を問うことにはじまって、自分たちの活動の意味を問うこと、メンバー1人ひとりの役割を発見すること、自分自身の役割やメンバー間のお互いの関係性について新たな発見をしていくこと、これらすべてが学生1人ひとりの自分自身についての意味形成としての自己アイデンティティ形成に結びつく。学生たちは、実践コミュニティそしてラーニング・コミュニティであるWAVOCプロジェクトに参加して活動に取り組む中で自己アイデンティティ形成し、他者との、仲間との、そして自分自身との関係を編みなおしているのである。

3) 学習ダイナミクスとしてのラーニング・ブリッジング

　これまでのWAVOC教育実践の説明では、WAVOCが提供する授業科目とプロジェクトの活動とが連動していることが特徴であるという説明の仕方

がされてきた (野嶋 2010; 早稲田大学平山郁夫記念ボランティアセンター編 2010)。インタビュー調査の結果、プロジェクト参加学生は、プロジェクトでの経験が広く授業の選択や授業での学習にも影響していること、すなわち WAVOC 提供科目に留まらず広く大学の授業での学習に影響を及ぼしていることが明らかになった。しかも、参加学生の学習ダイナミクスにおいて、WAVOC プロジェクトと大学の授業との関係は、プロジェクトから授業へまたは授業からプロジェクトへというどちらか一方向ではなく、双方向の関係をなしている。このように学生は、教育する側の提供するカリキュラムを越えていく。カリキュラム研究では、国家・行政機関による制度化されたカリキュラム、各機関で計画されるカリキュラム、教員(と学生との相互作用)によって実践されるカリキュラム、そして学生によって経験されるカリキュラムというカリキュラムの重層性を包括して「学習者に与えられる学習経験の総体」としてカリキュラムを考える必要が指摘されている (松下 2012a; 田中 2000)。カリキュラムの重層性は、計画・意図・実践されるカリキュラムから経験されるカリキュラムへと視点の移動を内に含みながら構成されている。本書でも、学生を「いかに学ばせ成長させるか」という視点と接続可能な学生が「いかに学び成長しているか／できるか」を観点として研究を進めてきた。その結果、授業外活動の実践コミュニティに参加し、そこで学習に取り組み、授業外と授業を移行・往還する中でその授業外での学習と授業での学習を結びつけて統合していく学習ダイナミクスが見出された。学生の学習ダイナミクスは、教育する側のもたらすカリキュラムに尽きるものではなく、むしろそのカリキュラムを活用して、そのカリキュラムを越えて、それ自体自立して展開しうることが明らかになったと言えよう。

　ここで、学習者が、授業外での活動と授業のように複数の異なる活動の間で移行・往還しながら、それぞれにおける学習を結合・統合していくことをラーニング・ブリッジングと名づけて概念化する (**図4-3**)[16]。

　それでは、いかにしてこの学習ダイナミクスが可能になっているのだろうか。まず、WAVOCプロジェクトという実践コミュニティが足場となることで、このラーニング・ブリッジングは成立している。WAVOCプロジェ

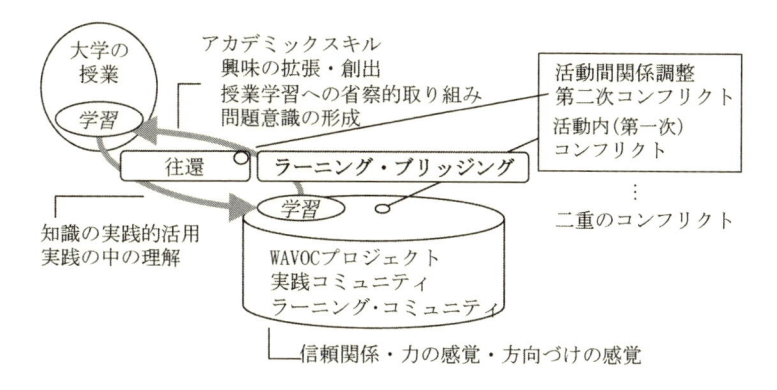

第4章 WAVOC教育実践に参加する学生の授業／授業外にわたる学習ダイナミクス　139

図4-2　参加学生の学習ダイナミクス

クトが足場となるのは、第1に、WAVOCプロジェクトの活動とそこでの仲間との人間関係が継続しているからである。第2に、WAVOCプロジェクトが、力の感覚や方向づけの源泉であり、相互承認関係を築くことができ、参加学生にとって重要な活動だからである。こうして、実践コミュニティとしてのWAVOCプロジェクトを足場に、授業との間を往還することができる。

　しかし、双方向に往還するだけでは、異なる状況の学習を結びつけて統合するラーニング・ブリッジングの成立には十分ではない。それぞれの状況で学習が行われていることが必要になる。単なる実践コミュニティではなく、そこでの活動に伴って学習が行われるような実践コミュニティ――ラーニング・コミュニティ――がラーニング・ブリッジングの足場となっているのである。例えば、多くの大学生が授業と授業外の境界を越え、日常的に授業と授業外を往還しているが、それだけで複数の異なる状況での学習を架橋・統合するラーニング・ブリッジングが生起するとは考えにくい。授業での学習だけでなく、WAVOCプロジェクトという授業外での活動を通じて学習を行うことから、複数の状況を移行・往還しながらそれぞれの学習を結合・統合するラーニング・ブリッジングにつながっていくことになる。

　このラーニング・ブリッジングは、WAVOCプロジェクトと授業という2つの活動の間の調和的な状況において実現しているのではない。この2つの活動の中にも間にもコンフリクトが生じるということがしばしばある。学生

たちは、複数の活動に同時並行して参加し、それぞれの活動で異なる活動で学習し、複数の活動での学習を統合しようとしていく。そうする中で、それぞれの活動ごとの「私」が形成される。それら複数の「私」が異種混交的に交差する中で対話的な自己アイデンティティ形成が行われていると考えられる。参加学生は、活動の中と間の二重のコンフリクトを調整していく中で、それぞれの活動ごとの「私」とそれに重ねてそれらを調整する「私」の間で対話的に自己アイデンティティの感覚を二重形成しながら、学習を進め、異なる学習を結びつけて統合しようとしていく。ラーニング・ブリッジングは、このような対話的な自己アイデンティティ形成を基礎プロセスとして進められると考えられる。

したがって、授業外での実践コミュニティに参加してそこを足場とすること、授業と授業外の双方で学習に取り組むこと、そして対話的な自己アイデンティティ形成プロセスを基礎プロセスとすることによって、授業と授業外を移行・往還しながらそれぞれの学習を結びつけて統合していくことがあわさって実践コミュニティに足場を置いたラーニング・ブリッジングという学習ダイナミクスが実現しているのである。

4) WAVOC教育実践と参加学生の学習ダイナミクスとしてのラーニング・ブリッジングとの関係

さらに、このラーニング・ブリッジングという学習ダイナミクスは、「現場での活動」と「他者とのかかわり」と「ふりかえり支援」を中心とするWAVOC教職員らの多層的支援によって支えられている。学生は、教育する側のもたらすカリキュラムを越えていけるが、そこには教育を担う人々とその実践による支援がある。学生は、そうした支援を踏み台にして学習を展開することができるのである。WAVOC教育実践と学生の学習ダイナミクスとしてのラーニング・ブリッジングとの関係を図4-3のようにまとめることができる。

まず、WAVOC教育実践による支援は、プロジェクトを(したがってブリッジングの足場となる実践コミュニティを)持続的に支えている。これによって、参

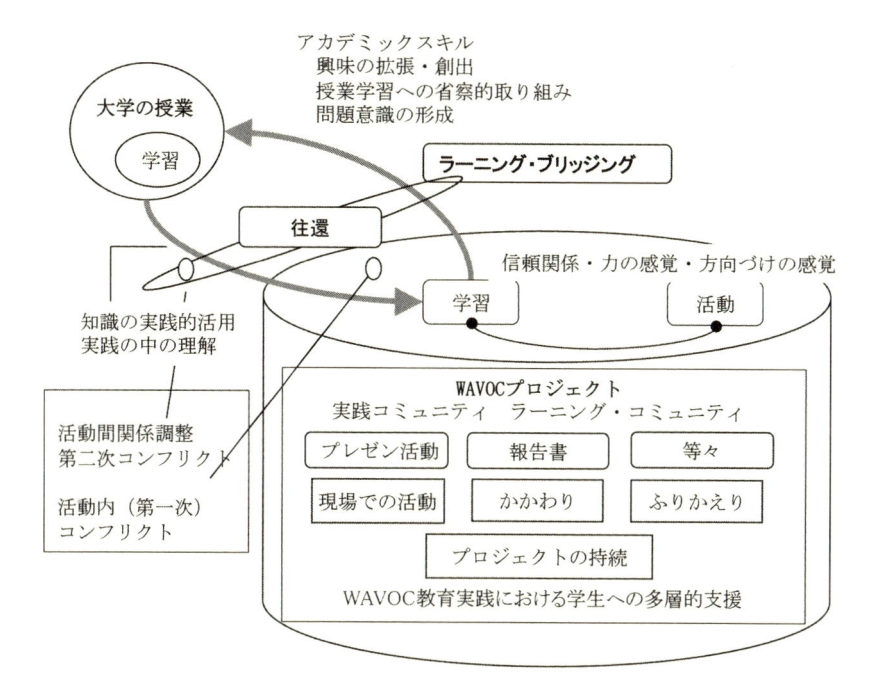

第4章　WAVOC教育実践に参加する学生の授業／授業外にわたる学習ダイナミクス　141

図4-3　WAVOC教育実践と参加学生の学習ダイナミクス

　加学生もまた、持続的に関わることができ、参加学生たち自身にとって重要な活動になっていくのである。こうしてプロジェクトが持続する中で、参加学生たちは、プロジェクトの「現場での活動」に継続的に関与し、現場での学習を重ねることができる。

　WAVOC教育実践はまた、参加学生の「他者とのかかわり」の機会を支援している。仲間・現地の人・当事者・実践家といった「他者とのかかわり」と現場での経験は、参加学生たちが知ることへの責任感や興味関心を抱き、専門知識へのアクセスやグループ学習といった授業外での学習の機会となると同時に、授業での知識を実践の中で吟味して実践の中の理解をつくっていく機会となる。知ることへの責任を果たそうとする探究は、現場での学習と仲間・現地の人・当事者・実践家との「かかわり」そして現場の現実の中で厳しく鍛えられることになる。何よりも、学生たちは、活動の熟達者・先行

者である教職員スタッフからの厳しいハードルやフィードバックに直面する。学生たちは、フィードバックの助けを受けると同時にハードルを越えていくことを要求される。さらにこうした実践の中で厳しく鍛えられた探究であるがゆえに、授業での学習を統合していく問題意識となりえる。こうした「かかわり」の中で、そして知ることへの責任感や興味関心を生み出しながら、知識の結合・統合を行い、参加学生はプロジェクトの活動を進めていくのである。

　そして、WAVOC教職員らの「ふりかえり支援」は、プレゼンテーションや報告書といった社会への発信の機会を提供し、参加学生が聞き手や読み手に伝わるように自分たちの実践や経験を吟味しなおす機会になる。「ふりかえり支援」は、現場での学習やミーティングにおいて教職員が学生に働きかけることでもある。こうした「ふりかえり」に重きを置くことで、メンバー個々人の「ふりかえり」を語り聴き考えていく中で学生同士お互いに働きかけるようになり、お互いに承認しあう信頼関係を築く点や、参加学生個々人の学習の仕方をより省察的なものにしていく点に波及効果を持つ(この点は、第2章で示唆されていた点である)。そうして形成されたプロジェクト全体の考えとしての「ふりかえり」はかかわった人たちや社会へ向けて発信していく内容となり、プロジェクトの次の活動を考える際の土台となる。また、その発信の届け先である社会についての問いを抱く機会でもある。参加学生はさらに、様々な人とのかかわりの中で、「ふりかえり」を通じてそれまでの経験や学習を吟味し、ラーニング・ブリッジングを通じて学習を発展させるきっかけを得たり、自己アイデンティティ形成そして人生形成の糧にしていったりすることができるのである。

　このようにWAVOC教育実践の「現場での活動」「他者とのかかわり」「ふりかえり支援」という3つの特徴は、たがいに関連しあいながら、学生への多層的支援として、WAVOCプロジェクト参加学生の「学びと成長」を後押ししていると考えられる。

註

14 このデータがWAVOCプロジェクトの参加学生を完全に代表するとは言えない。また今回の調査は、WAVOCプロジェクトに比較的適応している学生を対象としている。より包括的または多角的にWAVOCプロジェクトでの経験と学習を明らかにするには、1・2年生や今回回答してくれた学生の所属するプロジェクト以外のプロジェクトまで対象として研究を広げる必要がある。

15 カテゴリー分類の信頼性を検討するために、筆者と大学教育を専攻する大学院生2名とで、インタビュー・データのカテゴリー分類を独立して行った。大学院生2名には、分類に先立って表2と表3に示したそれぞれのカテゴリーの説明を行い、分類の練習を若干行った。筆者を含めた三人の分類の一致率を枠組ごとに計算した結果、85.0〜100.0%（平均90.8%）であった。また、κ係数は.78〜1.00（平均.85）であった。κ係数は.75以上である場合に、分類後のデータは十分に信頼のおけるものと判定される（遠藤 2004）。ゆえに、ここでのカテゴリーの信頼性は確かめられたと判断した。

16 ブリッジングという語を用いる理由は、異なる文脈の経験を結びつけて統合する際、多くの場合、ブリッジという語が用いられるからである。例えば、高等教育の経験学習であるサービス・ラーニング研究において、「リフレクション活動は、コミュニティ・サービス活動とコースの教育内容の間に橋（bridge）を提供する」（Bringle & Hatcher 1999: 180）といった表現を見出すことができる。他にも、概念変化の研究領域で、概念理解の達成を一足飛びに図ろうとするのではなく、複数のアナロジーを用いて理解を図っていくというような概念理解の方略がブリッジング・ストラテジーと呼ばれ、複数のアナロジーを用いることがブリッジング・アナロジーと呼ばれる（Clement 2008）。また、社会科学に視野を広げるならば、R.D.Putnam（2000=2006）が社会関係資本の研究において分析概念として用いたボンディング・キャピタルとブリッジング・キャピタルという名づけ方が見られる。なおPutnamは、これらの名づけ方の功績をGittel & Vidal（1992）に帰属している。ここでは、それらの研究に見られる用例との意味内容上のつながりや関係性から名づけたというよりは、高等教育だけでなく社会学・政治学を含む社会科学において、離れていて異なる対象を結びつけるという事態を表現する際に慣例的に広く用いられているという理由からブリッジングという名称を採用した。付言するならば、現代社会と個人にとって、分断・断片化された関係性をつなぐまたはつなぎなおすことの意義や必要性は決して小さくないと考えられる。本書は、学習者の構成的活動としてのラーニング・ブリッジングに焦点化するものの、それと現代社会の構造変容との間の関連を問う研究は今後必要になると考えられる。

第5章　ラーニング・ブリッジングの理論的位置づけ

　第2章から第4章にかけて、教育実践に根ざした学生の授業／授業外にわたる学習ダイナミクスを研究する狙いから、早稲田大学平山郁夫記念ボランティアセンター（WAVOC）の教育実践を対象とする調査研究を展開してきた。その中で、質問紙調査とインタビュー調査を組み合わせて学生の実態の把握を進めてきた。また、その実態の把握に基づいて、学生の授業外での活動の経験や学習と授業での学習との間の関係という学習ダイナミクスに関して、ラーニング・ブリッジングという概念化を行った。

　第2章では、WAVOC自身による説明やWAVOCについての研究から、WAVOC教育実践の特徴を探った。その結果、「現場での活動」「他者とのかかわり」「ふりかえり支援」がWAVOC教育実践の特徴として見出された。この特徴は、授業外で展開されるWAVOCプロジェクトにおいて顕著であることも見出された。続けて、質問紙調査を通じて、全国の学生や非参加学生との対比からWAVOCプロジェクト参加学生の学習の実態を検討した。WAVOCプロジェクト参加学生は、授業外での学習によく取り組むことが明らかになった。さらに、彼らの授業での学習のあり方に関しても波及効果が示唆された。すなわち、WAVOC参加学生において、プロジェクトでの活動と授業外での学習の結びつきとそれらの授業での学習への結びつきが示唆された（図2-12）。

　第3章では、WAVOCが主催するプレゼン・コンテストに参加した学生を対象にインタビュー調査を行った。その結果、プレゼン活動が、「現場での活動」「他者とのかかわり」「ふりかえり支援」というWAVOC教育実践の特徴を結びつけて、ボランティア活動についての異なる状況でのリフレクショ

ンの機会となっていることが見出された。プレゼン活動は、学生がプロジェクト活動と学習活動を結びつける機会の1つとして、構造的なリフレクションの機会であった。その中で、学生たちは、異なる状況と異なるリフレクションを関連させながらリフレクションを重層的に深化させ、それを通してパーソナルで省察的な意味形成としての学習を深めていると考えられた。

　第4章では、WAVOCプロジェクト活動に参加する学生を対象に、授業での学習と授業外での活動における経験と学習とその間の関係を尋ねるインタビュー調査を行った。その結果、一方で、授業で学習した知識を授業外のプロジェクト活動の様々な場面で実践的に活用し、他方で、興味の拡張や創出、問題意識の形成や省察など、授業外での経験や学習を授業での学習に関係づけるという学習ダイナミクスを組織していることが明らかになった。そこで、授業と授業外のような複数の異なる状況の間を移行・往還しながら、両者を結びつけて統合することをラーニング・ブリッジングとして概念化した。そして、この実践コミュニティに足場を置いたラーニング・ブリッジングは、対話的な自己アイデンティティ形成プロセスを基礎としていると考えられた。最後に、WAVOCプロジェクト参加学生の授業外での活動における経験と学習との結びつき、それらと授業での学習との間の関係、そしてラーニング・ブリッジングはいずれも、WAVOC教育実践の特徴である「現場での活動」「他者とのかかわり」「ふりかえり支援」によって支えられていることも明らかになった。

　本章では、まず、これまでに練り上げられてきた概念化であるラーニング・ブリッジングの意味を掘り下げて理解する。そのために、実践の中の調査結果に基づく概念化をより広い概念のネットワークの中に位置づける。第1節では、第1章ですでに触れた学習研究の流れとその後のさらなる展開を再構成し、ラーニング・ブリッジングに関わる諸概念の広いネットワークの布置を明らかにしていく。その上で、第2節で、ラーニング・ブリッジングがそのネットワークとどのように関連し、その中でどのように位置づけられるかを明らかにする。あわせて、次章以降の調査研究の検討と考察を実りあるものにするために、具体的な調査項目に落とし込んでいく。

第1節　学習研究の流れと展開の再構成

　本節で、ラーニング・ブリッジングを学習研究の中に位置づけていく。まず(1)で、第1章でも触れた学習研究の流れを眺め直しておく。次に(2)で、学習研究のその後の展開を整理していく。

(1) 学習研究における3つのパースペクティヴの共存と拡張

　第1章第4節では、学習についての研究が、行動主義・認知科学・状況論のパースペクティヴの共存に到達したことを見てきた。この共存に至る過程は、学習研究の拡張の過程でもあった。学習研究の流れを拡張という視点から眺め直すことから始める。

　まず、刺激と反応の連合を研究する行動主義に対して、認知科学は、認知過程の研究へと学習研究を拡張した。認知科学に基づく学習研究は、メタ認知への着目にも見られるように、認知過程そして学習者とその構成的活動へと視野を広げていった。認知科学に基づく学習研究では、学習者は、知識の受動的な容器ではなく、知識と概念の能動的な構築主体として捉えられたのである。

　さらに、行動主義と認知科学のパースペクティヴに対して、状況論は個人と状況との相互作用の研究へと学習研究を拡張した。能動的な知識の構築主体である学習者はまた、状況とそこにおけるリソースやツールと相互作用しながら学習を進める。そこでの学習は、状況において可能になる一方で状況によって制約されているものとして研究が進められる。学習者は、特定の状況のもとで、無制約に振る舞えるわけではなく、相互作用の網の目のもとに置かれているのである。

　このような拡張を通じて、学習についての関係論的認識が構築されていった。学習者と世界が相互依存していること、それらと学習者の活動と認知もまた相互依存していること、さらにはそこでの意味も絡まり合っていることというような関係論的相互依存の認識が実践の理論からもたらされた。学習は、実践において知識が構成され、状況と学習者と知識が関係し合う中で進

められていると考えられるようになった。

　学習者を軸に据えるとすれば、ここには3つの関係がある。まず、学習者と学習の対象である学習内容との関係である。次に、学習者とその置かれている状況および他者との関係である。最後に、学習者とその学習者自身との関係である。例えば、次の学習についての規定もこの3つの関係と対応している。「『学び』とは、モノ（対象世界）との出会いと対話による〈世界づくり〉と、他者との出会いと対話による〈仲間づくり〉と、自分自身との出会いと対話による〈自分づくり〉とが三位一体となって遂行される『意味と関係の編み直し』の過程である」（佐藤2000: 56-7）。こうした学習の規定も、学習についての関係論的認識の流れに位置づけて理解することができる。学習研究は、対象・学習者・状況といった概念との関連を含むように拡張していきながら、行動主義・認知科学・状況論の3つのパースペクティヴの共存に至るとともに、学習についての関係論的認識に到達したのである。

(2) 学習研究の展開3つの関心

　学習についての研究は、3つのパースペクティヴの共存に至って歩みを止めるなどということはない。学習についての研究は、その後、さらなる展開を続けていく。学習についての研究のその後の展開を辿る必要がある。とはいえ、その後の展開の全てをつぶさに見ていくことは困難である。そこで、先の学習者と状況との関係、学習者と対象との関係、学習者自身との関係という3つの関係を着眼点として、その後の学習についての研究の展開を辿っていくことにしよう。

1) 状況としての実践コミュニティへの関心

　まず学習者と状況との関係においては、状況としての実践コミュニティへの研究関心が集まっていった。状況としての実践コミュニティへの関心は、第1章第4節で既に概観した通り、学習についての研究に広がっていった（例えば、Bielaczyc & Collins 1999; Brown & Campione 1996; Scardamalia & Bereiter 1994, 2003, 2006）。実践コミュニティというアイデアは、学習環境のデザインや教

育実践の推進にとっての原則となっていった (Bransford et al. 1999=2002)。

　他方で、実践コミュニティというアイデアについての批判や問題点の指摘も現れる。第1に、新しい知識の創出を扱えないという批判がある。Fullerら (2005) は、実践コミュニティの概念がティーチングの営みを見えなくしてしまうことと実践コミュニティに何がもたらされるのかが問われないことが実践コミュニティ概念のもつ難点だとしている。Edwards (2005) もまた、実践コミュニティにおける正統的周辺参加は何を学習するのかまた新しいことの学習がいかにして可能なのかを明らかにしないことを指摘している。こうした指摘は、状況としての実践コミュニティだけでなく、そこでの学習の対象となる知識を扱っていく必要性を示している。

　第2に、実践コミュニティの複数性と実践コミュニティそれ自体の変化を扱えていないという問題点が指摘されている (Barton & Tusting eds. 2005; Tuomi-Grown & Engeström 2003)。実践コミュニティは、徒弟制に引き寄せて考えられている。徒弟制は、ただ1つのコミュニティへの全人格的関与が要求される状況である。その状況では、参加者が特定のポジションに固着して特定の状況にしか適応できない過剰適応に陥るという危険性があり、全人格的関与が容易に全人格的な支配や依存につながる (福島 2001, 2010a, 2010b)。そもそも、現代社会において、学習者の参加していく実践コミュニティはただ1つ単独で存在しているのではなく、またばらばらで断片的に存在しているのでもなく、複数互いに関連しながらネットワークをなして存在している (Adler & Heckscher 2006; Cohen 1994; Delanty 2003=2006)。そして、実践コミュニティは変化することなく永続する存在ではない。メンバーシップに基づく活動・参集を通じて、実践コミュニティは制定・構成される (Cohen 1985=2005, 1994)。人々は、複数の実践コミュニティに属しながら、ネットワークによってつながることで新しい協働の形や知識を生み出していくのである (Brown & Duguid 1991, 2000)。

　転移について新しい観点から取り組む研究からも、複数の状況の関連を考慮する必要性が指摘されている。Marton (2006) は、転移と学習を考える上で、状況の諸関係、すなわち複数の状況の間の類似性と差異を考慮する必要

があると指摘している。状況論以前のパースペクティヴでは、転移に関する状況は実験者が定義すると想定されていたが、状況論パースペクティヴでは学習者による状況の定義が考慮される。さらに敷衍するならば、学習者が行う構成的活動へと視野が広がったと言えるだろう。また、Engle (2006) は、Brownが主導したFCLプロジェクトの事例を状況論の観点から再検討する中で、オープンで進行する諸活動との関連で学習状況を捉える必要性を指摘している。これは、時間・空間が定まっていて、目的・参加者・役割などが固定的で境界づけられているような状況の捉え方とは異なる。オープンで進行中の諸活動との関連で捉えられる状況では、時間・空間的に柔軟で、参加自由で、目的や役割は交渉可能なものとなっている。オープンで進行中の諸活動のもとでの状況は、他の活動の状況と互いに関わって考えられている。学習者が活動に取り組む状況は、その状況だけでなく関連する状況との関係を考慮する必要があると考えられるようになった。こうして、関連しあう複数の状況の下での学習についての研究が求められている。以上のような第2の問題点の指摘は、複数の状況としての実践コミュニティの間の関係を視野に入れて学習について研究することを求めていると理解できる。

さらに第3に、活動理論アプローチから状況としての実践コミュニティに関わる研究が進められ、新たな知見が加えられている。活動理論では、個人的行為よりも集団的活動に照準を合わせて研究する (山住 2004; 茂呂ほか編 2012)。Y. Engeströmらは、複数の実践コミュニティ (例えば、職場と職業教育機関) に目を向け、その間の関係性や実践コミュニティ自体の変化について研究を進めている。例えば、ヘルシンキの医療センターにおける介入実践では、1つのチームにおける実験的試みから集団ベースのケアに集中するチームワークのあり方を生み出し、組織が階層的官僚制からチームのネットワークに基づく協働的コミュニティへと変容することに成功したと報告している。これらの研究で、コミュニティとコミュニティの間の不連続性には――厄介な性質を表すことが多いが――組織学習やイノベーションの機会が潜んでいることを明らかにしていった (Engeström & Sannio 2010)。集団的活動に照準する活動理論は、複数の実践コミュニティが境界横断を通じて協働関係が創

発的に再編成されたり、組織改革や組織学習によって実践コミュニティが変容したり、課題の再定式化や解決手段が創出されたりすることを明らかにしている (Engeström 1993 2000a, 2000b, 2001, 2007; Engeström & Kerosuo 2007; Tuomi-Gröhn & Engeström eds. 2003; Guile & Griffiths 2001; 佐伯他 1996; 山住・エンゲストローム 2008; Young 2001)。このように集団的活動に関して、集合的次元から研究知見が蓄積されている。こうした集合的次元での変化は個人的次元の変化と結びつき、相補的な関係にあることも明らかにされている (Cole & Engeström 2007)。個人的次元だけでなく集合的次元からも学習についての研究が進められているし、今後も進められねばならない。

したがって、状況としての実践コミュニティに関する研究の流れは、学習についての研究として、第1に、状況としての実践コミュニティとそこでの学習の対象としての知識を扱う研究を求めている。第2に、複数の状況の間の関係そして複数の実践コミュニティの間の関係を視野に入れてそこでの学習を扱う研究を求めている。さらに第3に、学習についての研究は、相補的な関係にある集合的次元と個人的次元の両方から追求する必要があることも明らかになった。

2) 学習の対象に関する研究関心

学習についての研究は、「人はいかに学ぶか」(Bransford et al. 1999=2002) だけでなく「人は何を学ぶか」(Pappert 2006) にも取り組む必要があり、学習の対象である学習内容への関心を育んでいる。例えば、転移研究において、何が転移するのかについての研究が進められている。従来認知科学が焦点化していた知識や手続きや抽象的な原則のような認知に関わること以外にも、転移の対象が探究されている (Engle et al. 2012)。その結果、例えば、知覚に根ざした原則 (Goldstone & Wilemsky 2008)、談話実践 (Engle 2006)、学習方略 (Engle et al. 2011)、身体化されたエピソード的感情 (Nemirovsky 2011) などが転移することが新しく見出されていった。このような何がどのように転移するのかという関心もまた、学習者の構成的活動への関心の広がりとして理解できる。

さらに、何が学習されるのかという学習の対象についての研究は、概念に

関する研究として蓄積と発展を見せている。学習についての研究を広く見てみると、L.S. Vygotsky (1987) 以来、日常的概念と科学的概念の関係を動的に把握する必要性が強調されている (Engeström 1987=1999; Guile 2006)。さらに、パースペクティヴの拡張に伴い、コード化された認知的な知識だけでなく、状況に埋め込まれた知識が検討されねばならない点も指摘されている (Guile & Young 2003)。

概念についてのより集中的な研究は、概念の学習または変化についての研究である (村山 2011; Vosniadou ed. 2008, 2013; 湯澤 2003, 2011; 湯澤・稲垣編 2011)。その研究は、科学史・科学哲学研究における T. Kuhn (1962=1971) の科学理論における変動を説明しようとしたパラダイム・シフトの研究を契機として発展を見せている (Vosniadou ed. 2008, 2013)。そこでは、科学の理論的枠組みが変更された際には、概念の意味するところが変化し、以前の枠組みのもとにある概念とは共約不可能な関係になるという説明が与えられた。ただし、共約不可能性は全般的なものではなくローカルなものであるとされた。これを受けて、S. Carey (1985) は、子どもの認知発達の文脈における概念変化を研究した。認知発達の文脈における概念変化は、概念上の分化と新しい存在論的カテゴリーの創造からなることが明らかになった (Carey 1992; Chi 1992; Chi et al. 1994; Thagard 1988)。また、Posner ら (1982) は科学教育の観点から、子どもたちが新しい概念を学習する際にどのような困難に直面するのかを問うて概念変化を研究した。そこから、Kuhn のアイデアと J. Piaget の同化と適応の考え方を結びつけて、科学教育において概念変化が生じる前の4つの前提条件を導き出した：既存の概念表象に対する不調和があること、理解できる新しい概念表象があること、その新しい概念表象が妥当である（ように現われる）こと、その新しい概念表象が有益なプログラムの可能性を示唆すること。概念変化についての研究では、科学における理論の変化と学生の理論枠組みの変化とをアナロジーで捉える。そこで有効とされる教授方略は、学生の認知葛藤を引き起こすというものであった。

このような認知科学パースペクティヴに基づく概念変化についての研究に対して、状況論パースペクティヴから疑義が呈される。概念が変化するプ

ロセスは、単に個人的・内的・認知的プロセスというよりも社会文化的世界における状況に埋め込まれた活動と理解する必要がある (Caravita & Hallden 1994; Hatano ed. 1994; 波多野・稲垣 2006)。概念変化を研究する上では、個人内表象だけでなく情動要因や動機づけ要因にも着目する必要がある (Pintrich et al. 1993; Dole & Sinatra 1998)。また、教授方略として認知葛藤を強調したところでその葛藤を表層的に学生が解決して深い理解に至らないという問題が見られた (Chinn & Brewer 1993; Smith et al. 1994; 田島 2010, 2011)。こうした状況に対して、S. Vosniadou (2003, 2007) は、概念変化は、領域全般に及ぶというよりは領域特殊的に限定されたものであり、誤った概念を正すことよりも素人文化と日常経験に根ざした強固なナイーヴ・直観的・領域特殊的理論を変え、多角的な視点から物事を見ていくようにすることに教授上の努力を向ける必要があると指摘している[17]。このような概念変化についての研究が、認知科学や状況論と平行して、理論的・実践的に発展を見せていった (Vosniadou ed. 2008, 2013)。

概念変化についての研究はまた、認知科学パースペクティヴと状況論パースペクティヴを架橋すると考えられている (Mason 2007)。認知科学パースペクティヴは、学校教育での知識が日常生活にうまく転移しないことを説明できない。状況論パースペクティヴは転移が生じることそれ自体をうまく説明できない。これに対して、概念変化についてのフレームワーク理論アプローチは、転移には非対称があると見る (Vosniadou 2007)。すなわち、学校で学ぶ理論的概念は日常生活に転移しにくいが、日常的概念は暗黙のうちに容易く学校での学習に入り込む——そして、科学的理論へ概念が変化するプロセスと相互作用する。また、他者との社会的相互作用をはじめ状況における諸相互作用によって、概念のあり方あるいは概念間の結びつきは変わりうる。学習者において概念変化が生じるプロセスは、学習者が実践へ参加する中で他者と相互作用することや実践コミュニティが変化することと相互に関連しているのである (Vosniadou 2007; Vosniadou et al. 2008)。

認知科学パースペクティヴに状況論パースペクティヴが加わることで、概念の学習と変化そしてそれらと実践コミュニティとの関連についての関心

が深まっていった (Hall & Greeno 2008)。例えば、概念の学習は個人が実践コミュニティに参加することを通して行われる点や概念の変化はコミュニティの中で生じ、コミュニティもまた変化する点に関心が向けられた。また、概念がコミュニティの境界を越えて移動する際に概念の学習および変化が生じる点、概念は情報や手続きではなく複雑なシステムとして学習者に生成的に用いられる点、そしてその意味で学習者には概念の意味を領有・適用・修正するエージェンシーがある点に注意が払われるようになった。学習者の働きかけすなわち構成的活動によって、概念が形成・活用・維持・変化すると考えられるようになったのである。

　他方で、学習の対象としての学習内容もまた、探究的学習プロセスを成り立たせる重要な要素として捉えられる (Engeström 1994＝2010)。概念は、学習の対象として働きかけられるだけでなく、構成された概念は次なる学習に作用して方向づける。さらに、概念の変化は、学習者のみならず学習者の置かれている状況そして実践コミュニティの変化へと還流していく。概念は、人間の活動の中に埋め込まれ、活動を超えて用いられ、概念の形成・活用・維持・変化は実践の拡張として理解することができる (Engeström & Sannnino 2010)。

　したがって、第1に、学習の対象への関心の下、概念の形成・活用・維持・変化についての研究が進められている。また、第2に、概念の変化が、学習者そして実践の変容または拡張と関連していく様態についての研究が進められ、また求められていることも明らかになった。

3) 学習者自身への研究関心

　最後に、学習者自身への研究関心に目を向ける。学習者への関心は、先の学習者と状況との関係への関心および学習者と学習の対象との関係への関心という2つの関心を結びあわせる関心でもある。状況としての実践コミュニティと学習の対象としての知識・概念の両方に結びつきを有しているのが学習者だからである。学習の対象との関係と状況との関係から、学習者自身への3つの関心を括りだすことができる。すなわち、1つ目は、学習の対象と

の関係から、学習の対象である知識や概念に働きかける学習者の構成的活動への関心である。そして2つ目は、学習の状況への関心から、学習者が複数の状況の間を移行することへの関心である。3つ目は、学習者自身が学習を通じてどう変化するかという学習者のアイデンティティ形成に関する関心である。

　まずは、学習者の構成的活動への関心を辿っていく。学習についての研究、中でも、転移についての研究では、単に転移が生じたかどうかよりも転移がなぜどのように生じるのかへと関心が深まっている (Engle et al. 2012; Goldstone & Day 2012)。学習と転移の状況は、実験者が一方的・一義的に決めることができるわけではない。同様に、転移を達成できたかどうかは、実験者または熟達者の視点から一方的・一義的に決めることができるわけではない。そこでさらに考慮する必要があることは、その状況に置かれて課題に取り組む学習者が状況をどのように定義しているか、また課題に取り組む中で学習者にとっての意味がどのように生み出されるかということである。学習者自身の視点——行為者志向パースペクティヴ——を取り込むことで、逆に、学習についての個人主義的研究を脱することができる (Lobato 2003, 2006, 2012)。学習者の視点や構成的活動は、学習者の心理や身体だけでなくその埋め込まれている社会文化的状況が関わってくるからである。学習に取り組む学習者の視点から学習者の構成的活動について研究していくことが求められている。

　こうした大きな流れの中で、学習科学や転移研究において、学習者の構成的活動について具体的に特定していく研究が進められている。例えば、Bransford ら (Bransford et al. 1999=2002; Bransford & Schwartz 1999; Schwartz & Bransford 1998; Schwartz & Martin 2004) は、以前の学習が直後のパフォーマンスに転移するかどうかを問う分断された問題解決としての転移ではなく、将来の学習のための準備 (Preparation for Future Learning) として転移の捉え方を拡張した。彼らは、将来の学習のための準備という見方によって、手続き的知識や概念的知識よりも解釈的知識に光を当てて、知識の分化や学習者の評価能力の変化を研究していった。

　また、既に触れた、Marton (2006) は、状況と状況との間における類似性

と差異という関係性が転移可能性を規定すると考察し、ある状況での学習が別の状況で学習者のすることやできることにどう影響するかを研究する必要があると指摘した。BrownのFCLプロジェクトを分析したEngle (2006; Engle et al. 2012) は、転移が生じるのは、学習エピソードが状況との関係で枠組化 (Framing) される時、そしてより大きい進行中の活動の一部として学習者が不可欠な参加者となるよう文脈が枠組化される時であることを見出した。同様に、学習者が、自分が学習したことを生産的に一般化しようとして文脈を枠組化しようとすることも見出した。Ellis (2007) は、Marton (2006) やLobato (2006) の研究を踏まえて、転移をある状況で学んだ知識の新しい状況への応用ではなく、学習の般化と捉えた。そしてそこから、関連づける、探し求める、拡げるという3つの般化アクションと、特定化あるいは陳述、定義、影響という3つの般化リフレクションからなる般化についてのタキソノミーを作り出した。GoldstoneとWilensky (2008; Goldstone & Day 2012) は、知識を複雑システムと見ることで、文脈に根ざしていることと般化可能であることとが両立することを論じていった。

このように、学習者の構成的活動への関心からは、学習者の視点から学習者の構成的活動についての研究が積み重ねられ、いくつかの概念化が提起されて研究が進められている。こうした努力は、学習者が状況と対象に働きかけているという理論的想定に基づいた概念化だと理解することができる。状況論パースペクティヴの契機となり、学習についての関係論的認識へと道筋をつけたLaveは、それ以前の学習研究について次のような欠点を指摘していた。

> 能動的に社会の中で行為する者が、特定の時間と空間のなかで、生活している場としての、また同時に形作る対象としての世界に反省的、再帰的に働きかけているという理論を練り上げていくための、理論的装置を持っていないように思われる (Lave 1988=1995: 12)。

LaveがWengerとともに提起した、実践コミュニティという概念化もそこ

への正統的周辺参加という概念化も、学習者が状況と対象へ再帰的に働きかけているという理論に向けた理論的装置だと理解できるだろう。さらに、正統的周辺参加が学習者と状況との関係性に照準した概念化であるとすれば、ここで見てきた構成的活動に関わる概念化は、学習者と対象との関係性に照準した概念化であると特徴づけられるだろう。

したがって、学習者の構成的活動についての関心では、学習者が状況と対象に再帰的に働きかけているという理論に向けた理論的装置として構成的活動の概念化を豊かにしていることが明らかになった。

続けて、学習者が複数の状況の間を移行することへの関心を辿っていく。ただ1つの実践コミュニティに閉じた学習ではなく、複数の異なる状況の間を移行していくという日常生活でのありふれた事態を研究していく必要がある（高木 2001）。複数の実践コミュニティに参加してその間を移行していく中で、学習者は、互いに葛藤をはらんだ社会的相互作用の文脈という多文脈性のもとに置かれている（Engeström et al. 1995）。移行する学習者という発想のもとでは、学習者は、多文脈性のもとで、多元的な課題に取り組む。そして、学習者の熟達に関して、1つの軸に関して垂直的に熟達するというよりは、複数の軸のもとで水平的に熟達していくという捉え方が生まれた（Tuomi-Gröhn & Engeström 2003）。

さらに、移行に着目した上で、移行についての類型化を生み出す研究が進められた（Beach 1995, 1999, 2003=2004; 香川 2008）。Beach（2003 = 2004: 74-80）は、個人の移行とそれに伴う状況の変化と個人の変化の連動の全体を必然的移行と概念化し、側方移行・包含移行・媒介移行・相互移行の4つの類型を提示した。側方移行は、「1つの方向へ向いた歴史的に関係がある2つの活動間を個人が移動するときに起こる」。例えば、Lave と Wenger（1991）の研究において側方移行が見出される。それは、アルコール依存症者が、アルコール依存症者の集いの活動に参加しながら、飲酒や依存症について解釈し、自らを断酒中のアルコール依存症者あるいは無飲酒者へとアイデンティティを変化させていく過程である。包含移行は、「それ自体が変化していく1つの社会的活動の境界内で起こる」。Engeström がヘルシンキでの病院や小学校や産

業プラントをフィールドとして明らかにしている活動システムの拡張的学習が包含移行にあたるとされる。また、媒介移行は、「まだ十分に経験されていない活動への参加を見積もり模擬するような教育的活動内で起こる」。媒介移行は、リベリアの仕立て屋で徒弟が正統的周辺参加していく過程（Lave 1988=1995）やBrownらのFCLプロジェクトで相互教授を通じて書き方を学んでいく過程に見出される。側方移行・包含移行・媒介移行が1つの方向の移行に焦点化するのに対し、「歴史的に関係のある2つ以上の活動に個人が比較的同時に参加する」相互移行は2つ以上の活動への複数の方向の移行に目を向ける。Beachは、相互移行の例として、家庭と学校を移動する子供の宿題を対象にした研究や、成人教室に参加して学校と仕事場に並行的に参加していく小売店主を対象にした研究、ファーストフードレストランでアルバイトに取り組む高校生についての研究などを挙げている。また、学習者と環境および状況とが相互依存関係にあることを認める学習生態学的アプローチから、学校の外での学習がどのように学校の中での学習と関連しているか、そして学校での学習がどのように学校の外での学習につながっているかを研究する中で扱われている移行も相互移行にあたるだろう（Barron 2004, 2006）。

　学習者が複数の状況の間を移行することについての関心では、移行のあり方によって学習が異なることに着目して移行の類型が整理されている。そこでは、1つの方向への移行に目を向けるか双方向の移行に目を向けるかが基本的な区別として見出された。

　最後に、学習者自身が学習を通じてどう変化するかという学習者のアイデンティティに関する関心を概観する。状況としての実践コミュニティへの参加を正統的周辺参加と捉えたLaveとWengerは、その参加を通じて学習者のアイデンティティが変化していくことを指摘していた。

　　　これら諸関係の体系は、社会的共同体から生まれ、またその中で再生産され発展させられるのだが、それらの一部は人間同士の関係の体系である。人間はこれらの関係によって定義づけられると同時に、これらの関係を定義づける。かくして学習は、これらの関係の体系によって可能

になるものに関しては、別の人格になるということを意味している。学習のこの側面を無視すると、学習がアイデンティティの形成を含んでいることを見逃すことになる。

　学習を正統的周辺参加と見ることは、学習がたんに成員性の条件であるだけでなく、それ自体、成員性の発展的形態であることを意味する。私たちはアイデンティティというものを、人間と、実践共同体における場所およびそれへの参加との、長期にわたる生きた関係であると考える。かくして、アイデンティティ、知るということ、および社会的成員性は、互いに他を規定するものになる (Lave & Wenger 1991=1993: 29-30)。

既に指摘した通り、学習者は、日常生活で複数の異なる状況を移動していく。Beachは、個人の移行とそれに伴う状況の変化と個人の変化の連動全体を意味する必然的移行が学習者のアイデンティティの変化に関連すると指摘していた。

　必然的移行はアイデンティティの変化を伴う。すなわち、知識増殖とともに、自分が何者であるのかという感覚、社会的立場、新しい何者かになっていく感覚に変化が起こる。だから個人や組織は必然的移行を強く意識し、時には、それらがなぜどのように起こるかについて、公然と議論されたアジェンダを持つこともある。したがって移行は、その個人にとっては進歩を含むものとなり、本来的に発達的なものとして理解される (Beach 2003=2004: 75)。

学習者は、複数の状況に参加してその間を移行して学習する中で、アイデンティティを変化させていく (Crafter & de Abreu 2010; Holland et al. 1998; Shaffer & Resnick 1999; Wenger 1998)。したがって、学習者自身についての関心では、学習の基盤となるプロセスとしてアイデンティティ形成が学習研究の対象となっている。

第2節　さらなる調査研究に向けて
　　　——ラーニング・ブリッジングの理論的位置づけと調査項目設計

(1) ラーニング・ブリッジングの理論的位置づけ

　ここまで、学習研究のさらなる展開を概観し、学習についての研究と理論に目を向けてきた。本節で、以上のような学習についての研究の中に、ラーニング・ブリッジングを位置づける作業を行う。まず、研究の対象からラーニング・ブリッジングの特徴を押さえる。ラーニング・ブリッジングは、大学教育の文脈で概念化された点が特徴である。これまで見てきたような学習についての研究では、学習者の移行や構成的活動と関連した研究が進められている。そのような研究の多くは、初等・中等教育での研究(Barron 2006など)や職場学習での研究(荒木 2007, 2009; Illeris 2009, 2011; 中原 2010など)または組織改革についての研究(Engeström 2011)として進められている。他方で、複数の状況としての実践コミュニティの間を移行する学習者に関して、大学教育の文脈で行われたものあるいは大学教育研究として取り組まれているものはほとんど見当たらない。

　続けて、これまで見てきた学習についての研究関心との関連からラーニング・ブリッジングを位置づけていく(図5-1)。

　外枠から考えると、学習についての研究は、個人の学習者に関心を向ける個人的次元に目を向けるか集団的活動に関心を向ける集合的次元に目を向けるかという区別によって大別される。大学教育の文脈で集合的次元から学習について研究する場合、カリキュラム改革とそれに伴う協議・交渉を通じて学部の組織文化がどう変わっていったかといった問いや教員・職員・学生の協働によるプロジェクトの活動を通じて三者の関係とそれぞれの役割そしてキャンパス・カルチャー全体がどう変わっていったかといった問いなどを考えることができる。このような集合的次元からのアプローチに対して、ラーニング・ブリッジングはあくまで学習者という個人的次元から考えられている。個人的次元と集合的次元は相互に排他的なものではなく相補的なものであり(Cole & Engeström 2007)、ラーニング・ブリッジングも集合的次元の

第5章　ラーニング・ブリッジングの理論的位置づけ　161

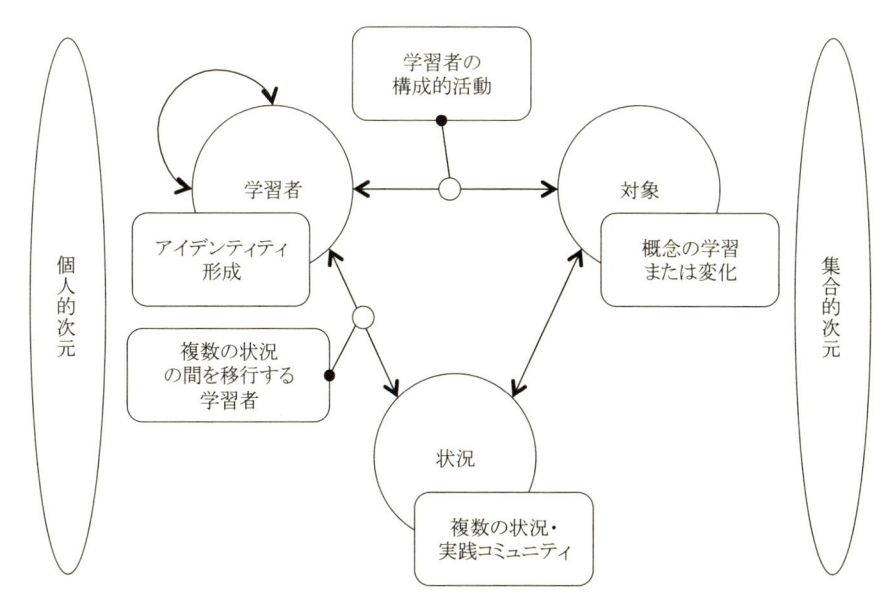

図5-1　学習についての研究関心の布置と広がり

問題と結びつけることも可能である。ただし、本書の研究では、先に挙げたような、集合的次元の問題を直接対象とするのではなく、学習者個人の学習をあくまで問題にし、集合的次元の問題に関しては示唆を探るに留まる。

　学習についての研究の外枠から内に目を転じると、学習の対象・学習の状況・学習者という3つの焦点がある。そのそれぞれに集中的に取り組む研究の関心があることを見てきた。学習の対象に関しては、概念の学習または変化についての研究があった。学習の状況に関しては、実践コミュニティそして複数の実践コミュニティの間の関係に関する研究があった。そして学習者は、3つの焦点の結び目として関心が向けられている。ラーニング・ブリッジングは、複数の実践コミュニティの間の関係や概念の学習または変化といった学習の状況または対象というよりは、それらを結び合わせた学習者に焦点化して概念化されている。

　学習者についての研究では、学習者と学習の対象との関係性、学習者と学習の状況との関係性、学習者と学習者自身との関係性にそれぞれ関心が向け

られていた。学習者と学習の対象との関係性においては、学習の対象への働きかけとしての構成的活動への関心がある。学習者と学習の状況との関係性においては、複数の状況の間を移行して学習する学習者への関心がある。学習者自身との関係性においては、学習者の変容としてのアイデンティティ形成への関心があった。こうして、学習をめぐる3つの焦点の間の関係性への関心から、学習者の構成的活動と移行とアイデンティティ形成を研究関心として括り出すことができる。

前節では、移行に関する研究や構成的活動に関する研究を見てきた。それらの研究は、移行もしくは構成的活動のどちらか一方だけに焦点化することが多い。そして、これらの研究は、学習者が構成的活動に取り組むことと移行することが結びついていることを想定してはいる。しかしながら、その結びつきのあり方について十分に問うているわけではない。言い換えると、学習者は、複数の状況の間を移行しながらどのように学習するのかを十分に問うているわけではなかった。これに対して、ラーニング・ブリッジングは、複数の状況としての実践コミュニティに参加し、それぞれで学習に取り組み、異なる活動や状況の間を移行・往還しながら、それぞれにおける学習を結びつけて統合することと概念化されている。ラーニング・ブリッジングは、移行とそれに基づく構成的活動とがともに含まれ、かつ結びつけられた概念化であると言える。

大学教育研究としてのみならず学習についての研究としても、移行とそれに基づく構成的活動を結びつけた点がラーニング・ブリッジングの独自の点である。確かに、見方によっては、移行それ自体がリフレクションの深化や知識や概念の変化といった学習に直結することもある。例えば、授業で理性的な知識や技術を学んでいたが、効率性を重視する現場での実習で戸惑ったり、実践者と衝突したりしながら、リフレクションを深化させていくことがある (香川 2007, 2012)。また、見方によっては、移行が組織変化の重要な要因の1つとなりうる。例えば、異なる実践コミュニティに課題や概念を持ち込んだり、異なる実践コミュニティとの間を結びつける道具を開発したりして、創発的な協働やネットワークを生み出すということがある (Engeström &

Sannino 2010 など)。

　しかしながら、大学教育の文脈で、授業外と授業の間の移行それ自体が、学習者個人のリフレクションの深化や概念形成に必然的につながる、あるいは組織やネットワークの集合的変化や創発に必然的につながると想定するには無理がある。実際、授業外と授業とを移行するだけで必然的に深い学習が生まれたり、創造的な集合的変化が生じたりすると想定することは現実離れしているだろう。先の実習の事例でも、リフレクションを構造化する機会があって、自分の経験や知識を問うてそれらへ働きかける構成的活動があるから、リフレクションが深まると考えられる。複数の異なる状況の間の移行・往還に加えて、学習者が自らの知識や概念に働きかけるような構成的活動を通じてはじめて、深いリフレクションや学習が生じてくると考えられる。この点で、移行と構成的活動を分けて考える必要がある。その上で、移行に基づく構成的活動を考えることが必要である。したがって、このような移行に基づく構成的活動への関心は、異なった脈絡で積み重ねられてきた学習についての研究の1つの合流地点と言える[18]。

　さらに、アイデンティティ形成に関する研究も見てきた。そこでは、実践コミュニティへの参加やそれらの間の移行を通じてアイデンティティ形成が行われることを指摘していた。これに対して、本書の研究では、移行とそれに基づく構成的活動としてのラーニング・ブリッジングの基礎プロセスとして自己アイデンティティ形成プロセスが見出されてきた。すなわち、大学生活において複数の活動に同時に関わっている中、それぞれの活動ごとの「私」たちと活動の間を調整する「私」たちが対話しながら自己アイデンティティを二重に形成していく。対話的な自己アイデンティティ形成を基礎プロセスとして、複数の状況を移行しながらその活動ごとの「私」との関わりを持って知識や技能が活用され、ラーニング・ブリッジするのである。対話的な自己アイデンティティ形成は、基礎プロセスとして、移行に基づく構成的活動としての学習に作用している。ラーニング・ブリッジングは、このような意味で、アイデンティティ形成とも合流している1つの地点であると言える。

　したがって、ラーニング・ブリッジングは、大学教育の文脈で、対話的

に自己アイデンティティ形成する学習者に焦点化した概念である。さらに、ラーニング・ブリッジングは、それによって移行とそれに基づく構成的活動とを結びつけた概念であり、学習研究の合流地点の1つに位置づけられるのである。以上の関連を可能な範囲で考察に活かしながら進めていきたい。

(2) 実践コミュニティとラーニング・ブリッジングについての調査項目設計

これまでの大学生調査研究では大学生活をどう過ごすかという個人的な観点から学生をタイプ分けして、それを軸に分析していく研究が見られる(溝上 2009b)。これに対して本研究では、複数の状況としての実践コミュニティへ参加し、異なる状況の活動の間を移行・往還しながら、それぞれにおける学習を結びつけて統合するというラーニング・ブリッジングの概念に着目して学生をグループ分けしていく。

そのために、「実践コミュニティへの参加とラーニング・ブリッジング」項目を作成する。まず、学生が授業外での活動の実践コミュニティに参加しているかどうかを尋ねる。次に、それらの実践コミュニティの中で学習に取り組むような実践コミュニティがあるかどうかを尋ねる。ここで、学習に取り組むことが無いならば、授業外と授業という異なる状況を移行・往還したところで、学習の統合としてのラーニング・ブリッジングが十分な効果を発揮するとは考えがたい。第4章でも言及したように、実践コミュニティまたラーニング・コミュニティとそこで取り組む学習は、ラーニング・ブリッジングの足場となると考えられる。授業外で学習活動に取り組み、授業と授業外との間を移行・往還しているとしても、必ずしも授業での学習に結びつけて統合しているとは限らない。そこで最後に、その授業外での学習を授業での学習に結びつけているかどうかを尋ね、移行と構成的活動をあわせる形でラーニング・ブリッジングを問う。

この項目によって、授業外での活動の実践コミュニティへの参加の有無、学習活動を行う授業外実践コミュニティへの参加の有無、学習活動を行う授業外実践コミュニティに参加して授業外での学習と授業での学習を架橋するラーニング・ブリッジングの有無という3点から学生をグループ分けする。

具体的には、まず、「普段一緒に活動するサークルやアルバイト、授業外活動などの〈授業外の〉コミュニティ」に参加しているかどうかをまず尋ねた上で、参加しているコミュニティのうち、「仲間と学習活動をおこなうコミュニティ」があるかどうかを尋ねる。

これによって、サークルクラブ活動やボランティア活動といった授業外活動の実践コミュニティに参加しない学生（グループ1）と、そうした実践コミュニティに参加するものの学習活動を行う実践コミュニティには参加しない学生（グループ2）、そして学習活動を行う授業外実践コミュニティに参加する学生に区別することができる。

さらに、学習活動を行う授業外実践コミュニティに参加する学生グループに対して、「授業の外で学んだことを、授業で活かす」経験について、「よくある」「ときどきある」「あまりない」「まったくない」の4件法で評定を求める。学習活動を行う授業外実践コミュニティに参加するが授業での学習にラーニング・ブリッジしていない学生（グループ3：「あまりない」「まったくない」と回答）と、学習活動を行う授業外実践コミュニティに参加し、そこでの授業外学習を授業での学習に架橋するというラーニング・ブリッジしている学生（グループ4：「ときどきある」「よくある」と回答）を区別することができる。

第6章と第7章では、この「実践コミュニティとラーニング・ブリッジング」項目を用いて、学生の学習についての大学生調査研究を行う（図5-2）。まず第6章で、教育実践に根ざした形で「実践コミュニティとラーニング・ブリッジング」を具体的に検討するために、WAVOC教育実践を対象とする教

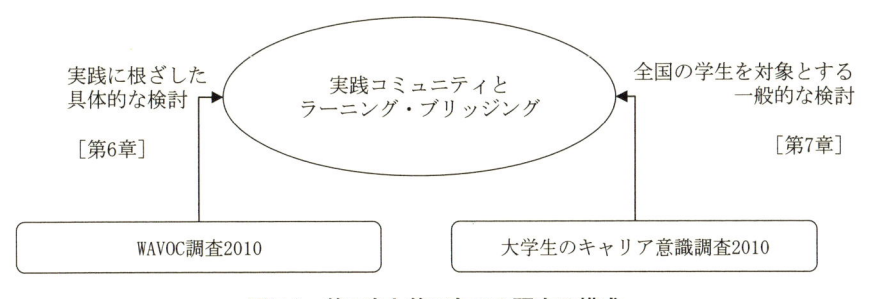

図5-2　第6章と第7章での研究の構成

育実践調査「WAVOC調査2010」を通じて研究を行う。その上で第7章では、全国の大学生を対象とする「大学生のキャリア意識調査2010」の分析を通じて「実践コミュニティとラーニング・ブリッジング」を一般的に検討する。

註

17　なお、Vosniadouのフレームワーク理論は、概念変化の領域における包括的な枠組みを提供しているものの、実証研究において批判と反論が見られ論証状況にある (中島 2011)。
18　なお、集合的次元の変化を研究する上でも、学習者の構成的活動のようなエージェンシーを考慮することの重要性が指摘されている (Engeström 2011)。

第6章　WAVOC教育実践における実践コミュニティとそこに足場を置いたラーニング・ブリッジング——教育実践調査研究④

　第6章と第7章では、これまでの章で進めてきた実態の把握と可能性の追求を踏まえ、そこで概念化されたラーニング・ブリッジングについて検討する。ラーニング・ブリッジングは、これまでの教育実践調査研究の実態の把握に基づいた概念化であり、かつ学習研究の概念のネットワークに位置づけられた概念化である。ラーニング・ブリッジングは、実態の把握に基づいているとはいえ、あくまでそこから考えられた概念化であり、それ自体で実態に即した共通認識を形成するわけではない。そこで、今度は、このラーニング・ブリッジングを分析の中心に据えて、学生の学びと成長の実態の把握を行う。それにより、学生が「いかに学び成長しているか／できるか」という実践的観点から、もう一歩踏み込んで学生の「学びと成長」について考えていきたい。実態の把握と概念化のような可能性の追求とは両輪として組み合わされることで、そのそれぞれを推し進めることができる。そこで、第6章WAVOC教育実践調査研究④では、再びWAVOC教育実践に立ち返って、教育実践調査「WAVOC調査2010」の分析を進める。

第1節　WAVOC教育実践調査研究④：目的と方法

(1) 目的
　WAVOC教育実践調査研究④では、「実践コミュニティとラーニング・ブリッジング」の学生の「学びと成長」に対する役割と実践との関連を明らかにすることを目的とする。そのためにまず、「実践コミュニティとラーニング・ブリッジング」項目を用いて回答学生をグループ分けする。その上で、第2

章やこれまでの大学生調査研究で用いられてきた「大学生活の過ごし方」および「知識・技能の習得」を用いて、グループごとの比較を行う。この比較を通じて各グループの特徴を明らかにするとともに、「実践コミュニティとラーニング・ブリッジング」の学生の「学びと成長」に対する役割を考察する。そして、「実践コミュニティとラーニング・ブリッジング」がWAVOC教育実践とどのように関連しているかについて考察を行う。

(2) 方法

1) 調査の概要

WAVOC提供の授業科目の受講生186名およびWAVOCボランティア・プロジェクト参加者245名の合計431名を対象に2010年6月中旬〜7月上旬に質問紙調査を実施した。なお、学年別の参加学生は、1年生34名、2年生74名、3年生77名、4年生49名、その他・欠損値8名で、非参加学生は、1年生40名、2年生58名、3年生57名、4年生27名、その他・欠損値4名であった。以下の検討では、全体の結果を歪める可能性を考慮して、その他・欠損値を分析から除外した。

2) 調査項目

「実践コミュニティへの参加とラーニング・ブリッジング」項目として、3つの質問を行った。それらは、「普段一緒に活動するサークルやアルバイト、授業外活動などの〈授業外の〉コミュニティに参加しているかどうか」「仲間と学習活動をおこなうコミュニティがあるか」「授業の外で学んだことを、授業で活かす」かどうかであり、これをグループ分けに用いる。これに加え、以下の質問を設けた。なお、「大学生活の過ごし方」と「知識・技能の習得」はともに、先行研究（溝上2009b; 山田編2009; 山田・森2010）で重視された項目である。

① 大学生活の過ごし方　溝上(2009)を使用した。授業、授業外学習、自主学習、読書、マンガ・雑誌、クラブサークル、アルバイト、同性・異性の友人とのつきあい、テレビ、ゲームなど17項目（**表6-2**参照）であり、それぞ

れに対して、1週間に費やす時間数を"(1) 全然ない""(2) 1時間未満""(3) 1～2時間""(4) 3～5時間""(5) 6～10時間""(6) 11～15時間""(7) 16～20時間""(8) 21時間以上"の8段階評定で回答を求めた。

②知識・技能の習得　WAVOCの教育目標の7項目を加え、溝上（2009）を使用した。専門知識、一般教養、思考力、コミュニケーション能力、情報収集能力など25項目から構成され、各項目に対して、授業で身についたか、授業外で身についたか、それぞれについて尋ねた（計64項目：図6-2, 図6-3参照）。評定は"(1) 全く身につかなかった"～"(4) かなり身についた"の4件法とした。

第2節　WAVOC教育実践調査研究④：結果と考察

(1) 結果

1) グループの作成

まず、「実践コミュニティへの参加とラーニング・ブリッジング」項目によりグループ分けを行った。結果は、表6-1の通りであった。グループ1は、授業外で実践コミュニティに参加していない学生のグループである。グループ2は、授業外で実践コミュニティに参加しているがそこで学習は行わない学生のグループである。グループ3は、授業外で実践コミュニティに参加し

表6-1　「授業外実践コミュニティとラーニング・ブリッジング」による グループ分け結果

	グループ1	グループ2	グループ3	グループ4
度数 (%)	50 (11.8)	184 (43.5)	68 (16.1)	121 (28.6)
授業外実践コミュニティ	×	○	○	○
授業外学習活動の実践コミュニティ		×	○	○
ラーニング・ブリッジング			×	○

てそこで学習を行うが、その学習と授業での学習とを結びつけてはいない学生のグループである。グループ4は、授業外の実践コミュニティに参加し、そこでの学習を授業での学習と結びつけている学生のグループである。

2) 各グループの比較

　続けて、各グループの特徴を明らかにするために、大学生活の過ごし方と知識・技能の習得の結果を検討していく。

　まず、大学生活との関係を検討する。大学生活の過ごし方項目に対して第1章第3節で触れた先行研究と同様に1週間に費やす時間数を因子分析（主因子法, Promax回転）し、解釈可能な3因子を抽出した（表6-2参照）。それぞれの因子は、全国調査に基づく研究や先行研究（京都大学FD検討研究員会2013; 溝上2009b）とほぼ同じ分類と項目構成であったので、同じ因子構造と判断し、「自主学習」「対人関係・課外活動」「ひとりの娯楽活動」に時間を費やしているか否か、と名づけた。以下、因子得点を算出して分析を行った。

表6-2　大学生活の過ごし方の因子分析結果（WAVOC調査2010）

	因子1	因子2	因子3
勉強のための本（新書や専門書など）を読む	.772	.053	-.005
授業とは関係のない勉強を自主的にする	.670	.055	-.168
新聞を読む	.441	-.174	.290
同性の友達と交際する	-.032	.624	.112
コンパや懇親会などに参加する	.028	.556	.054
クラブ・サークル活動をする	.024	.480	-.072
マンガや雑誌を読む	.039	.046	.568
ゲーム（ゲーム機・コンピュータゲーム・オンラインゲーム）をする	-.082	-.068	.503
テレビをみている	-.053	.068	.384
インターネットサーフィンをする	.042	.082	.325
固有値	2.151	1.628	1.369
因子寄与	1.300	1.104	1.106
因子間相関	—		
	.111	—	
	.187	.280	—

第6章　WAVOC教育実践における実践コミュニティとそこに足場を置いたラーニング・ブリッジング　171

```
[図: グループ別の大学生活の過ごし方の棒グラフ
縦軸: -.40 ~ .30
凡例: 自主学習／ひとりの娯楽活動／対人関係・課外活動
グループ1, グループ2, グループ3, グループ4]
```

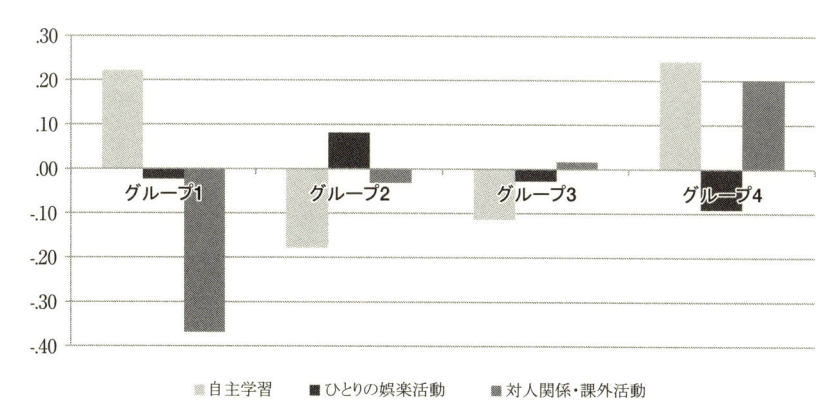

図6-1　グループ別の大学生活の過ごし方

　大学生活に関する3因子の因子得点を従属変数として、各グループの一要因分散分析した結果をまとめたものを**図6-1**に示す。結果、「自主学習」と「対人関係・課外活動」において有意差が見られ（$F(3, 387) = 7.282, p<.001; F(3, 387) = 6.271, p<.001$）、「ひとりの娯楽活動」において有意差が見られなかった（$F(3, 387) = 1.196, n.s.$）。多重比較の結果、「自主学習」に関しては、グループ4がグループ3とグループ2よりも有意に得点が高く、グループ1がグループ2よりも得点が有意に高かった。また、「対人関係・課外活動」に関しては、グループ1が他の3グループよりも有意に得点が低かった。

　続けて、授業と授業外で知識・技能が身についたかを尋ねた結果が**図6-2**と**6-3**である。まず、授業で身についた知識・技能について見てみると、第2章で検討したWAVOC調査2009と同じく平均値が3.0を超える項目は見られない。多くが、1と4の中間の値（2.50）付近にある。各グループについて見てみると、多くの項目でグループ3の得点が低く、グループ4の得点が高い。特に、専門分野で研究するための基礎的な学力と技術や分析を通しての批判的思考力のようなアカデミックな知識・スキルに関して、他の3グループが中間の値を超えているところでグループ3がその値を下回っている。また、文章表現の能力やプレゼンテーションの能力といった汎用的技能においても同様であった。

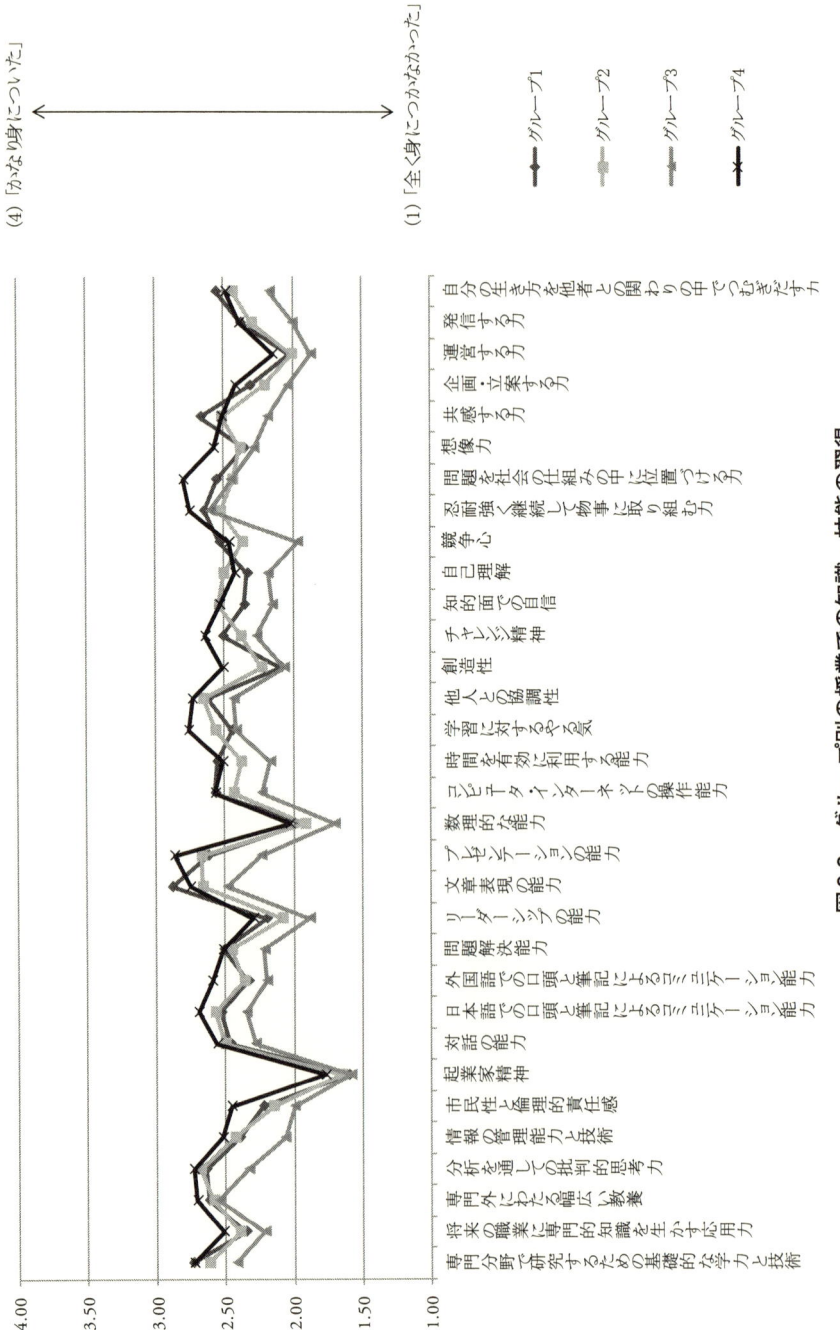

図6-2 グループ別の授業での知識・技能の習得

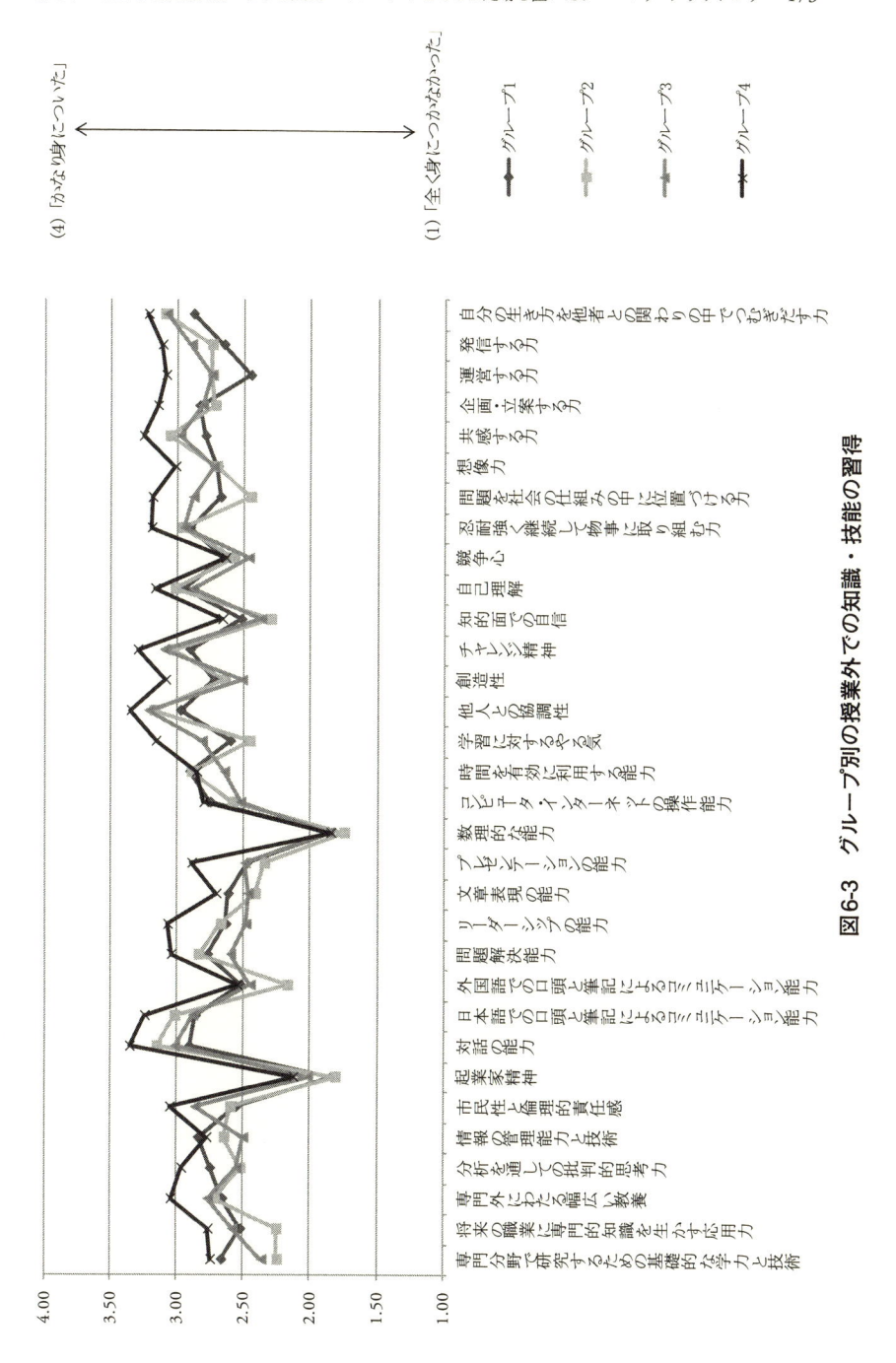

第6章　WAVOC教育実践における実践コミュニティとそこに足場を置いたラーニング・ブリッジング　173

図6-3　グループ別の授業外での知識・技能の習得

次に、授業外で身につけた知識・技能を見てみると、多くの項目で中間の値を超え、グループによっては平均値が3.0を超える項目も少なからず見られる。各グループについて見てみると、総じて、グループ4の得点が高い。特に、対話の力・コミュニケーション能力・問題解決能力・リーダーシップ・協調性・想像性・チャレンジ精神といったプロジェクト活動に関わる汎用的技能に関わる得点が高い。グループ4は、専門外にわたる幅広い教養や分析を通しての批判的思考力を授業外でも身につけていっている実感がある。また、学習に対するやる気や自己理解といった態度面での成長の実感も見られる。なお、授業を通じての知識・技能の得点が低かったグループ3であるが、グループ4に及ばないものの、授業外での知識・技能の習得を実感している様子が見られる。また、対話の力や他人との協調性といった広い対人関係の経験を基礎とする項目では、グループ1の得点が相対的に低く出ている。最後に、WAVOCの教育目標に関わる項目では、全体として、ほとんどの項目で全グループが中間の値を超えており、高い得点となっていた。特に、グループ3とグループ4は全てにおいて中間の値を超え、グループ4は3.0を超えるという結果であった。

　最後に、各グループとWAVOCプロジェクトへの参加学生と非参加学

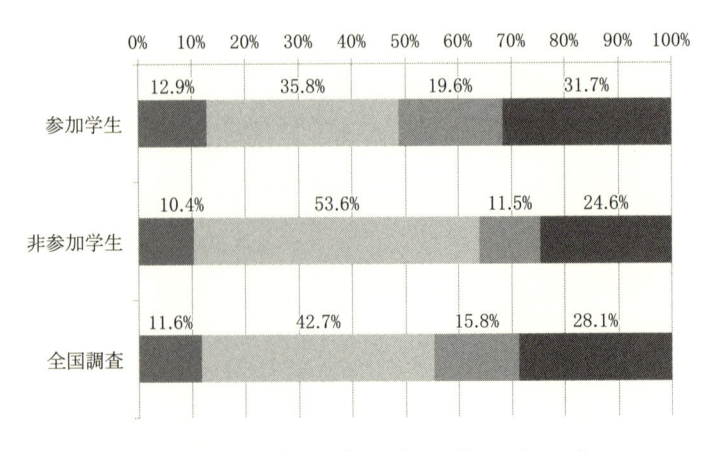

図6-4　参加学生と非参加学生ごとのグループの割合

生との関係を検討する。WAVOCプロジェクト参加学生と非参加学生ごとにクロス集計しグループの割合を示した(図6-4)。また、参考にするために、次章で取り上げる全国調査の結果から、「実践コミュニティとラーニング・ブリッジング」の各グループの比率を示した。参加学生と非参加学生に対する χ^2 検定の結果、有意差が見られ ($\chi^2 (3) = 14.122, p<.01$)、残差分析の結果、有意に多くみられたセルは非参加学生のグループ2と参加学生のグループ3であった[19]。全国調査の結果と比べると、非参加学生はグループ2が多いのに対し、参加学生はグループ3とグループ4が多かった。

3) 各グループの特徴

(1)の分析結果より、各グループの特徴をまとめる。まず、授業外の実践コミュニティに所属していないグループ1は、他の3グループと比べ、大学生活で「対人関係・課外活動」に時間を費やすことの少ないグループである。「自主学習」の時間や授業での知識・技能の習得および授業外での知識・技能の習得という点では、グループ4と大きく変わらない。このことから、授業外で集団行動をすることが少ないものの学業にコミットしているグループと考えられる。

次に、授業外での実践コミュニティに参加しているが、そこで学習を行うわけではないグループ2は、大学生活因子「自主学習」がグループ4と比べて有意に低く、全体で見て最も低い。このことから、グループ2は、大学生活において、授業外で学習に時間を割くことが少なく、学習にあまり重きを置かない学生グループと考えられる。統計的に有意ではなかったものの、大学生活因子「ひとりの娯楽活動」が他のグループと比べて高いこともこの推測を支えている。

そして、授業外の実践コミュニティに参加しながら学習に取り組むものの、授業外での学習活動と授業での学習との架橋というラーニング・ブリッジングをしていないグループ3は、「自主学習」の点でグループ4よりも低く、グループ2と差が無い。同様に、授業外の知識・技能の得点は低くないものの、グループ4と比べると、授業と授業外の双方における知識・技能の習得には

結びつけられていない。そして、他のグループに比べ、授業での知識・技能の習得の実感が低かった。グループ3は、授業外での学習に取り組むものの、まだそれを学習の発展や自らの成長に結びつけられていないグループであると考えられる。

　最後に、グループ4は、学習を行う授業外での実践コミュニティに参加し、そこでの授業外学習を授業での学習に架橋するというラーニング・ブリッジしているグループである。大学生活因子「自主学習」がグループ2とグループ3より高く、大学生活の中で学習に重きを置かないグループ2とは対照を示す。しかし、グループ2が学習を重視せず、遊びに向かうと考えられたが、グループ4が遊びに時間を割いていないわけではない。有意差は無いものの、大学生活因子「対人関係・課外活動」の得点はグループ2よりも高い。ここから、グループ4は、学習と遊びをバランスよく行うグループであると考えられる。また、グループ4は、授業外でのプロジェクト活動に関わる汎用的技能の項目の得点はグループ2とグループ3よりも高く、授業でのアカデミックな知識・技能に関する項目の得点はグループ3よりも得点が高く、授業外での対人関係を基礎とする項目の得点はグループ1よりも高い。このことから、グループ4は、授業と授業外とを問わず、また専門知識と社会的スキルとを問わず、知識・技能を身につけて成長していると考えられる。

(2) 考察

1) 教育実践調査研究④：実践コミュニティに足場を置いたラーニング・ブリッジングが学生の学びと成長に果たす役割についての考察

　本研究の目的は、授業外実践コミュニティへの参加とラーニング・ブリッジングの学生の「学びと成長」に対する役割について検討することであった。第1に、授業外実践コミュニティへの参加の役割を検討する。学習活動を行う実践コミュニティに参加するグループ4と参加しないグループ2を比較することで、この点を考察する。第2に、ラーニング・ブリッジングの学生の「学びと成長」に対する役割について検討する。ラーニング・ブリッジしているグループ4とラーニング・ブリッジしていないグループ1とグループ3

を比較することで、この点を考察する。

　まず、グループ2は、授業外活動の実践コミュニティに参加してはいるが、そこで学習を行うわけではないグループである。グループ2の学生たちは、授業には出席しているが、彼らの学習は授業への参加に限定されている。大学生活のなかで授業外での学習を行わず、学習を授業への参加に閉じ込めてしまっては、十分な学習と成長につながりにくいと考えられる。実際に、(1)で見たように、グループ2は、「自主学習」の時間、授業外での知識・技能の習得の点で、グループ4と対照的な結果を示す。このような結果から、授業外活動の実践コミュニティに参加し、そこで学習活動に取り組むことが、学生の「学びと成長」にとって重要であることが明らかになった。

　大学生活の中で学習に重きを置かないグループ2のような学生が一定数いることについては、授業外学習時間数の不足とあわせてこれまでに指摘されてきたことである（金子 2013; 溝上 2009b; 山田礼子 2012）。本研究の検討結果から、大学生活の中で授業を越えて学習を行わないという事態を、授業外で学習活動を行う実践コミュニティに参加していないという点から捉えなおすことができる。その上で、この結果は、大学教育実践にとっての重要な一手を示唆している。すなわち、授業外の実践コミュニティでの学生たちの活動を学習に結びつけていくこと、あるいは学習活動を行う実践コミュニティに学生たちが参加できるようにしていくことが、学生の「学びと成長」の支援につながると考えられるのである。

　次に、学生の「学びと成長」に対するラーニング・ブリッジングの役割に関して考察する。授業外実践コミュニティに参加していかないグループ1と授業外で学習を行う実践コミュニティに参加するものの授業での学習と結びつけていきはしないグループ3にはいずれもラーニング・ブリッジングが見られない。これに対して、グループ4は、授業での学習と授業外での学習を架橋するラーニング・ブリッジをしており、その両方の学習をバランスよく結びつけている。実際に、(1)で見たように、グループ4の方が、グループ1よりも授業外での対人関係を基礎とする力やスキルを身につけている。グループ4は、授業外での実践コミュニティに参加して学習していく中で対人

関係・課外活動に時間を割り当てており、グループ1よりも、対人関係を基礎とする力やスキルの習得につながっていると考えられる。また、グループ4の方が、グループ3よりも授業・授業外でのアカデミックな知識・技能を身につけている。グループ4は、授業と授業外の学習の関連が見られないグループ3と比べ、授業と授業外の両方の学習を架橋するラーニング・ブリッジングによって、知識・技能を身につけて成長していくことにつながっていると考えられる。このような結果から、学生の「学びと成長」にとって、授業外での活動の経験と学習が重要であるだけでなく、授業外で実践コミュニティに参加し、授業外での学習と授業での学習を架橋するラーニング・ブリッジングが重要であることが明らかになったと言えるだろう。

2）WAVOC教育実践と実践コミュニティおよびラーニング・ブリッジングとの関係

ここで、「実践コミュニティとラーニング・ブリッジング」とWAVOC教育実践との関連について考察を行う。WAVOC教育実践は、「現場での活動」「他者とのかかわり」「ふりかえり支援」を特徴とする教育実践である。WAVOCプロジェクトでの活動は、プレゼンテーションなどの活動報告、報告書の作成、日々のミーティングや面談といったリフレクションの機会に開かれている。WAVOCプロジェクトでは、自分たちの活動の意味やメンバー同士の役割そして自分自身について問い直す。学生たちは、リフレクションを深化させ、パーソナルで省察的な意味形成としての学習を進めて経験から学ぶ。そして、学生たちは、メンバーが互いに承認関係を築き、1人ひとりが自己アイデンティティの感覚を形成していく。WAVOCプロジェクトは、このようなプロセスが展開する実践コミュニティである。

本章の研究の分析結果から、第1に、WAVOCプロジェクト参加学生の半数近くが授業外で学習を行う実践コミュニティに参加していることが注目される。参加学生は、全国調査の結果と比べても、授業外で学習を行う実践コミュニティに参加している。本章の研究の結果は、WAVOCプロジェクトが参加学生に対してボランティア活動だけでなく、授業外での学習を促していることを示していると言えるだろう。この点で、WAVOCプロジェクト

はまた、ラーニング・コミュニティでもある。ラーニング・コミュニティとしてのWAVOCプロジェクトでは、学生仲間同士や教職員そして現場での多様な他者とかかわりながら、知ることへの興味関心や知る責任感を持って読書などのアカデミックな学習を進めて知識や技能を習得していく。そしてまた、アカデミックな世界の扉としての教職員とのかかわりもある。こうして実践コミュニティとラーニング・コミュニティとしての性格を示すWAVOCプロジェクトは、学生の授業外での学習を推し進めていると考えられる。

　第2に、WAVOCプロジェクト参加学生は、また、授業外での活動の実践コミュニティに参加し、そこで学習活動に取り組むグループ3が多いということが明らかになった。しかし、グループ3の学生は、知識・技能の習得という点で、学習に重きを置くわけではないグループ2の学生と大した違いを示していなかった。確かに、これまで指摘されてきた通り、授業外で学習に取り組むことは重要である。グループ3の学生たちのように、授業外活動の実践コミュニティに参加し、そこで学習活動に取り組むことは重要である。しかし、それだけでなく、グループ4の学生たちのように、授業外での学習を授業での学習に結びつけていくラーニング・ブリッジングによって、さらなる「学びと成長」に結びつけていくことができると考えられるのである。

　WAVOC参加学生の中にグループ3の学生が多いということは、参加学生が全体としてプロジェクトでの学習を授業での学習と結びつけることができないということを意味するものではない。それどころか、実際には、参加学生の3人に1人が、そのようなラーニング・ブリッジングをしているグループ4に属していることも本章の研究から明らかになった。この割合は、全国調査の結果と比べて多い。グループ4の学生たちは、WAVOCプロジェクトという実践コミュニティを足場とし、授業での学習とラーニング・ブリッジすることで、知識・技能の習得のような「学びと成長」につなげることができている。実際、参加学生の中には、活動の中から卒業論文のテーマを生み出したり、専門ゼミでの講読や議論で活動での経験を踏まえて考えを深めたり、講義で提示される知識の体系を実際の経験と結びつけて意味を引き出し

たりしている学生たちがいる。その具体的な姿は、第4章のインタビュー調査で明らかになった通りである。プロジェクト参加学生は、実践コミュニティまたはラーニング・コミュニティを足場に、授業外での活動の経験についてリフレクションを深化させるだけでなく、授業外での学習を授業での学習に結びつけて成長していけるのである。

　これらの結果を踏まえ、WAVOC教育実践におけるラーニング・ブリッジングとリフレクションとの関係および自己アイデンティティ形成との関係から、さらに考察を進める。プロジェクト参加学生はまた、WAVOCプロジェクトという授業外での活動の経験から学習する。経験から学ぶ経験学習において、リフレクションはきわめて重要である (Boud et al. 1985; Boud et al. 1993; Boud & Walker 1991; Kayes 2002; 木村 2012; Kolb 1984; Kolb et al. 2001; Kolb & Kolb 2005; 河井 2012a; 松尾 2006, 2011)。それは、ボランティア活動を構成要素とするサービス・ラーニング研究の中でも繰り返し強調され続けている点である (Ash & Clayton 2004, 2009; Ash et al. 2005; Bringle & Hatcher 1999; Eyler et al. 1996; Hatcher et al. 2004; Jameson et al. 2008; Whitney & Clayton 2011)。そして、第3章で見たように、異なる状況でのリフレクションが重なっていくことが、リフレクションの深化にとって重要である。実践コミュニティとしてのWAVOCプロジェクトは、多様な状況でのリフレクションの機会を構造化してリフレクションの重層的深化を促すことで、プロジェクト参加学生の授業外での学習活動、特に経験から学ぶ経験学習を後押ししていると考えられる。

　本章の研究から、さらに、授業と授業外を往還しながら授業外での学習と授業での学習を結びつけて統合していくラーニング・ブリッジングもまた、複数の異なる状況のリフレクションの複合と深化を後押しすると考えられる。授業で扱われる学問的な知識体系と自分の活動での経験に関わるリフレクションが結びつけられるならば、行為の質と思考の質をともに向上するクリティカル・リフレクションとなるだろう。また、第3章で見た複数の異なるリフレクションの結びつきと異なって、学問的な知識体系と自らのリフレクションが創造的に結びつくならば、学生自身にとって、自らの経験や世界

の意味についてのそれまで以上に深い意味理解をもたらすだろう。また逆に、自分の経験の意味づけというリフレクションと関連づけられることで、知識を自分のものにしていく概念理解の一助となるだろう。問題解決能力や対人関係能力といった汎用的技能、知識の習得、学術的・専門的探究心の涵養にとって、経験学習におけるリフレクションが重要な役割を果たすだけでなく、授業での学習と関連させるラーニング・ブリッジングがそれらの達成を推進する（河井・木村 2013）。WAVOCプロジェクトおよびそこに参加する学生にとって、さらなる「学びと成長」の可能性として、WAVOCプロジェクトでの経験学習とリフレクションの深化をアカデミックな知識体系を核とする授業での学習に結びつけてラーニング・ブリッジしていくことが重要であると考えられる。

　また、第4章のインタビュー調査から、授業と授業外にわたる学習ダイナミクスであるラーニング・ブリッジングの基礎プロセスとして対話的な自己アイデンティティ形成プロセスがあると考えられた。WAVOCプロジェクトでは、メンバー1人ひとりがプロジェクトへの参加を通じて相互に承認・信頼関係を築き、対話的な自己アイデンティティ形成が進められる。WAVOC教育実践においても、ふりかえり支援と自分の生き方を他者とのかかわりの中で紡ぎだすという教育目標が強調されている。こうしたリフレクションと対話的な自己アイデンティティ形成の結びつきにとっても、ラーニング・ブリッジングは重要な働きをすると考えられる。先にも述べたように、学生たちは、授業外での活動における経験と学習が授業での学習と結びつくことを通じて、自らの経験や世界の意味について深く理解する。それは自らの視野やものの考え方に広がりや深まりをもたらすだろう。言うまでもなく、リフレクションを通じて自分の生き方を紡ぎだすような自己アイデンティティ形成が進められる。その姿は、これまでのWAVOCプロジェクトに関わる研究が示している通りである（岩井 2010; 早稲田大学平山郁夫記念ボランティアセンター編 2010）。さらに、そのような対話に基づいた自己アイデンティティ形成を基礎プロセスとするラーニング・ブリッジングを通して授業での学習をかみ合わせることで、公共の世界とつながって思考することや自分の

経験や活動を通じて見出された問題を社会の仕組みの中に位置づけて思考することにつながり、より多声的で異種混交する対話が実現しうると考えられる。

　したがって、WAVOCプロジェクトは、実践コミュニティまたはラーニング・コミュニティとして学生の「学びと成長」に重要な働きかけをしていく潜在的な力を持っていると考えられる。WAVOCプロジェクトは、実践コミュニティまたはラーニング・コミュニティとして、ラーニング・ブリッジングの足場となることで、学生のリフレクションのさらなる深化とより対話的な自己アイデンティティ形成に向けて支援しているのである。そしてその多層的支援は、地味な働きから直接的な働きかけまで多岐にわたる。地味な働きとは、WAVOCプロジェクトという場を持続させることやプロジェクトの活動を組織的に支援することのような重要な働きである。さらに、そうした働きを基盤として、活動を通じて他者とのかかわりの機会があること、それらを通じてふりかえりの機会と支援があること、教職員からのフィードバックとハードルがともにもたらされること、結果として参加学生にとって相互承認・信頼といった居場所となりうることと授業外での学習の場となることといった働きがある。このような多層的支援を通じて、学生がラーニング・ブリッジングしていく足場となる実践コミュニティまたはラーニング・コミュニティの活動を支援していくことの意義は大きい。そして、実践コミュニティまたはラーニング・コミュニティとしてのWAVOCプロジェクトの潜在的な力は、今以上に発揮しうる力であるかもしれない。すなわち、WAVOC教育実践にとって、授業外での活動の経験と学習を、授業での学習に結びつけていくような実践を構想・実現していく余地は残されていると考えられる[20]。WAVOCプロジェクトにおける授業外での活動に対しては組織的な支援が行われている。授業外での活動の経験と学習とそこからの成長に対してはふりかえり支援を軸とする教職員からの働きかけによって支援されている。それらに対し、授業外での活動の経験と学習を、授業での学習との間にラーニング・ブリッジングを実現していくということに関しては、どのようなラーニング・ブリッジングが可能かまたそれをどのように支

援しうるのかという点において未踏の領域である。第4章で見たように、学生は教育する側のもたらすカリキュラムを越えていくことができる。そして、学生は教育の支援を受けて、さらなる「学びと成長」の可能性を切り開くことができる。どんな形であれ、WAVOC教職員とそこに関わる学生たち（そして卒業生たち）は、今後も、挑戦の歩みを続けていくことだけは確かである。

註

19　「実践コミュニティとラーニング・ブリッジング」項目は、あくまで回答学生の意識を尋ねる項目である。したがって、WAVOCプロジェクトに所属していても、活動の忙しくないタイミングだったり、周辺的な参加だったりして、そこを実践コミュニティとは意識していないということがあり得る。

20　この意味では、複数のコースを共同履修することというラーニング・コミュニティの規定を拡張して考える必要があるだろう。すなわち、授業外での活動を通じて他者とかかわりながら学習に取り組むWAVOCプロジェクトのような形態を包含し、その上で授業での学習とラーニング・ブリッジしていくことを積極的に支援するような形態もラーニング・コミュニティに包含する必要があるだろう。そうすることで、初年次対象であることや寮制度と強く結びつきがちなラーニング・コミュニティという概念をより拡げて大学教育の教育改善に活かしていけると考えられる。

第7章　実践コミュニティとそこに足場を置いた　ラーニング・ブリッジング——全国調査研究

　第7章では、第6章と同様に、これまでの実態の把握と可能性の追求を踏まえ、そこで概念化されたラーニング・ブリッジングを検討する。概念化を概念化のままで終わらせるのではなく、概念化されたラーニング・ブリッジングを分析の中心に据えて実態に即した共通認識の形成を図っていく。

　本章では、さらに、これまで進めてきた教育実践調査研究を全国調査研究に結びつけていく。教育実践調査研究では、WAVOC教育実践という具体的な教育実践の中の学生の学習を対象としてきた。教育実践調査研究では、実践に根差して学生の学習について考察を進めることができた。しかしながら、あくまで1つの機関の1つの教育実践についての調査研究であり、全国の学生について一般的に考察することはできない。教育実践調査研究だけで、全国調査研究が無かったとしたら、全国の学生について一般的に考察することは難しく、得られる知見と示唆が限定的にとどまってしまう。他方で、全国調査研究は、教育実践調査研究ほどには実践に即して具体的に検討・考察することはできないものの、全国の学生について一般的に検討・考察することができる。全国調査研究のみで、教育実践調査研究が無かったとしたら、実践に即した具体的な検討・考察は難しく、得られる知見と示唆が抽象的なものになってしまいかねない。したがって、本書の研究では、教育実践調査研究と全国調査研究を結びつけて検討・考察していくのである。

第1節　全国調査研究：目的と方法

(1) 目的

　本章の研究では、教育実践調査研究の枠組みと同じ枠組みを踏襲しつつ拡張を試み、全国調査の検討・考察を行う。つまり第6章と同様の目的と方法で第7章の研究にも取り組む。本章で行う全国調査研究では、「大学生のキャリア意識調査2010」の分析を通じて、「実践コミュニティとラーニング・ブリッジング」を検討することを目的とする。とはいえ、すぐさまラーニング・ブリッジングの検討に飛ぶのではなく、先行研究に接ぎ木していってラーニング・ブリッジングの検討・考察に進むことにする。そこでまず、授業外での学習時間の不足と授業外での経験と学習の意義を強調する先行研究を踏まえ、学生が授業外でどのような実践コミュニティに参加しているのか、またどのような実践コミュニティで学習に取り組んでいるのかを明らかにする。次に、どのような動機づけから授業外の実践コミュニティに参加するのかを検討する。その上で、「実践コミュニティとラーニング・ブリッジング」項目に基づくグループ分けを行い、グループごとに大学生活の過ごし方と知識・技能の習得を比較する。そして、グループごとにアクティブラーニングや正課内外のキャリア関連実践の機会への参加の程度、2つのライフ、充実感についても検討する。さらに、各グループの特徴を明らかにしながら、「実践コミュニティとラーニング・ブリッジング」の学生の「学びと成長」に対する役割を明らかにしていく。

(2) 方法

1) 調査の概要

　京都大学高等教育研究開発推進センターと財団法人電通育英会との共同調査「大学生のキャリア意識調査2010」は、2010年11月に、株式会社マクロミルによるインターネットリサーチで実施された。分析対象となる回答者は、全国の国公私立大学生2359名（1年生1185名、3年生1174人）である。なお、分析の結果を歪める可能性を考慮して、医歯薬学専攻の学生を分析対象から外

している。この点は、先行研究(溝上2009)にならった。

2) 調査項目

　先述の「授業外実践コミュニティとラーニング・ブリッジング」項目に加え、従来の大学生調査研究で用いられてきた大学生調査研究(山田編2009; 溝上2009b, 印刷中)における以下4つの項目を用いた。なお、「授業外実践コミュニティとラーニング・ブリッジング」項目については、授業外での実践コミュニティと授業外での学習を行う実践コミュニティのそれぞれについて、それがどのような実践コミュニティかを尋ねた。また、授業外での学習を行う実践コミュニティについては、そこでの学習の第1の目的を尋ね、「就職・進学のため」「資格取得のため」「授業課題・試験対策のため」「そのコミュニティで行う中心的な活動のため」「学習それ自体のため」「自分たちの知識・技能の向上のため」から1つ選ぶように求めた。

①大学生活の過ごし方　京都大学/電通育英会共同(2007)・溝上(2009)の大学生のキャリア意識調査2007の項目を使用した。授業、自主学習、読書、マンガ・雑誌、テレビ、ゲーム、クラブサークル、アルバイト、同性・異性の友人とのつきあいなど17項目。それぞれに対して、1週間に費やす時間数を"(1)全然ない""(2)1時間未満"～"(8)21時間以上"と8段階評定で回答を求めた。

②知識・技能の習得　溝上(2009)の項目を使用した。知識、教養の習得、思考力、情報収集能力、コミュニケーション能力など25項目。これらは、授業と授業外のそれぞれについて尋ねられ(計50項目)、評定は"(1)かなり身についた"～"(4)全く身につかなかった"の4件法で求めた。(1)～(4)の項目は、4点から1点に逆転処理して分析する。

③アクティブラーニングと正課内外のキャリア関連実践への参加の度合い
アクティブラーニングに関して、「あなたは大学に入ってから、ある問題を考えたり、発表したり、ディスカッションをしたりする参加型の授業や演習にどの程度参加してきましたか」を尋ねている。評定は、"(1)よく参加してきた"、"(2)まあまあ参加してきた"、"(3)少し参加してき

た"、"(4) まったく参加してこなかった"の4件法で求めた。また、正課でのキャリア教育に関して、「あなたは大学に入って、単位の出るキャリア教育科目をどの程度受講しましたか」を尋ねている。正課外のキャリア関連プログラムに関して、「あなたは大学に入って、キャリアサポートセンターなどが主催する、単位とは無関係のキャリア形成支援のためのセミナーや講座をどの程度受講しましたか」を尋ねている。評定は、"(1) かなり受講した"、"(2) まあまあ受講した"、"(3) 少し受講した"、"(4) 受講したことがない"の4件法で求めた。いずれの項目も、逆転処理して分析する。

④充実感 「あなたの大学生活は充実していますか」の問いに対して、"(1) 充実している"〜"(5) 充実していない"の5件法で評定を求めた。項目を逆転処理して分析する。

⑤2つのライフ 溝上（2009b）の項目を使用した。「あなたは自分の将来についての見通し（将来こういう風でありたい）を持っていますか」の問いに「持っている」「持っていない」の選択を求めた。そして、見通しを持っていると回答した学生に、さらに「その見通しの中で最も重要なものを1つ思い浮かべて下さい。あなたは、その見通しの実現に向かって、今自分が何をすべきなのかはわかっていますか」という問いに対して、3択（"何をすべきかわかっているし、実行もしている〔理解実行〕""何をすべきかわかっているが、実行はできていない〔理解不実行〕""何をすべきかはまだ分からない〔不理解〕"）から選択を求めた。

第2節　全国調査研究：結果と考察

(1) 結果：「授業外実践コミュニティ」グループについての検討

まず、学生が授業外でどのような実践コミュニティに参加しているかを明らかにする作業を進める。「授業外実践コミュニティとラーニング・ブリッジング」項目を用いて、授業外での学習について検討する目的から回答学生をグループ分けした。授業外での実践コミュニティに参加しないグループ1、

授業外での実践コミュニティには参加するもののそこで学習を行わないグループ2、授業外での実践コミュニティに参加してそこで学習を行うグループ3・4という3つのグループを作成した。ここでは、授業外での学習を行っている学生をまとめて検討する。各グループの人数と割合を表7-1に示した。

表7-1 「授業外実践コミュニティ」によるグループ分け結果

	グループ1	グループ2	グループ3
度数(%)	606 (25.7)	1114 (47.1)	641 (27.2)
授業外実践コミュニティ	×	○	○
授業外学習を行う実践コミュニティ		×	○

1) 各グループの学年・性別・文理・偏差値別の割合

続けて、学年・性別・文理・偏差値別の各グループの割合を検討していく。

表7-2は、学年別のグループの度数と割合である。χ^2検定の結果、有意差は見られなかった($\chi^2(2)=2.615, n.s.$)。

表7-2 学年別のグループの度数と割合

	グループ1 (N=606)	グループ2 (N=1114)	グループ3・4 (N=641)	合計
1年生	297 (25.1%)	578 (48.8%)	310 (26.2%)	1185
3年生	309 (26.3%)	536 (45.6%)	331 (28.1%)	1174

表7-3は、性別ごとのグループの度数と割合である。χ^2検定の結果0.1%水準で有意差が見られ($\chi^2(2) = 22.285, p<.001$)、残差分析の結果、有意に多くみられたセルはグループ1の男性とグループ2の女性であった。

表7-3　性別のグループの度数と割合

	グループ1 (N=606)	グループ2 (N=1114)	グループ3・4 (N=641)	合計
男性	312 (30.1%)	442 (42.7%)	282 (27.2%)	1035
女性	294 (22.2%)	672 (50.7%)	359 (27.1%)	1324

表7-4は、文理別のグループの度数と割合である。χ^2検定の結果0.1％水準で有意差が見られ（$\chi^2(4)$ =9.876, $p<.05$）、残差分析の結果、有意に多く見られたセルは、グループ1の「理系」であった。

表7-4　文理別のグループの度数と割合

	グループ1 (N=606)	グループ2 (N=1114)	グループ3・4 (N=641)	合計
文系	340 (24.1%)	684 (48.5%)	387 (27.4%)	1410
理系	221 (29.7%)	328 (44.0%)	196 (26.3%)	744
文理どちら でもある	45 (22.0%)	102 (49.8%)	58 (28.3%)	205

表7-5は、偏差値別のグループの度数と割合である。χ^2検定の結果0.1％水準で有意差が見られ（$\chi^2(4)$ =70.799, $p<.001$）、残差分析の結果、有意に多くみられたセルはグループ1の「偏差値50未満」、グループ2の「偏差値50以上60未満」、グループ3・4の「偏差値60以上」であった。

　学生の学習についての研究として注目する必要があることは、第1に、偏差値別のグループの割合の結果である。偏差値60以上の大学に進学する学生たちは、それ以外の学生たちと比べ、授業外での学習を行う実践コミュニティに参加しそこで学習する割合が高い。大学生活の中で授業外での活動を行う実践コミュニティに参加するかどうかは、どのような難易度の大学に進学するかひいては大学入学前にどの程度の学力にあるかと関連していると言

表7-5 偏差値別のグループの度数と割合

	グループ1 (N=606)	グループ2 (N=1114)	グループ3・4 (N=641)	合計
50未満	217 (36.5%)	239 (40.2%)	139 (23.4%)	593
50以上 60未満	279 (23.8%)	594 (50.6%)	301 (25.6%)	1172
60以上	95 (16.9%)	274 (48.8%)	193 (34.3%)	562

(注) ここでの偏差値とは、代々木ゼミナールの入試難易度大学ランキングの偏差値を参考にした入試難易度のことである。

える。授業外での学習を行う実践コミュニティに参加することあるいは授業外で実践コミュニティに参加してそこで学習に取り組むことは、大学入学前の「学びの習慣」と結びついた大学生活における「学びの習慣」(矢野 2005) の1つであると考えられる。

しかしながら、偏差値60以上の大学に進学する学生のうち授業外での学習を行う実践コミュニティに参加する割合は3分の1程度にすぎず、残りの多くの学生たちが授業外での学習を行う実践コミュニティに参加してはいない。授業外での学習を行う実践コミュニティに参加していない学生の割合が全体で4分の3近くに上るという今回の調査結果(表7-1)から、単に時間数の面だけでなく日常活動の面からも、多くの大学生の学生生活が授業外での学習を行うような過ごし方とはなっていないことが明らかになった。

さらに、第2に、学年別のグループの割合に大きな違いが見られないという結果に注目する必要がある。3年生は、1・2年生の間に大学教育を受けてきている。この結果は、その間の大学教育が、学生たちが授業外での学習を行う実践コミュニティに参加するように方向づけていないのではないかという推測に導く。ただし、この1年生と3年生は異なる集団であり、この結果は異なる集団の同一時点の差異である。実質的な検討のためには、同一集団の異時点間の比較が必要である。縦断調査を含む包括的な調査によって、何が授業外での学習を行う実践コミュニティへの参加を促しているのかまた妨

げているのかを明らかにするという研究課題に今後取り組む必要がある。

以上2点から、学生の大学生活の中で、授業外での学習を行う実践コミュニティとのかかわりをつくることが、大学教育の学生の学習に対する支援として現時点で重要な課題になっていることが再確認できる。

2) 実践コミュニティの中身に関する検討

次に、授業外での学習を行う実践コミュニティの中身を表7-6にまとめた。「授業外実践コミュニティ」の列の値は、授業外での実践コミュニティに参加していると回答した学生（グループ2とグループ3・4）のうち、各実践コミュニティに参加していると答えた学生の割合（％）である。同様に、「学習を行う授業外実践コミュニティ」の列の値は、授業外での学習を行う実践コミュニティに参加していると回答した学生（グループ3・4）のうち、各実践コミュニティに参加していると答えた学生の割合（％）である。あてはまるものを全て選択してもらっているので、合計が100％とならない。

授業外の実践コミュニティは、友人や社会人はじめ他者とかかわり、関係をつくっていく場となる。学生は、他者との関係を通じて自己アイデンティティ形成する（溝上 2008）。また、異年代の他者や自分の所属機関外の他者とのかかわりを持っていることが、就労後の適応にとって効果的であることが示されている（舘野 印刷中）。授業外の実践コミュニティでの経験は、学生の自己アイデンティティ形成や就労後の適応に一定の役割を果たすものと考えられる。表7-6から、多様な実践コミュニティがその役割を果たしていることがわかる。

第1に、授業外での実践コミュニティとしてアルバイトや小中高時代の地元の友人を割合多くの学生が挙げているが、授業外での学習を行う実践コミュニティとしてこれらを挙げる学生の割合は低い。これらの実践コミュニティは授業外での学習へのきっかけをあまりもっていないか、授業外学習とはなじみにくい実践コミュニティであると考えられる。

これに対して、第2に、サークル（文科・理科）および学部・学科の友人の集まりや授業で知り合った友人の集まりを授業外での学習に取り組む実践コ

表7-6 授業外実践コミュニティの中身

	授業外実践コミュニティ N=1755	授業外学習を行う実践コミュニティ N=641
体育会系サークル	29.6	10.1
サークル（文科系・理科系）	38.5	31.8
アルバイト	54.2	9.2
市民活動、社会活動、NPO、インターンシップ、学生ビジネス	8.5	8.1
学部・学科の友人の集まり	39.3	40.6
授業で知り合った友人の集まり	21.3	21.7
小中高時代の友人の集まり	24.7	4.7
共通の趣味・興味による友人の集まり	17.7	8.4
インターネットを通じて知り合った友人の集まり	8.6	2.5
その他	6.8	5.0

ミュニティとして挙げる学生は少なくない。大学に関わる実践コミュニティが授業外での学習の場になりやすいと言える。

　大学に関する実践コミュニティには、文科・理科サークルのように授業とは独立して授業外学習を行っていく実践コミュニティと、学部・学科の友人の集まりや授業で知り合った友人の集まりのように授業外で宿題や試験勉強なども含む授業課題に友人と一緒に取り組む授業の延長という性格を持つ実践コミュニティとが含まれている。このうち、授業の延長という性格を持つ実践コミュニティへの参加は、例えば協働して取り組む授業外学習課題の設定や事前学習課題の提示など教員の教授法上の工夫をきっかけとして生じる可能性がある（蒋 2010）。このような実践コミュニティへの参加とそこでの学習に対しては、教職員の働きかけの余地は小さくないと考えられる。こうした点で、授業は、授業外での学習を行う実践コミュニティとそこへの参加が生まれるきっかけとしての役割を持っていると見ることができる。

3) 実践コミュニティで行う授業外学習の動機づけについての分析と考察

　続けて、実践コミュニティで行われる学習に対する動機づけについて分析する。まず、大学生の学習に関する動機づけに関しては、課題遂行や活動そのものに興味・関心を持って自発的にその課題遂行や活動に動機づけられているという「内発的動機づけ」と将来の進路との関係や技術・資格の取得といった実用性・手段性によって動機づけられているという「外発的動機づけ」という区別で学生の学習を理解する研究がある (溝上 1996)。

　これまでの動機づけ研究の理論面と実践面の流れの接合点は、内容が学習意欲の源泉となり「～を学びたくて学ぶ」という内容必然性・目的志向か、人間関係や社会文化的条件のような状況が要求するので学ぶという状況必然性・手段志向かという度合いの区別にある (鹿毛 1995; 市川 1995; 堀野・市川 1997)。内発的動機づけは前者に、外発的動機づけは後者に位置づけられる。

　今回の調査では、授業外での学習への動機づけとして「就職・進学のため」「資格取得のため」「授業課題・試験対策のため」「そのコミュニティで行う中心的な活動のため」「学習それ自体のため」「自分たちの知識・技能の向上のため」から1つ選ぶように求めている。前の3つを状況必然性・手段志向とし、後の3つを内容必然性・目的志向として、実践コミュニティごとにクロス集計を行った (図7-1)。

　注目する必要のある結果は、状況必然性・手段志向の「学部・学科の友人の集まり」と「授業で知り合った友人の集まり」、そして内容必然性・目標志向の「サークル (文科系・理科系)」と「アルバイト」が多い点である。この結果から、授業外での学習に取り組む実践コミュニティとして、「学部・学科の友人の集まり」と「授業で知り合った友人の集まり」や「サークル (文科系・理科系)」のような大学に関わる実践コミュニティが多いという 2) の結果についてさらに考えることができる。大学に関わる実践コミュニティのうち、「サークル (文科系・理科系)」での学習は、「～を学びたくて学ぶ」というような内容必然性・目標志向の動機から内発的に学習に取り組まれていることが多い。他方で、「学部・学科の友人の集まり」と「授業で知り合った友人の集まり」での学習は、大学という状況が要求するので (どちらかと言うと) 外発的

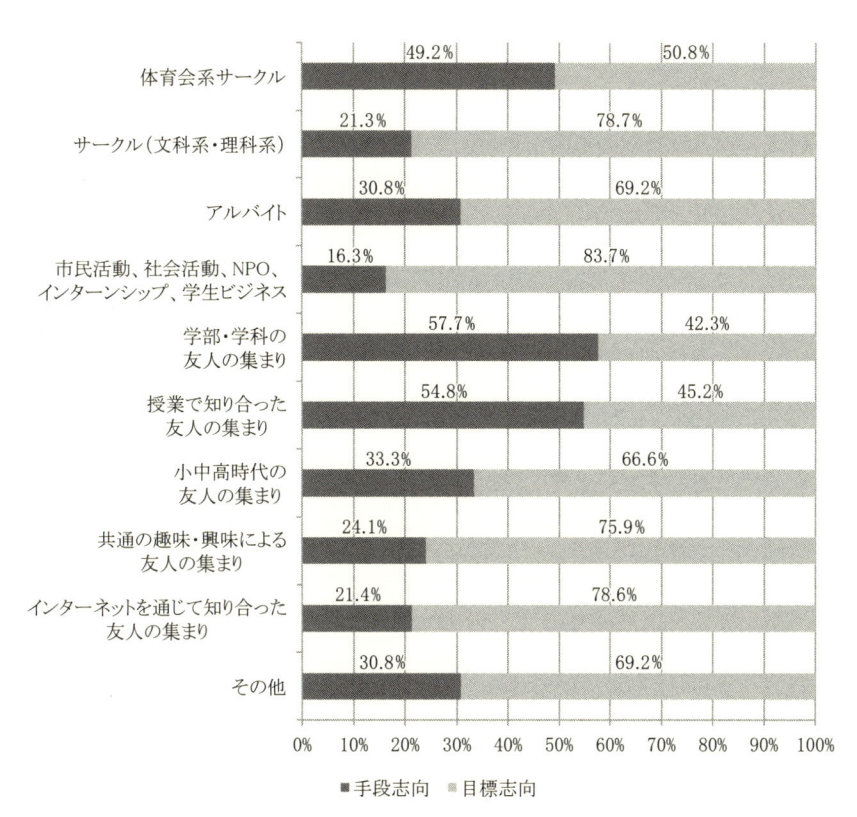

第7章　実践コミュニティとそこに足場を置いたラーニング・ブリッジング　195

実践コミュニティ	手段志向	目標志向
体育会系サークル	49.2%	50.8%
サークル（文科系・理科系）	21.3%	78.7%
アルバイト	30.8%	69.2%
市民活動、社会活動、NPO、インターンシップ、学生ビジネス	16.3%	83.7%
学部・学科の友人の集まり	57.7%	42.3%
授業で知り合った友人の集まり	54.8%	45.2%
小中高時代の友人の集まり	33.3%	66.6%
共通の趣味・興味による友人の集まり	24.1%	75.9%
インターネットを通じて知り合った友人の集まり	21.4%	78.6%
その他	30.8%	69.2%

図7-1　実践コミュニティごとの状況必然性・手段志向と内容必然性・目的志向の動機づけの割合

に学習に取り組まれていることが多い。したがって、大学教育の核である授業での学習から興味関心が生じて授業外の実践コミュニティでの内発的動機づけに基づく学習が発展していくという直線的なつながりはそう多くないものと考えられる。この点から、授業での学習を発展させるような授業外での実践コミュニティ——ラーニング・コミュニティ——という場の構築、そして授業外での学習に取り組む場を授業での学習と関連させつつ状況必然性だけでなく内容必然的な学習を生む場へと変えていくことなどが大学教育にとっての課題になる。

(2) 結果:「実践コミュニティとラーニング・ブリッジング」グループについての検討

以上、授業外学習の重要性を指摘した先行研究に接ぎ木して授業外での実践コミュニティへの参加に関して検討を進めてきた。続けて、先行研究への接ぎ木と本書で進めてきた研究とを結び合わせ、「実践コミュニティとラーニング・ブリッジング」について分析と考察を行う。まず、授業外実践コミュニティとラーニング・ブリッジング項目を用いて、参加学生を分類するグループを作成した。各グループの人数と割合を**表7-7**に示した。以下では、この4つのグループと既存の調査項目①～⑤との関連を検討していく。

表7-7 「授業外実践コミュニティ」と「ラーニング・ブリッジング」によるグループ分け結果

	グループ1	グループ2	グループ3	グループ4
度数(%)	606 (25.7)	1114 (47.2)	176 (7.5)	465 (19.7)
授業外実践コミュニティ	×	○	○	○
授業外学習活動の実践コミュニティ		×	○	○
ラーニング・ブリッジング			×	○

1) 各グループの比較

大学生活の過ごし方項目に対して、先行研究と同様の方法で、1週間に費やす時間数を因子分析(主因子法, Promax回転)し、解釈可能な3因子を抽出した(**表7-8**参照)。この因子分類は、これまでの研究(京都大学FD検討研究委員会 2013; 溝上 2009b)を参考にしつつ、「自主学習」「対人関係・課外活動」「ひとりの娯楽活動」に時間を費やしているか/費やしていないか、という因子名を継続して使用することにした。以下、因子得点を算出して分析を行った。

次に、各グループを独立変数とし、大学生活の因子得点を従属変数とする一要因分散分析を行った(**図7-2**参照)。

第7章　実践コミュニティとそこに足場を置いたラーニング・ブリッジング　197

表7-8　大学生活の過ごし方の因子分析結果（大学生のキャリア意識調査2010）

	因子1	因子2	因子3
勉強のための本（新書や専門書など）を読む	.826	-.027	.034
授業とは関係のない勉強を自主的にする	.658	-.064	-.113
新聞を読む	.501	.044	.044
コンパや懇親会などに参加する	.096	.647	-.089
クラブ・サークル活動をする	-.095	.636	-.061
同性の友達と交際する	-.058	.403	.173
インターネットサーフィンをする	-.028	-.087	.642
ゲーム（ゲーム機・コンピュータゲーム・オンラインゲーム）をする	-.010	.021	.496
テレビをみている	-.056	-.021	.397
マンガや雑誌を読む	.169	.177	.373
固有値	2.243	1.548	1.505
因子寄与	1.508	1.115	1.099
因子間相関	—		
	.235	—	
	.232	.149	—

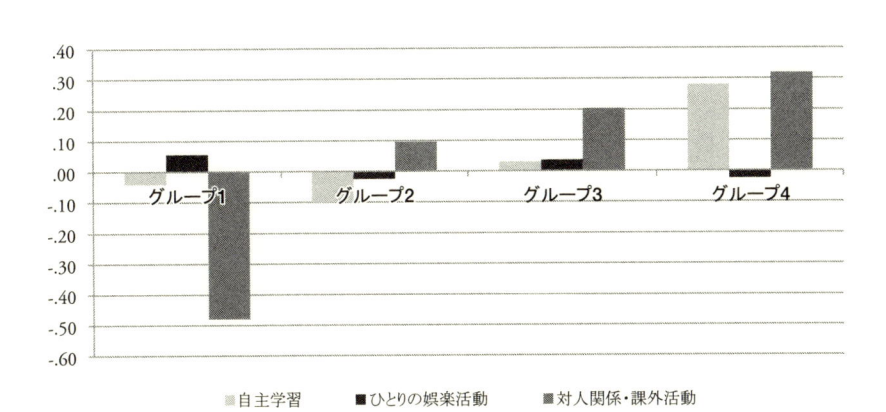

図7-2　各グループの大学生活の過ごし方

　結果、「自主学習」と「対人関係・課外活動」で有意差が見られ（$F(3, 2357)=21.590, p<.001; F(3, 2357)=125.216, p<.001$）、多重比較の結果、「自主学習」では、グループ4が他の3グループより有意に得点が高かった。「対人関係・課

198

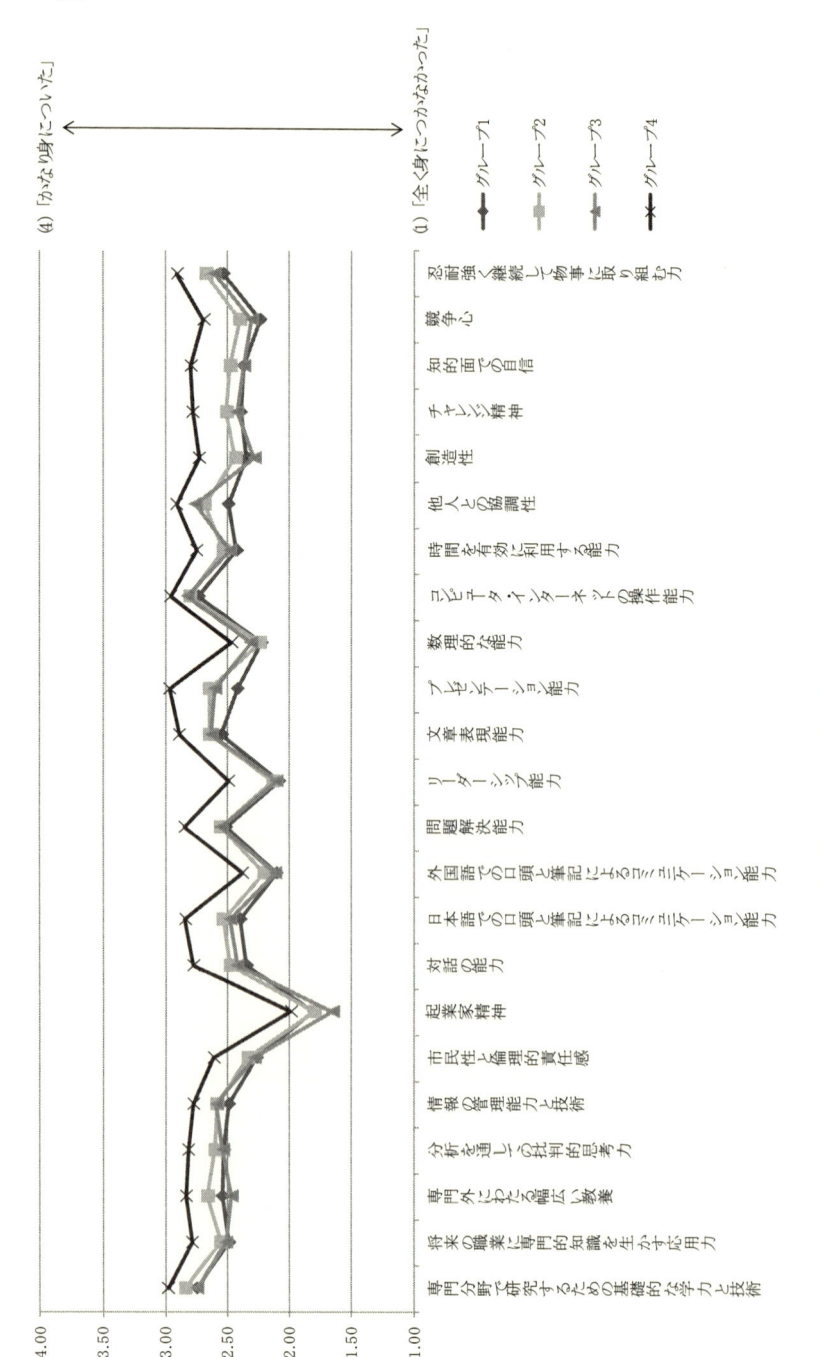

(4)「かなり身についた」←→(1)「全く身につかなかった」

- グループ1
- グループ2
- グループ3
- グループ4

図7-3 各グループの授業での知識・技能の習得

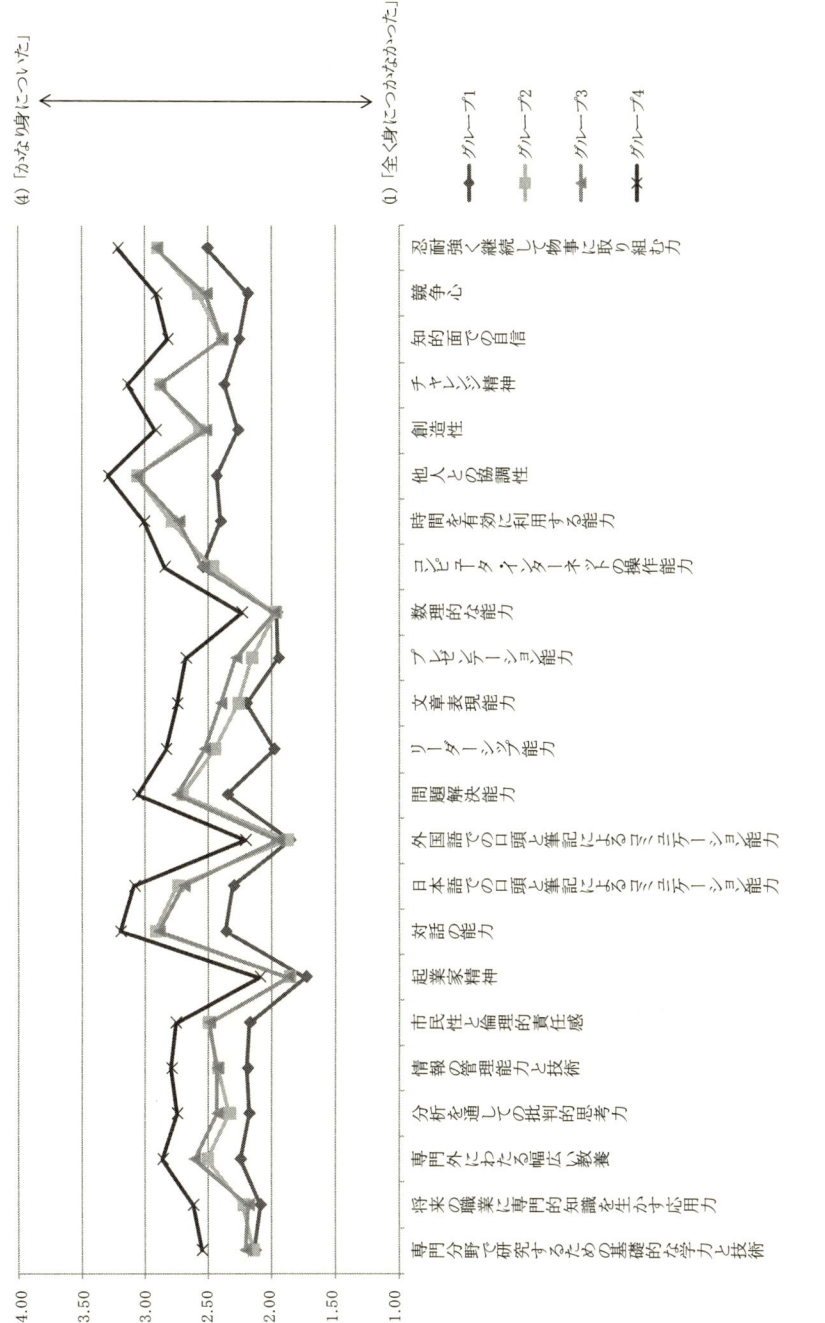

第7章 実践コミュニティとそこに足場を置いたラーニング・ブリッジング　199

図7-4　各グループの授業外での知識・技能の習得

活動」では、グループ1が他の3グループより有意に得点が低く、グループ4とグループ3がグループ2より有意に得点が高かった。なお、「ひとりの娯楽活動」には有意差が見られなかった（$F(3, 2357) = 1.714$, $n.s.$）。

続けて、授業と授業外で知識・技能が身についたかどうかを尋ねた結果について検討する（**図7-3**、**図7-4**）。授業で身についた知識・技能について見てみると、グループ4が他の3グループよりも高い得点を示している。さらに、グループ4以外の3グループが1と4の中間の値（2.50）付近にあるのに対し、グループ4は、専門分野で研究するための基礎的な学力と技術というアカデミックな知識・技能などで3.0に届いている。

授業外での知識・技能の習得について見てみると、多くの項目で、グループ4が他の3グループよりも得点が高く、グループ1が他の3グループよりも得点が低い。多くの項目で、グループ4は、中間の値を超えているが、グループ1は中間の値を下回っている。なお、グループ2と3にたいして違いは見られず、中間の値付近の項目が多い。

続いて、各グループのアクティブラーニングとキャリア関連実践への参加の程度について検討した結果が、**図7-5**である。一要因分散分析の結果、いずれも有意差が見られた（$F(3, 2357) = 50.477$, $p<.001$; $F(3, 2357) = 13.068$, $p<.001$; $F(3, 2357) = 7.446$, $p<.001$）。多重比較の結果、アクティブラーニング型授業へ

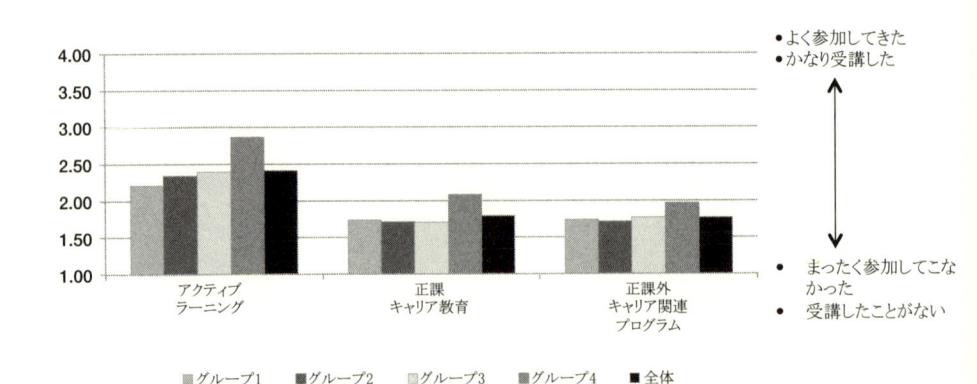

図7-5 各グループのアクティブラーニングとキャリア関連実践への参加

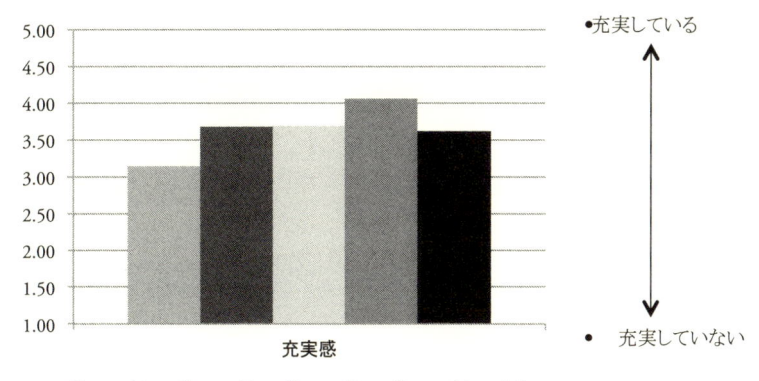

第7章　実践コミュニティとそこに足場を置いたラーニング・ブリッジング　201

図7-6 各グループの充実感

の参加に関しては、グループ4が他の3グループよりも得点が高く、またグループ2がグループ1よりも得点が高いという結果であった。また、正課のキャリア科目の受講に関しては、グループ4が他の3グループよりも得点が高いという結果であった。そして、正課外のキャリア関連プログラムの受講に関しては、グループ4がグループ1とグループ2よりも得点が高かった。

　また、各グループの充実感の結果が、**図7-6**である。一要因分散分析を行った結果、有意差が見られた（$F(3, 2357)=71.919, p<.001$）。グループ4が他の3つのグループよりも得点が高く、さらにグループ3とグループ2がグループ1よりも得点が高かった。

　最後に、各グループと「2つのライフ」（日常生活と将来の人生）との関係を検討する（図7-7）。「2つのライフ」項目から「理解実行」「理解不実行」「不理解」「見通しなし」のグループを作成し、学生グループごとにクロス集計で検討した。χ^2検定の結果0.1％水準で有意差が見られ（$\chi^2(9) = 69.577, p<.001$）、残差分析の結果、有意に多くみられたセルはグループ1の「見通しなし」とグループ4の「理解実行」であった。

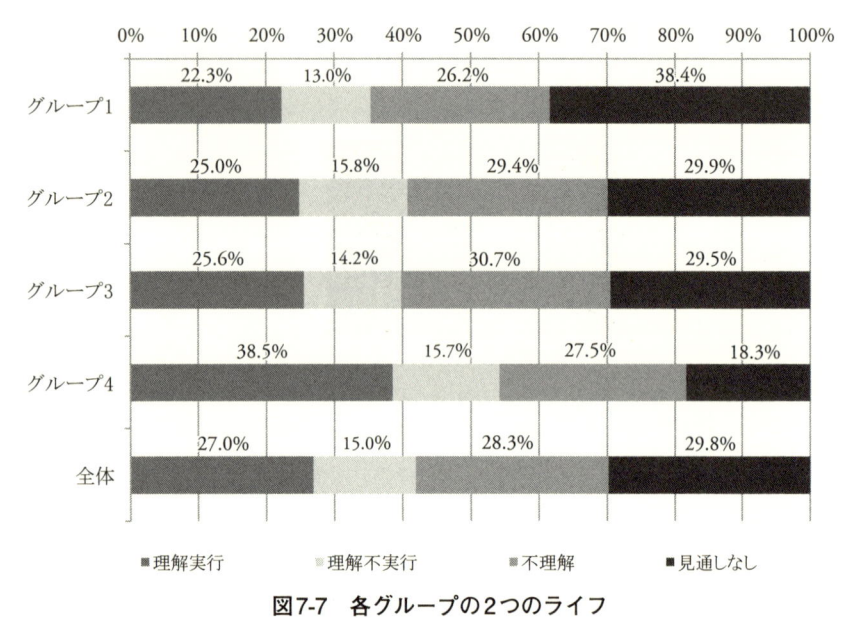

	0%	10%	20%	30%	40%	50%	60%	70%	80%	90%	100%
グループ1		22.3%		13.0%		26.2%			38.4%		
グループ2		25.0%		15.8%		29.4%			29.9%		
グループ3		25.6%		14.2%		30.7%			29.5%		
グループ4			38.5%		15.7%		27.5%		18.3%		
全体		27.0%		15.0%		28.3%			29.8%		

■ 理解実行　　■ 理解不実行　　■ 不理解　　■ 見通しなし

図7-7　各グループの2つのライフ

(3) 考察

1) 各グループの特徴

まず、各グループの特徴について考察する。

グループ1は、授業外実践コミュニティに参加していない学生グループである。分析結果から、グループ1は、他のグループと比べて、「対人関係・課外活動」に費やす時間が少なく、知識・技能の習得の得点が低いことがわかった。授業外実践コミュニティへ参加しないとすれば、友人関係を形成する場や機会が限定される可能性がある。友人関係は、学業的適応を含む大学生活への適応にとって重要である(半澤 2009, 2012; 岡田 2010)。グループ1の学生たちは学習の問題を含む大学生活への適応の困難に直面していると考えられる。

次に、授業外実践コミュニティに参加しているものの学習を行う授業外実践コミュニティに参加してはいないグループ2と、両方ともに参加しているグループ4を比較検討する。分析結果から、「自主学習」に費やす時間と

知識・技能の習得に関して、グループ4のほうがグループ2よりも高かった。単なる授業外実践コミュニティへの参加だけではなく、学習活動を行う授業外実践コミュニティへの参加が、学習を支え、学生の成長につながるのである。また、第6章でも触れたが、従来の研究では、授業外学習を自主学習の時間という個人的・認知的側面から規定して分析していた。しかし、この結果は、授業外学習を、学習活動を行う授業外実践コミュニティへの参加という社会的・状況論的側面からも捉えることができることを示している。授業外学習時間の量を授業外での学習を行う実践コミュニティへの参加という点から捉え直すことができる。

そして、グループ3は、授業外活動の実践コミュニティに参加して、そこで学習活動に取り組む。とはいえ、グループ3は、対人関係・課外活動に費やす時間以外のすべての調査項目においてグループ2との間にたいした違いはない。学習活動を行う授業外実践コミュニティへの参加だけ(グループ3)では、学習に関する結果において、学習活動を行う授業外実践コミュニティに参加せず授業外学習を十分に行わない学生たち(グループ2)と結果にそれほどちがいはないのである。

最後に、学習活動を行う授業外実践コミュニティに参加し、そこを足場として、授業での学習とラーニング・ブリッジする学生たち(グループ4)としない学生たち(グループ3)を比較検討する。分析結果から、「自主学習」に費やす時間をはじめ、知識・技能の習得、アクティブラーニングと正課のキャリア教育機会への参加、さらに充実感の得点に関して、グループ4のほうがグループ3よりも高かった。単に学習活動を行う授業外実践コミュニティに参加するだけでなく、その実践コミュニティを足場として、授業での学習とラーニング・ブリッジすることが、学習の発展と成長につながっている。授業外実践コミュニティに足場を置いたラーニング・ブリッジングが、継続的な学習と学習機会への参加とそれらを通じての複合的な知識習得・活用を支え、成長につながると考えられる。したがって、授業外実践コミュニティに足場を置いたラーニング・ブリッジングが、学生の学習の発展可能性に結びついていると考えられるのである。

こうした全国調査研究の結果は、第6章の教育実践調査研究④と共通するところと異なるところがある。まず、共通する点は、グループ2の学生の割合が、教育実践調査研究④では42.7%で全国調査研究では47.2%といずれも高い点である。また、どちらの研究からも、授業外での実践コミュニティに参加して授業外学習に取り組み、さらに授業での学習へとラーニング・ブリッジしているグループ4の学生たちが知識・技能の習得はじめ「学びと成長」に関する項目で高い得点を示している点である。

これに対して、異なる点は、WAVOCプロジェクト参加学生の中では、グループ1が少なく、グループ3と4の割合が大きい点である。教育実践調査研究④では、グループ1の学生たちは知識・技能の習得等の項目はそれほど低くなく学業にも力を入れている学生だと考えられていた。この結果は、調査の対象機関が入試難易度の高い都市型私立大学であることに由来すると考えられる。早稲田大学での教育実践調査研究④では、グループ1の学生は、大学生活への不適応というよりは単に集団行動こそ取らないものの独立独歩で大学生活を過ごしていると考えられる。

また、特にWAVOCプロジェクト参加学生において、グループ3と4の学生の割合が高い。授業外での学習への動機づけの分析から、授業のような大学での学業に直接結びついた実践コミュニティでの学習は実用性や手段性と絡む状況必然性・手段志向から取り組まれ、大学での学業と関係の無い実践コミュニティでの学習が「〜を学びたくて学ぶ」内容必然性・目的志向から取り組まれていることという全体的な傾向が明らかになっている。この点を考慮すると、WAVOCプロジェクトという実践コミュニティは、大学機関および教職員が関与する点では授業を核とする大学教育と結びつきを保ちつつ、そこでのボランティア活動やプロジェクト活動に学生たちが目的志向をもって取り組み、その活動から生じる責任感や興味関心に基づいて学習に取り組んでいくことを促すような実践コミュニティという位置づけを持っていると言える。したがって、WAVOCプロジェクトは、カリキュラム補助型教育実践として効果的な実践の役割を果たしうる位置にあると言える。WAVOCプロジェクトでは、時間とエネルギーをつぎ込んで活動へコミッ

トメントすることに付随して学習の機会や他者とのかかわりまたは動機づけがあることで授業外での学習へ向かい、授業への結びつきを保つことで学生のラーニング・ブリッジングが促されるのである。

2) 全国調査研究：実践コミュニティに足場を置いたラーニング・ブリッジングが学生の学びと成長に果たす役割についての考察

　まず、調査の結果およびグループの特徴についての考察から、授業外で実践コミュニティに参加すること、それも参加することに加えて学習活動に取り組むこと、そして授業外での学習と授業での学習をラーニング・ブリッジすることが、学生の「学びと成長」にとって重要であることが明らかになった。教育実践調査研究④の結果が、全国調査研究においても再確認されたと言えるだろう。本章の研究を通じても、授業での学習と授業外での学習とその関係という学習ダイナミクスとしての実践コミュニティに足場を置いたラーニング・ブリッジングが学生の「学びと成長」にとって重要であることが示された。

　それでは、実践コミュニティとラーニング・ブリッジングは、どのように学生の「学びと成長」につながっていくのであろうか。ラーニング・ブリッジングに関しては、「アクティブラーニング」（溝上 2011, 印刷中）と「深い学習」あるいは「ディープ・アクティブラーニング」（Entwistle 2009=2010; 松下 2009, 2013; 松下編 印刷中）、そして学生の成長とその基礎にある自己アイデンティティ形成との結びつきが考えられる。

　まず、アクティブラーニングとの関連から考察する。授業外の実践コミュニティに参加して、そこでの学習と授業での学習をラーニング・ブリッジするグループ4の学生たちは、アクティブラーニング型授業への参加の度合いが他の3グループよりも高かった。実践コミュニティに足場を置いたラーニング・ブリッジングを進める学生たちは、アクティブラーニングの機会により参加していく。アクティブラーニングは、知識の習得を前提とする知識の活用を中核的な特徴とする（溝上 2011, 印刷中）。アクティブラーニングの機会を得た時に、そこでどれだけ深く知識の活用に取り組めるかが1つの重要な

ポイントである。また、そもそも、そうした機会にどれだけアクセスまたは参加できるかも重要なポイントである。実践コミュニティに足場を置いたラーニング・ブリッジングという学習ダイナミクスの駆動は、アクティブラーニングの機会へのアクセスと参加（さらにはその機会を通じてのより深い知識の活用）と連動している。さらに、複数の活動に同時参加して対話的な自己アイデンティティ形成していくという基礎プロセスまで掘り下げて考えることができる。知識に関して、自分とのかかわりの切れた知識は、その人にとって断片的で不活性な知識にとどまることになる。知識を活用するという際には、知識を習得するという時にさえ、関連の強弱や濃淡はあれども、自分とのかかわりが問題になると考えられる。対話的な自己アイデンティティ形成を基礎プロセスとするラーニング・ブリッジングにおいては、常に自覚的というわけではないにせよ、活動に取り組む「私」や授業に臨む「私」と関係づけられて経験や知識が引き合いに出される土壌が整っていることになる。この意味で、実践コミュニティを足場としてラーニング・ブリッジしながら進められるそれぞれの場面での学習は、「私」との関係をもって、知識の習得・活用・再吟味につながっていくと考えられる。授業外での学習と結びつけられるからこそ、また対話的な自己アイデンティティ形成プロセスと結びついているからこそ、知識を活用していくアクティブさが可能になると考えられる。このようなアクティブラーニングとの連動からしても、学生の学びと成長にとって、実践コミュニティに足場を置いたラーニング・ブリッジングという学習ダイナミクスが重要なのである。

次に、実践コミュニティに足場を置いたラーニング・ブリッジングと授業での学生の学習としての学習アプローチとの関連について考察する。学生の学習についての研究のうち学習アプローチについての研究において、これまで授業実践における学習が研究されてきた (Biggs & Tang 2011; Entwistle 2009=2010; Marton & Säljö 1976; Ramsden 2003)。そこで見いだされた、深い学習アプローチによって生み出される学習は、相互に関連づけられた知識に基づく複雑な概念理解と自分なりの視点を関わらせるパーソナルな学習内容の捉え方に到達するような省察的・有意味学習であった。また、ディープ・アク

ティブラーニングは、学習の行動面でのアクティブさと認知面での深さを兼ね備えた学習とされる (松下 2013; 松下編 印刷中)。

　学習アプローチについての研究では、授業での深い学習アプローチが個人的意図によって左右される点が強調されている (Entwistle 2009=2010)。しかしながら、状況論およびその後の学習研究の展開から見ると、こうした授業での深い学習アプローチは、個人的意図という認知的要因だけでなく教育実践への参加にも支えられていると考える必要がある。それも、効果的な教育実践への参加が重要だと考える必要がある (Kuh 2008)。効果的な教育実践への参加を通じて、意識的に自らの学習に関与することで、学習内容の理解へと方向づける深い学習アプローチが実現するだろう。

　そして、学習アプローチについての研究では、その場その時の教授内容・学習内容とそれへのアプローチを研究の焦点としている。これに対して、本書の研究で示されたことは、学生が、授業での学習に取り組むだけでなく、授業外での活動の実践コミュニティに参加しながら授業外での学習に取り組み、そこを足場として授業での学習との間をラーニング・ブリッジしていくことができるという可能性であった。授業での学習について考える上では、その授業とは異なる状況での活動への参加やそこでの学習を視野に入れる必要がある。大学生活において、授業を中心とする複数の異なる状況としての実践コミュニティに参加し、それぞれで学習に取り組み、その間をラーニング・ブリッジしていくことで、授業内容への深い学習アプローチが実現するだろう。

　実践コミュニティに足場を置いたラーニング・ブリッジングは、相互に関連づけられた知識に基づく概念理解という側面と学習内容をパーソナルに捉える側面の両方において、深い学習アプローチを支えると考えられる。実際に、授業外の実践コミュニティに足場を置いたラーニング・ブリッジングに取り組むグループ4の学生たちは、授業での専門知識や知識の応用力や分析力の習得を実感していた。まず、第1に、実践コミュニティに足場を置いたラーニング・ブリッジングは、相互に関連づけられた知識に基づく概念理解につながる深い学習アプローチを支えると考えられる。授業外での活動と授

業のように複数の状況を移行・往還する中でラーニング・ブリッジするとき、それぞれの状況における学習が関連し合っている。学生は、第3章で見たリフレクションを重層的に関連させて深化させることができるのと同様に、複数の異なる活動を同時並行で進めながら、それぞれの活動における経験とそれについての省察あるいは知識を重層的に関連づけることができる。複数の異なる活動に同時参加していく中で行われるラーニング・ブリッジングを通じて複数の異なる学習を結合・統合していく中で、対話的に「私」が関わり、それぞれの「私」が知識・技能を複合的に扱っていく。こうしたラーニング・ブリッジングという移行に基づく構成的活動を通じて、知識や概念についての多元的・複合的理解につながり、そして相互に関連づいた知識に基づく概念理解に向かっていくと考えられる。

　第2に、実践コミュニティに足場を置いたラーニング・ブリッジングは、学習内容をパーソナルに捉える深い学習アプローチを支えることになると考えられる。WAVOCプロジェクトの場合で考える。学生たちは、WAVOCプロジェクトのような授業外での活動の実践コミュニティに学生は参加する。WAVOCプロジェクトは、第2章から第4章そして第6章の教育実践調査研究で見てきたように、「現場での活動」「他者とのかかわり」「ふりかえり支援」を特徴とする実践コミュニティである。そうした実践コミュニティは、他者とかかわりながら活動の意味や自分自身についての意味を形成し、自己アイデンティティの感覚を形成していく場であった。したがって、対話的な自己アイデンティティ形成プロセスを基礎とする実践コミュニティに足場を置いたラーニング・ブリッジングにおいて、それぞれの活動とその間の「私」と知識とが関わりを持つ。そうした実践コミュニティに参加して授業外での活動における経験と学習に取り組み、そこから授業での学習にラーニング・ブリッジすることで、授業での学習内容を自分自身の経験に引きつけて意味づけし、自分のものとしていくことができるだろう。こうした意味づけを通じて、学習内容をパーソナルに捉えることができると考えられる。

　実際に、ラーニング・ブリッジングと深い学習アプローチとの間に有意な相関が見られる（河井・溝上 2012）。本書では授業外での活動における経験と

学習に視野を拡げて研究を進めてきたが、実践コミュニティに足場を置いたラーニング・ブリッジングは、授業での深い学習アプローチと連動しているのである。授業での深い学習そしてディープ・アクティブラーニングとの連動からしても、実践コミュニティに足場を置いたラーニング・ブリッジングは、授業での学生の学びと成長にとって重要である。

実践コミュニティに足場を置いたラーニング・ブリッジングとアクティブラーニングおよび深い学習そしてディープ・アクティブラーニングとの関連について見方を変えると、知識の習得を前提として知識を活用・再吟味していく学習のアクティブさと知識に対する多元的・複合的な意味理解とパーソナルな捉え方を達成していく学習の深さもまた、対話的な自己アイデンティティ形成を基礎とするラーニング・ブリッジングという学習ダイナミクスの駆動と結びついて連動して実現していくと考えられる。このように、ラーニング・ブリッジングを通じて学生の学習が発展していく可能性が示唆される。

最後に、実践コミュニティに足場を置いたラーニング・ブリッジングと学生の成長への結びつきについて考察する。本章での「2つのライフ」の分析結果より、グループ4の学生は、将来の見通しを持って、現在すべきことを理解した上で実際に行動する「理解実行」グループの学生が他のグループよりも多いことが分かった。このことから、大学生活の中で学習活動を位置づけ、授業と授業外それぞれの学習を架橋するという形態で学習を進めること――学習に関わる全体的な組織化、言うなれば、学習生活の形成――が、将来の人生と現在の日常生活の2つのライフをより力強くつくっていくことに結びつくと考えることができる。実際に、ラーニング・ブリッジしていく学習に取り組む学生たちは、正課内外のキャリア関連実践への参加の度合いが高かった。グループ4の学生たちは、キャリア形成に関しても日常生活で行動に移していく。学習を通じて自分の世界を拡げていくことが、具体的な知識の蓄積という点でも自分自身のリフレクションの深化という点でも、将来への展望の形成と日常での行動に結びついていく。そして、学習に取り組むということそれ自体がそうした将来への展望に向けた日常での実行の1つである。

また逆に、将来の就労等のトランジションを見通して、現在の日常生活における具体的な行動を進めようとすることから、より広い視野あるいはより多元的・複合的な理解を求めて学習活動を、それも授業と授業外にわたり両者を架橋するような学習活動を進めることへ結びつくと考えることができる。将来の人生を展望した上で日常生活において実行に移していくという2つのライフは、遊びと学習のバランスある大学生活の基盤になる(溝上 2009b, 2010)。さらに、学校から仕事へのトランジションやその後のキャリア形成・人生形成にとってもポジティヴな影響を及ぼすことが明らかになりつつある(中原・溝上編 印刷中)。このように自分の人生に展望と実行の双方で積極的に関与していく態度は、授業／授業外にわたる学習ダイナミクスとしてのラーニング・ブリッジングを推進する上でも重要な要因になると考えられる。

2つのライフとそこから考えられる人生形成は、自己アイデンティティ形成および自己形成という心理プロセスと結びついている(溝上 2008, 2010)。したがって、2つのライフおよび人生形成と実践コミュニティに足場を置いたラーニング・ブリッジングとの間の関係から、自己アイデンティティ形成との関係についての考察に進むことができる。これまでの章では、実践コミュニティに足場を置いたラーニング・ブリッジングに対して、自己アイデンティティ形成プロセスは基礎プロセスとしての役割を持っていると位置づけてきた。すなわち、複数の活動に同時参加する中で、それぞれの活動に関わる「私」が知識・技能を活用し、活動の間の関係を調整する「私」とともに対話を繰り広げながら、自己アイデンティティ形成プロセスが進められていると考えられた。この対話的な自己アイデンティティ形成プロセスによって、複数の状況の間を移行・往還しながらそれぞれで取り組む学習を結びつけて統合していくラーニング・ブリッジングが支えられていると考えられてきたのである。こうした基礎プロセスとしての位置づけに加えて、実践コミュニティに足場を置いたラーニング・ブリッジングを通じて自己アイデンティティ形成プロセスが進むという側面にも目を向ける必要がある。すなわち、授業外活動の実践コミュニティへの参加を通じての自己アイデンティティ形成だけでなく、複数の状況の移行それ自体に伴う自己アイデンティティ形成

だけでもなく、複数の活動を同時進行させながら行う実践コミュニティに足場を置いたラーニング・ブリッジングを通じて自己アイデンティティ形成が進むプロセスがある。複数の同時並行する活動で知識の習得・活用やリフレクションの重層的深化といったそれぞれの活動ごとの学習が進む。それらの学習を結びつけて統合することを通じて、それぞれの活動の「私」と活動の間を調整する「私」には新しい視点や考え方がもたらされる。それは、「私」自身の変容でもある。この意味で、実践コミュニティに足場を置いたラーニング・ブリッジングを通じて「私」の間に対話的な契機が生まれ、より対話的な自己アイデンティティ形成プロセスが進むのである。このように、自己アイデンティティ形成プロセス、将来を展望して日常生活で実行に移していく2つのライフ、そして実践コミュニティに足場を置いたラーニング・ブリッジングは相互に連動して発展するのである。実際に、自分の将来の人生を展望して日常生活の中で行動に移していくという形で人生に積極的に取り組むことと大学生活の中で授業と授業外にわたってラーニング・ブリッジしていくことの間に有意な相関が見いだされている(河井・溝上 2012)。「私」が知識を習得・活用して学習するだけでなく、その知識や学習との関係を通じて「私」が形成され変容する。学習は、自己とのかかわりの深いところでは、変容的学習と呼べる (Mezirow 1991=2012; Taylor & Cranton eds. 2012)。知識そして学習は、私の世界を広げていくものである。このように、実践コミュニティに足場を置いたラーニング・ブリッジに取り組むことは、対話的な自己アイデンティティ形成プロセスと人生の形成に積極的に取り組むことと相互に連動しており、学生の成長へと結びついていると考えられるのである。

第8章　結論

　最後に、先行研究の上に本書の研究がつけ加えた共通認識が何であるかを明らかにしていきながら、本書の研究の総括を行う。本書では、学生が「いかに学び成長しているか／できるか」という実践的観点から学生の学習ダイナミクスの実態を把握し、その可能性を追求するという目的のもとで研究を進めてきた。各章では、それぞれ、目的と単位をもって研究が進められてきた。言うまでもなく、各章の内容は本書全体の目的と各章相互の間で互いに関連し合っている。そこで、本書の各章で進めてきた研究の結果と考察と示唆を1つひとつまとめ、全体を1つの流れとして見通した時に見えてくるものを掴んでおく必要がある。その上で、本書の研究全体の示唆を明らかにし、今後の課題を展望とともにまとめる。

第1節　本書の研究の総括

　今日、大学教育へ社会から未曾有の関心が注がれ、「自分に対する教育を自分で編成していく力と責任を与えていく」といった目標に向けて大学教育改革と大学教育実践が推し進められている。こうした状況を背景に、授業やカリキュラムやティーチングについてだけでなく、学生の「学びと成長」についての共通認識を形成していくための大学教育研究が求められている。それも、調査データに基づいて学生の学習の実態を把握すると同時に可能性を追求していく包括的かつ体系的な大学生調査研究が求められているのであった。

　これまでの大学生調査研究を通じて明らかにされてきたことは、第1に、

機関の設備や資金ではなく、学生に直接フォーカスし、学生の学習を対象にするということである。第2に、学生関与や学生エンゲージメントという発想から、学生が大学生活で費やす時間とエネルギーと参加する実践に着目して学生の学習を検討する必要があるということである。第3に、授業外での活動やカリキュラム補助型教育実践に参加する意義と授業外での経験や学習の重要性が指摘されている。さらにまた、日本の大学生調査研究において、学生関与・学生エンゲージメントがラーニング・アウトカムズに影響を及ぼすこと、授業での学習だけでなく授業外での学習に取り組み、遊びと学習をバランスよく行う大学生活を過ごしていくことが「学びと成長」につながることが明らかにされている。これらの知見が学生の「学びと成長」に対する共通認識として、本書に先立って形成されていた。

それと同時に、これまでの大学生調査研究では、学生の学習のアウトカムを標準化された指標で測定しようとするアウトカム志向のため、実践における教授・学習過程の中の学生の「学びと成長」についての検討が不十分なままにとどまっていることが明らかになった。そこで、本書では、学生の「学びと成長」というテーマの下、学生が「いかに学び成長しているか／できるか」という実践的観点から大学生調査研究を進めることにした。本書では、授業外での経験や学習と授業での学習のどちらか一方だけを研究対象とするのではなく、両方を研究対象とすることにした。そして、授業外での経験や学習と授業での学習とその間の関係という学習ダイナミクスについて明らかにすることを本書の研究目的とした。本書では、学生の学習ダイナミクスについての実態の把握と可能性の追求に取り組んだ。実態の把握として、WAVOC教育実践についての調査研究を量的研究と質的研究を組み合わせた混合研究法によって進めた。混合研究法は、量的研究と質的研究を相補的に行い、理論の生成と検討をともに追求し、現実の複雑さを理解しようとする研究法であった (Creswell & Plano Clark 2007=2010; 川口2011; 中村2011; 中村編 2010)。本書の研究でも、実態の把握と合わせて、学生の学習ダイナミクスを概念化することによって可能性を追求した。そして、実態の把握に基づく概念化にとどまらず、学習研究の流れと展開を再構成して浮き上がってきた

第 8 章 結論

概念のネットワークの中にその概念化を位置づけることで概念化のもつ意味をより掘り下げていった。さらに、概念化を概念化のままで終わらせるのではなく、さらに実態の把握に還流することで、実態の把握と可能性の追求を組み合わせて研究を進めた。その際には、教育実践調査研究と全国調査研究を結びつけて研究を進めた。すなわち、教育実践調査研究を通じて実践の中の学生の学習について具体的にアプローチすると同時に全国調査研究を通じて学生の学習に一般的にアプローチするという枠組みから研究を進めた。

WAVOC教育実践調査研究では、WAVOC教育実践のWAVOCプロジェクトの特徴を明らかにすることと、そこに参加する学生の授業外での経験と学習そして学習ダイナミクスを明らかにすることを目的に据えた。まず、「問題を社会の仕組みの中に位置づける力」「想像し、共感する力」「企画・立案／運営・発信する力」「自分の生き方を他者とのかかわりの中で紡ぎ出す力」を目標に掲げるWAVOC教育実践の特徴が明確にされた。WAVOC教育実践、特にWAVOCプロジェクトは、単なるマッチングや情報収集・提供ではなく実際のボランティア活動を組織的に支援していること、ボランティア活動に習熟した教職員がプロジェクトを支援すること、そして「現場での活動」「他者とのかかわり」「ふりかえり支援」を特徴としていることが明らかになった。

次に、WAVOC調査2009を通じて行った教育実践調査研究①の結果を要約すると次のようになる。

- 授業外での学習に関して、WAVOCプロジェクト参加学生は、非参加学生よりも、授業外での自主学習に時間を費やす大学生活を過ごしている。また、参加学生は、授業外での学習活動の頻度と相談や協働などの他者とのかかわりの機会が非参加学生よりも多かった。そして、参加学生の方が、プロジェクト活動に関わる汎用的技能と専門外の教養そしてWAVOC教育目標に挙げられている力の習得を実感していた。
- 授業での学習に関して、授業に参加する時間数や授業での協働の頻度に違いは見られなかったが、WAVOCプロジェクト参加学生の方が非参加学

生よりも授業に関連する読書冊数が多く、授業での学習における自己評価という省察的な学習に取り組むことが明らかになった。

　この調査結果は、WAVOCプロジェクトでの活動を通じてプロジェクト参加学生が授業外での学習に取り組んでいること、そしてWAVOCプロジェクトという授業外での活動が授業外での学習だけでなく授業での学習にも影響を及ぼしていることを示していると考えられた。

　そこで、続けて、WAVOCプロジェクトでのボランティア活動と授業外での学習との結びつきと、授業外での活動における経験と学習と授業での学習との関係という学習ダイナミクスのそれぞれについてインタビュー調査に基づくWAVOC教育実践調査研究を行った。学生たち自身が、それぞれをどう結びつけているかを探っていった。1つ目のWAVOC主催のボランティアフェアでのプレゼン活動について行ったインタビュー調査（WAVOC教育実践調査研究②）の結果を要約すると次のようになる。

- ボランティア活動それ自体とは異なるプレゼン活動を通じて、学生たちはボランティア活動やプレゼン活動についてリフレクションしていることが明らかになった。リフレクションを通じて、自らの経験から意味を引き出したり、次なるアクションに向かっていったりしていた。
- また、プレゼン活動を通じてのリフレクションは、ボランティア活動の出来事や経験やそこでの他者とのかかわり、そしてボランティア活動を通じてのリフレクションと結びついていることが明らかになった。リフレクションが互いに関連し合って、意味を形成していることが明らかになった。

　そこから、ボランティア活動とプレゼン活動という異なる状況が関わり、それによって他者とのかかわりや他者の視点を活かして、複数のリフレクションを重層的に構造化することでリフレクションの深化が生まれていくと考えられた。このようなリフレクションの重層的深化は、自他の視点を混ぜ合わせた経験の意味づけの深化であり、パーソナルで省察的な意味形成とし

ての学習であると考えられた。WAVOCプロジェクト参加学生は、ボランティア活動とプレゼン活動のリフレクションを通じて、授業外での活動を授業外での学習に結びつけていることが明らかになった。

また、もう1つのWAVOCプロジェクト参加学生の学習ダイナミクスについて行ったインタビュー調査(WAVOC教育実践調査研究③)の結果を要約すると次のようになる。

- WAVOCプロジェクト参加学生は、長期間の渡航や毎週のミーティングで時間とエネルギーを注ぎ込むWAVOCプロジェクトのことをメンバー間の信頼関係と承認関係を築く実践コミュニティと意味づけ、力や方向性の感覚を得ていることが明らかになった。
- 参加学生において、授業外での活動における経験と学習と授業での学習との間で相互に関連があることが見出された。参加学生は、一方で、授業で学習した知識をプロジェクト活動の様々な場面で実践的に活用し、他方で、プロジェクト活動から興味や問題意識を創出したり、リフレクションを深化させたりして、授業外での経験と学習を授業での選択や授業での学習に関連させていることが明らかになった。参加学生は、授業と授業外でのプロジェクト活動を往還しながら両者を関係づけていることが明らかになった。
- ただし、授業と授業外でのプロジェクト活動との間の関係は恒常的に調和的であるわけではない。プロジェクト活動の中のコンフリクトと合わせて、プロジェクト活動と授業との間のコンフリクトを調整しながら、参加学生が自己アイデンティティを形成しているということも明らかになった。

ここまでの教育実践調査研究を通じて見出された学習ダイナミクス(授業での学習と授業外での学習とその間の関係)をラーニング・ブリッジングとして概念化した。すなわち、授業と授業外のそれぞれで学習に取り組み、授業と授業外の間を移行・往還しながらそれぞれの学習を結びつけて統合することをラーニング・ブリッジングとして概念化した。実践コミュニティに足場を置

いたラーニング・ブリッジングという学習ダイナミクスは、授業外での実践コミュニティに参加してそこを足場とすること、授業と授業外の双方で学習に取り組むこと、そして対話的な自己アイデンティティ形成プロセスを基礎プロセスとすることによって、授業と授業外を移行・往還しながらそれぞれの学習を結びつけて統合していくことがあわさって実現していると考察された。

こうした実態の把握とそれに基づく概念化を受けて、さらに「実践コミュニティとラーニング・ブリッジング」が学生の「学びと成長」に対して果たす役割を明らかにすることを目的として研究を進めた。まず、学習についての研究の流れと展開を再構成し、学習ダイナミクスとしてのラーニング・ブリッジングをその中に位置づけた。学習ダイナミクスとしてのラーニング・ブリッジングの特徴は、大学教育の文脈での概念化であること、学習者に焦点化していること、そして対話的な自己アイデンティティ形成を基盤とし、複数の状況としての実践コミュニティの間の移行とそれを通じて学習者が取り組む構成的活動をあわせて概念化していることに認められる。

続けて、「実践コミュニティとラーニング・ブリッジング」について教育実践調査研究と全国調査研究を通じて検討した。WAVOC調査2010を通じて行ったWAVOC教育実践調査研究④の結果を要約すると次のようになる。

- 単に、授業外の実践コミュニティに参加する学生たちよりも、授業外で学習活動を行う実践コミュニティに参加する学生たちの方が、知識・技能の習得に関する項目の得点が全般的に高かった。
- 授業外活動の実践コミュニティで学習活動に取り組むことに加えて授業外での学習と授業での学習をラーニング・ブリッジしている学生が、遊びと学習のバランスある大学生活を過ごし、授業・授業外の両方でアカデミックな知識・技能や社会的技能や汎用的技能の習得に関する項目の得点が高かった。
- WAVOCプロジェクト参加学生は、半数以上が授業外での実践コミュニティに参加して学習し、3人に1人近くが授業外での実践コミュニティに

足場を置いてそこでの学習を授業での学習にラーニング・ブリッジしていくグループであった。

ここで、以上の教育実践調査研究の結果をまとめて考察する。第1に、これまでの大学生調査研究における知見が確認された。これまでの研究で蓄積されてきた共通認識を本書の研究に即してなぞっていくところから考察を始めよう。まず、学生関与と学生エンゲージメントの考え方はともに、学生が費やす時間とエネルギーに着目している (Astin 1984; Kuh 2001b; 2003)。その上で、学生関与や学生エンゲージメントが学生の学習成果(ラーニング・アウトカムズ)に強い影響を及ぼすことが一連の調査研究を通じて明らかにされていた (Astin 1993; Kuh 2003, 2009; Pascarella & Terenzini 2005)。学生関与および学生エンゲージメントの着眼点から進められた日本における大学生調査研究においても、それらが学習成果(ラーニング・アウトカムズ)に効果を及ぼすことが実証された (小方 2008; 山田礼子 2009, 2012)。そしてまた、学生の「学びと成長」という実践的観点から進められた大学生調査研究から、授業外での活動における経験と学習に時間とエネルギーを費やし遊びと学習のバランスある大学生活を過ごしていることが知識・技能の習得というアウトカムにつながっていることが見出されている (溝上 2009; 山田・森 2010)。これらの先行研究の知見が、本書の教育実践調査研究において確認された。次に、先行研究において、効果的な教育実践への参加の意義が見出されている。そこでは、多くの大学教育研究の成果を集約して、「初年次セミナーと初年次経験」「知の共通経験」「ラーニング・コミュニティ」「ライティング・インテンシヴ・コース」「協働課題・協働プロジェクト」「学士課程研究」「多様性／グローバル学習」「サービス・ラーニング、コミュニティ型学習」「インターンシップ」「キャップストーン・コース／プロジェクト」が効果的な教育実践として挙げられている (Kuh 2008)。本書の教育実践調査研究を通じて、授業外で展開されているカリキュラム補助型のWAVOCプロジェクトに参加することが、授業外および授業両方での学習行動を促していることが明らかになった。そうした学習行動が知識・技能の習得や将来を見据えた日々の行動につながっ

ているのであり、効果的な教育実践への参加の意義が確認されたと言える。

　本書の研究では、第2に、授業外での学習についてボランティア活動の経験を通じて学んでいく具体的な学生の学習の実態についての理解を深めていった。経験学習の有意義な形態は、リフレクションを通じて自分自身の経験について意味形成するというものである (Boud et al. 1985; Boud et al. 1993; Boud & Walker 1991; Kayes 2002; Kolb 1984; Kolb et al. 2001; Kolb & Kolb 2005)。ボランティア活動の経験を他者とかかわりながらリフレクションすることで、アウトカムへと結びつけていくことができる (Ash & Clayton 2004, 2009; Ash et al. 2005; Bringle & Hatcher 1999; Eyler et al. 1996; Hatcher et al. 2004; Jameson et al. 2008; Whitney & Clayton 2011)。実際に、これまでの国内外のボランティア活動に対する大学生調査研究において、リフレクションがアウトカムにつながるという結果が示されていた (Astin et al. 2000; Eyler & Giles 1999; 岩井 2010; 木村・河井 2012; 木村・中原 2012; 中根 2011; 山田・井上 2009)。本書の教育実践調査研究は、以上のような先行研究の共通認識に加えて、リフレクションの深化のあり方として、複数の状況と多様な他者がかかわる構造的な機会によってリフレクションが重層的に深化していくことを明らかにしていったのである。さらに、自分の経験についてリフレクションの深化を通じて進められる授業外での学習をパーソナルで省察的な意味形成としての学習と捉えていった。

　第3に、本書では、学生の「学びと成長」というテーマの下、教育実践における学生の学習について、授業外での学習と授業での学習とその間の関係という学習ダイナミクスを対象として研究に取り組んだ。これまでの研究で、学生が費やしている時間とエネルギーや参加している効果的な教育実践、特に授業外での効果的な教育実践と授業外での学習が学生の「学びと成長」につながるという共通認識がもたらされていた。本書の研究では、さらに、授業と授業外の間のように異なる状況の間の移行・往還とその両方で取り組んでいる学習を結びつけて統合するという構成的活動がさらなる学生の「学びと成長」につながることが明らかにされた。学生の費やす時間とエネルギー、学生が参加する効果的な教育実践に加えて、学生が行う移行とそれに基づく構成的活動――ラーニング・ブリッジング――もまた、学生の「学びと成長」

を考える上での重要な着眼点となるのである。

　また、これまでの学習についての研究において、複数の異なる状況を移行・往還しながら行う学習に関心が集まっていた (Beach 2003; 香川 2008)。本書の研究は、移行・往還だけでなく、その複数の異なる状況のそれぞれで学習に取り組みかつそれらの学習を結びつけて統合する構成的活動があることによってさらに学習が深化するという視点をもたらした。そして実際に、授業と授業外の間を移行・往還しながらそれぞれの学習を結びつけて統合することをラーニング・ブリッジングとして概念化し、授業外活動の実践コミュニティに足場を置いて授業での学習へとラーニング・ブリッジングしている学生が知識・技能の習得に関する得点が高いことを明らかにした。このようなラーニング・ブリッジングは、行為者志向パースペクティヴ (Lobato 2003, 2006, 2012) からするならば、枠組化 (Engle 2006; Engle et al. 2012) や般化 (Ellis 2007; Goldstone & Day 2012; Goldstone & Wilensky 2008) のような学習者の構成的活動の1つと捉えることができる。さらに、ラーニング・ブリッジングに特徴的なことは、複数の状況としての実践コミュニティの間の移行に基づいており、その両者で学習に取り組むことを必要条件として内包している点である。それにより、複数の実践コミュニティが関連しあう現代社会の実情 (Adler & Heckscher 2006) と適合し、複数の実践コミュニティに属しながらネットワークを通じて新しい協働や知識を創出する (Brown & Duguid 1991, 2000) といったより創造的な学習のあり方を射程に入れることができる。さらに、実践コミュニティが全人格的発達または全人格的支配を要求してくることや新しい知識の創出や習得を問題にできないことといった実践コミュニティ概念のもつ難点を解消できる (Barton & Tusting eds. 2005; Edwards 2005; 福島 2001, 2010a, 2010b; Fuller et al. 2005; Tuomi-Gröwn & Engeström 2003)。このように学習研究に対しても、共通認識を広げてきた。

　そして、第4に、本書の教育実践調査研究では、実践コミュニティに足場を置いたラーニング・ブリッジングの基礎プロセスとして自己アイデンティティ形成プロセスが働いていると考えてきた。自己アイデンティティ形成は、重要な他者そして自分の所属するコミュニティのメンバーシップと関わって

いると考えられている (Erikson 1968; 河井 2011b)。実際、WAVOCプロジェクトは、メンバー同士や教職員や現場で出会う人々とのかかわりを通じて、互いの相互信頼関係を築き、「私」にとっての居場所また自分をつくっていく場所と捉えられていた。こうした他者との関係に加えて、自己アイデンティティ形成には、複数の「私」すなわち自己の間の関係が関わっている。複数の活動に同時に参加していれば、複数の異なる活動のそれぞれにコンフリクトがあるだけでなく、それらの活動の間にもコンフリクトが存在する。そこには、それぞれの活動の「私」やそしてそれらの活動の間を調整する「私」の間で対話が存在する。こうした複数の「私」の間で対話を繰り広げながら、それぞれの状況における自己とその間の調整を行う自己の両方において自己アイデンティティの感覚は二重形成される (溝上 2008)。自己アイデンティティ形成は、均一で一本調子のモノトーンではなく異質性を併存させながら対話的に進められる。その中で、複数の「私」が知識・技能を関連づけて活用し、それぞれの学習が結びついて統合されていく。このように、自己アイデンティティ形成プロセスを基盤として、ラーニング・ブリッジングが支えられていくと考えられたのであった。

　第5に、WAVOC教育実践、特にWAVOCプロジェクトの文脈に即して、実践コミュニティにおけるリフレクションの重層的深化とそこに足場を置いたラーニング・ブリッジングがどのように実現しているかについて考察する。まず、WAVOCプロジェクトは参加学生が時間とエネルギーを注ぎ込んで協働しながら活動を進める実践コミュニティであった。また、WAVOCプロジェクトは、授業外での学習が生まれ、授業での知識が活かされ、学生同士の間や教職員と学生との間そして学外者との間でかかわりが生まれるラーニング・コミュニティでもあった。従来のラーニング・コミュニティは、複数のコースを共通して履修している学生集団として規定されることが多かった (Gabelnick et al. 1990; Shapiro & Levine 1999)。そしてそうしたラーニング・コミュニティへの参加がアウトカムに結びついていることが大学生調査研究を通じて明らかにされていた (Inkelas et al. 2007; Inkelas & Weisman 2003; Pike et al. 2011; Pike et al. 1997)。本書の研究を通じて、WAVOCプロジェクトのような

授業外での活動を学生同士の間・教職員との間・現場での多様な他者との間でかかわり合いながら、協働して活動と学習を進めるグループをラーニング・コミュニティとして拡張的に捉えられると考えられた。

さらに、実践コミュニティにおけるリフレクションの重層的深化とそこに足場を置いたラーニング・ブリッジングに対して、WAVOC教育実践の多層的支援が働きかけていることが見出された。まず、最も基本的な支援として、WAVOCプロジェクトを持続することとプロジェクトでの活動を組織的に支援することが挙げられる。また、プロジェクトにおいて他者とのかかわりの機会と構造化されたふりかえりの機会を通じて支援される。そして、WAVOC教職員による直接的な働きかけがある。WAVOC教育実践は、ボランティア活動に習熟したWAVOC教職員スタッフが、現場での活動を支援する。それは、準備段階でリスク管理の講習会を実施するなどの支援、実行段階で他者とのかかわりの機会を作り出しながら活動をともにしていくという支援、活動終了後段階での報告書やプレゼンテーションや日々のミーティングでのリフレクションの構造化された機会を通じて行われるふりかえり支援と広い領域にわたっている。実践コミュニティまたはラーニング・コミュニティとしてのWAVOCプロジェクトでは、時間とエネルギーを注いで協働的にコミットしていくことに加えてこのような多層的支援を受けることで、学生は授業外でリフレクションの重層的深化というパーソナルで省察的な意味形成を実現できると考えられた。また、学年を重ね大学の授業での学習を積み重ねる中で、授業外での学習が着実に形成されていればいるほど、授業での学習との間の関係をどうするかという課題に学生は直面すると考えられる。ここでも、WAVOC教職員は、実践の熟達者として、学術研究者として、アカデミックな学びへの扉として、実際にハードルや知識を提示することや実践や研究への取り組みの姿を通して、学生に授業外でのリフレクションの深化をはじめ読書などのアカデミックな学習を喚起し、さらには授業での学習へのラーニング・ブリッジングにつながる道を用意している。このように、WAVOCプロジェクトでは、多層的支援を通じて、学生の実践コミュニティに足場を置いたラーニング・ブリッジングを支えている。

本書では、質問紙調査とインタビュー調査を組み合わせた混合研究法による教育実践調査研究の知見をさらに検討するため、全国の学生を対象として検討する全国調査研究に取り組んだ。混合研究法による本書の教育実践調査研究では、WAVOC教育実践と結びつけて授業／授業外にわたる学生の学習ダイナミクスを多面的に検討し、ラーニング・ブリッジングを概念化し、学生の「学びと成長」に対する意義を明らかにすることにつながった。本書ではさらに、実践に即してはいるものの広く学生全般について検討・考察することができるわけではない教育実践調査研究の知見を補って、またその知見に基づいて、全国の学生を対象とする全国調査研究を進めた。

全国調査研究では、教育実践調査研究と接続して取り組むことで学生が「いかに学び成長しているのか／できるのか」という実践的な観点を保持し、学習ダイナミクスとしての「実践コミュニティとラーニング・ブリッジング」の学生の「学びと成長」に対してもつ役割を一般的に明らかにすることを目的とした。その結果を要約すると次のようになる。

- 授業外での学習に取り組む実践コミュニティは、アルバイト等よりも、サークルおよび授業や学部・学科の友人のグループに見られることが明らかになった。ただし、授業や学部・学科の友人グループの実践コミュニティで取り組む授業外での学習は状況が要求するから取り組むという動機づけのものだということも明らかになった。また、入試難易度の高い大学に所属する学生たちは、授業外での学習を行う実践コミュニティに参加していることが多いことも明らかになった。
- 授業外活動の実践コミュニティに参加して授業外での学習に取り組み、その授業外での学習を授業での学習へとラーニング・ブリッジする学生たちが、遊びと学習をバランスよく行う大学生活を過ごし、授業／授業外の両方での知識・技能の習得の実感とアクティブラーニングと正課内外のキャリア関連プログラムの参加の程度が高いことが明らかになった。また、その学生たちは、自分の将来を展望した上で日常生活で行動に移している割合が高いことも明らかになった。

教育実践調査研究において見出された点が、全国の大学生についても言えることが確認された。まず、授業外での学習に時間とエネルギーを注ぐことおよび効果的な教育実践への参加の意義が確認された。授業外での活動の実践コミュニティに参加することが、友人関係を構築して大学生活へ適応していく上で重要であると確認された。しかし、さらにそこで授業外での学習に取り組むのでないならば、授業／授業外での知識・技能の習得には効果的に結びつかない。これまでの大規模調査研究で明らかにされている授業外での学習の時間の少なさという点（金子 2013; 溝上 2009; 鈴木・安岡 2007; 武内編 2003, 2005; 谷村 2009, 2010; 谷村・金子 2009; 山田礼子 2012）は、授業外での学習に取り組むような実践コミュニティに参加していないと捉え直すことができる。さらにはそのような実践コミュニティが学生にとってアクセスしがたい状況にあるもしくはそのような実践コミュニティが十分に育っていないと捉え直すことができる。授業だけでなく授業外において、カリキュラム補助型教育実践などを通じて学生が授業外で学んでいく——それも学びたくて自発的に学んでいくような——実践コミュニティという場を創り出すことが大学教育には求められていると言えるであろう。

　また、授業外での学習に取り組んで遊びと学習のバランスある大学生活を過ごすことが重要であることも確認される。加えて、授業外での学習を授業での学習へラーニング・ブリッジすることで知識・技能の習得に結びつくということが示された。このように、授業外での学習と授業での学習とその間の関係という学習ダイナミクスを研究対象として進めてきた本書の研究によって、授業外活動の実践コミュニティに参加してそこでの学習に取り組み、そして授業での学習とラーニング・ブリッジするという学生の学習のあり方が導き出された。大学生活において、学習に時間を割り当てて学習を位置づけ、授業／授業外にわたる学習ダイナミクスとしてのラーニング・ブリッジングを進めていくような学習の組織化——学習のある生活という意味での学習生活 Learning Life、さらには学習のあふれる生活 Learningful Life[21]——を実現していくことが、学生の「学びと成長」の1つの道として見出されたと言えるだろう。学生の授業／授業外の学習ダイナミクスに焦点を絞って

いってみていく中で、実践コミュニティに足場を置いたラーニング・ブリッジングを通じて、学生の「学びと成長」が駆動されることが明らかになった。

さらに、授業／授業外にわたる学習ダイナミクスとして実践コミュニティに足場を置いたラーニング・ブリッジングは、知識の習得・活用に関わるアクティブラーニングおよび授業内容の理解を目指す深い学習と結びつく点で学生の授業での学習の発展につながり、将来の人生を展望した上で日常生活での行動に移すこと（2つのライフおよび接続意識・行動）に結びついている点で自己アイデンティティ形成プロセスとつながっていると考えられた。

まず、授業／授業外にわたる学習ダイナミクスとして実践コミュニティに足場を置いたラーニング・ブリッジングを行う学生たちは、アクティブラーニング型授業へ参加している。また、授業での知識・技能の習得を実感していた。複数の状況での学習を結びつけて統合していくことが、1つひとつの授業での知識の習得・活用としてのアクティブラーニングにもポジティヴな作用をもたらすと考えられた。このように実践コミュニティに足場を置いたラーニング・ブリッジングがアクティブラーニング型授業へのアクセスと参加の程度と結びついているということは、授業外での学習に取り組み、授業での学習とラーニング・ブリッジしていくという2つの学習の間の関係の組織化や調整が大学生活における学習にアクティブさをもたらしうるということを意味する。言い換えるならば、機会へのアクセスと参加とその中での知識の実際の活用のためには、実際にアクティブラーニング型の授業を用意したりそこでのティーチングに工夫を凝らしたりそこでの学生の学習意欲や主体的な学習態度を喚起したりするだけでなく、学生の大学生活または学生が取り組む複数の活動とそこでの学習のあり方として実践コミュニティに足場を置いたラーニング・ブリッジングを実現していくことにも目を向ける必要があるということである。主体的な学習態度を謳いアクティブラーニング型の授業をやみくもに提供したとしても、学生の消費者としての性格を招き寄せて主体的とは反対の受動的・表面的な学習に終わるという意図せざる結果を招来する可能性にも自覚的である必要があるだろう。そうした事態を避けるためにも、学生が自らの学習に対して責任を持てる余白を残して、学生

に対して待つことも必要だと考えられる[22]。そのための着眼点の1つとして、学生の授業／授業外にわたる学習ダイナミクスである実践コミュニティに足場を置いたラーニング・ブリッジングを視野に入れることが重要であると考えられる。

次に、実践コミュニティに足場を置いたラーニング・ブリッジングと深い学習との結びつきについて考察する。深い学習または学習アプローチは、ティーチングの改善のために学生の学習を理解する必要があるという問題意識の下、研究が進められてきた授業での学習に関わる概念である (Biggs & Tang 2011; Entwistle 2009=2010; Marton & Säljö 1976; 松下編 印刷中; Prosser & Trigwell 1999; Ramsden 2003)。実践コミュニティに足場を置いたラーニング・ブリッジングは、相互に関連づけられた知識に基づく概念理解と学習内容をパーソナルに捉えるという両面において深い学習と結びついていると考えられた。そして実際に、ラーニング・ブリッジングと深い学習アプローチとの間に相関が見出される (河井・溝上 2012)。ここでも先にアクティブラーニングについて行った考察と相同の考察を行うことができる。実践コミュニティに足場を置いたラーニング・ブリッジングが授業での深い学習アプローチに結びついているということは、授業外と授業の学習のラーニング・ブリッジングという複数の学習の間の関係の組織化や調整が授業での学習の深化をもたらしうるということを意味する。見方を変えて表現するならば、授業での深い学習の実現のためには、授業における優れたティーチングや学生の学習意欲や主体的な学習態度を喚起するだけでなく、学生が授業外での学習に取り組むことそしてラーニング・ブリッジングを実現していくことも重要な役割を果たすということを意味する。また、知識や概念の意味理解というアカデミックな学習と経験についてのパーソナルで省察的な意味形成としての学習とを結び合わせる上で、前者に焦点化する授業での学習と後者に焦点化可能な授業外での学習を結びつけるラーニング・ブリッジングが双方の可能性を引き出すと考えられる[23]。そのためにも、授業だけでなく授業外においてもカリキュラム補助型教育実践等を通じて学生の学習の場を創り出していくこと、そしてそれに加えて、授業外での大学教育が関与する実践コミュニティを学

生が「学びたくて学ぶ」内容必然的で目的志向の動機づけとともに学ぶ場へと変えていくこと、そしてそうした授業外での学習を授業での学習に架橋していくような支援や働きかけもまた大学教育に求められる。また、授業外での学習を促すような授業やカリキュラムのデザインや教育評価（松下 2012a; 大塚 2012）と授業外での経験と学習を結びつけることができるまた結びつけたくなるような教授内容の構造化・体系化を追求することが求められる。こうした文脈からも、学生が、それまで問うたことの無い問いに出会ったり、問わずにはいられない問いに出会ったり、その問いを巡って積極的に知識を探求していったり、学生仲間とまた教職員とともに学習を深めていったりする経験ができるような授業への挑戦と集合的なカリキュラム改革が求められるだろう。

　最後に、実践コミュニティに足場を置いたラーニング・ブリッジングと 2 つのライフそして自己アイデンティティ形成との結びつきについて考察する。2 つのライフの将来への接続の意識と日常での行動は、自分の将来を見通した上で日常生活での行動に移していくという人生形成に関わっている（溝上 2010）。この概念化によって、将来の見通しと日常の行動の両方をつなげていくことを強調したことの意義は大きい。実践コミュニティに足場を置いたラーニング・ブリッジングは、このような将来の見通しと日常の行動の接続そして自己アイデンティティ形成に結びついている。対話的な自己アイデンティティ形成プロセスを通じて複数の「私」が対話する中で、知識・技能が活用されて学習が結びついて統合される。対話的な自己アイデンティティ形成を基礎プロセスとして実践コミュニティに足場を置いたラーニング・ブリッジングが支えられる。他方で、実践コミュニティに足場を置いたラーニング・ブリッジングを通じて、対話的な自己アイデンティティ形成が進展する。複数の活動の間を移行・往還しながら異なる学習を結びつけて統合するラーニング・ブリッジングは、それぞれの活動におけるコンフリクトへの対処および活動の間のコンフリクトへの対処に少なからず取り組みながら自己アイデンティティの感覚を形成していく。そのような自己アイデンティティ形成は、ラーニング・ブリッジングの足場となる実践コミュニティへの参加

を通じて行われる。実際に、例えば、WAVOC プロジェクトは、かなりの時間とエネルギーを各メンバーが注ぎながら協働的にコミットし、お互いの信頼関係・承認関係を築くことができるような実践コミュニティであった。包括的な意味での人生の形成は、仲間そして他者とのかかわりを通じて、またそのかかわりに支えられている(乾 2010; 児美川 2006; 溝上 2008)。実践コミュニティに足場を置いたラーニング・ブリッジングはまた、授業外でのパーソナルで省察的な意味形成としての経験学習とアカデミックな学習とを結びつける。そこで、自分の経験とアカデミックな知識の概念理解とを関連させることで、自分のものの見方や考え方が変容していく。さらに、複数の異なる学習が結びつく。授業外での経験学習や授業での学習だけでなく、アクティブラーニングの機会への参加や正課内外のキャリア関連実践への参加も結びつく。そこでは、自分のキャリア形成と学習とが結びついていく。こうして、授業／授業外にわたる学習ダイナミクスとしての実践コミュニティに足場を置いたラーニング・ブリッジングを通じて、複数の活動とそこでの学習そして経験や知識が対話的に結びつけられ、対話的な自己アイデンティティ形成が発展しうる。ラーニング・ブリッジングそれ自体は、あくまで学生の学習に焦点化した概念であるが、その関連するところを辿っていくならば、学生の将来の人生そして日常的な大学生活全体にまで関わっている。こうした関連において、実践コミュニティに足場を置いたラーニング・ブリッジングは、学生の「学びと成長」を駆動していく。「学びと成長」とはまさに相互に関連して絡み合って、相互に支え合い、相互に活性化しあう関係を築きうるのである。

　本書では、学生が「いかに学び成長しているか／できるか」という実践的観点から授業外での経験と学習と授業での学習とその間の関係という学習ダイナミクスについての研究を進めた。そこで見えてきたのは、個別の学習内容との関連の水準に関わるアクティブラーニングや深い学習のように授業での学習と連動し、また大学生活全体の水準に関わる対話的な自己アイデンティティ形成とも連動し、授業外での実践コミュニティとそこからのラーニング・ブリッジングが学生の「学びと成長」を広く駆動していくという可能

性であった。

　そして、この授業外での実践コミュニティとラーニング・ブリッジングは大学教育実践または大学教育全体に関わる意義を有していると考えられる。今日、大学教育においては様々なレベルで目標の設定が試みられている。例えば、AAC&U (2007) の本質的なラーニング・アウトカムズや中央教育審議会答申『学士課程教育の構築に向けて』におけるラーニング・アウトカムズとしての学士力のような大学教育改革政策や高等教育制度全体における学生の学習の目標もあれば、「専門学そのものの意味を問い直し、課題意識を持ちつつ学ぶこと」、すなわち「専門性に立つ新しい教養人の育成」（寺﨑 2010: 10）のようにカリキュラム編成や教育実践全体の構想・評価といった機関・部局レベルの目標もまた各機関・部局で模索されている。政策や制度の学生の「学びと成長」への働きかけに加えて、教育実践の中の学生の「学びと成長」のあり方を規定するのが実践とその実践に参加する人々である。学生の「学びと成長」の厚い背景を掘り下げていく中で見出されたように、大学教育実践とその中の学生の「学びと成長」へ関心が集まる中、「自分に対する教育を自分で編成していく力と責任を学生たちに与えていくこと」（松下 2003）が大学教育実践における重要な目標の1つとして見出されていた。学生にとって、授業外での活動の実践コミュニティに参加し、そこで学習活動にも取り組み、その授業外での学習と授業での学習を結びつけてラーニング・ブリッジしていくことは、この教育実践上の目標に対する応答の形の1つであると考えられる。すなわち、実践コミュニティに足場を置いたラーニング・ブリッジングという学習ダイナミクスを通じて、学生は、自分に対する教育を自分で編成していく力と責任を引き受けていく（ことができる）と考えられる。

　また、「専門性に立つ新しい教養人の育成」のようなカリキュラム上の目標として機関・部局が掲げる目標は、その目標を自らのものとしながら進める教育実践の営為および教育する側の働きかけ、そして学生の応答があって実現に向かいうるものである。授業外での実践コミュニティに足場を置いたラーニング・ブリッジングは、そのような学生の応答の形であると考えることができる。言うまでもなく、学生の応答の内実は機関・部局さらには教育

実践ごとに異なる形で捉えられる。その上で、それぞれの目標に対する学生の応答は、目標達成プロセスへの不可欠な要件である。

　そして、大学教育改革政策や高等教育全体の学生の学習の目標に向けて（あるいはそれ以上の目標を模索しながら）、各機関・各部局・各教育実践が営まれている。例えば、最も包括的な目標として学士力における「統合的な学習経験と創造的思考力」やAAC&U（2007）の統合的学習は、目標として掲げられるだけで達成されるものではなく、教育実践とそこに参加する人々の営為があって達成に向かいうる。学生の学習のアウトカムとしてのそれらの目標は、学生たちが自らの教育に対する力と責任を引き受けて学習に取り組むことを通して達成されていくと考えられる。そしてそのような力と責任を引き受ける形の1つが、授業外実践コミュニティに足場を置いてラーニング・ブリッジしていくという学習ダイナミクスであると考えられる。

　実践コミュニティに足場を置いたラーニング・ブリッジングを学生が力と責任を引き受ける形と見るならば、学生の学習をめぐるジレンマないし危惧について考えねばならない。学生たちが授業外で学ぶと言っても、それは外発的・状況依存の学習つまりやらされてやる学習である場合が少なくないことが見られた。授業外での学習は、多くの場合、学びたくて学ぶものとはなっていない現状が見られた。こうした現状を踏まえると、授業外での学習を促す働きをしても（むしろ促せば促すほど）、学生の受動的・表面的・非主体的な学習を蔓延させる可能性がある。これは、1つのジレンマであり、このジレンマに対して危惧することは正当なことである。そしてまた、もう1つの関連するジレンマがある。本書の研究で見出してきた学習ダイナミクスは、授業外で実践コミュニティに参加して学習に取り組み、その実践コミュニティを足場に授業外での学習と授業での学習を結びつけて統合するというものであった。そして、第6章と第7章では、授業外で実践コミュニティに参加していくこと、そしてそこで学習に取り組んでいくことを実践コミュニティに足場を置いたラーニング・ブリッジングの構成要素として内包して検討してきた。この学習ダイナミクスは、授業外での学習から授業での学習へという方向性に重きを置いた捉え方である。これに対して、授業外学習を促

す授業デザインやアクティブラーニング型授業や経験学習型教育実践がカリキュラム改革を通じて進められようとしている現在においては、授業での学習から授業外での学習へ進む方向が今後増えていくと考えられる。この事態について、学生の学習時間が増えることは喜ばしいことだと受け取る向きもあるだろう。と同時に、授業外で取り組んでいた学習を授業での学習に結びつけていくという学生の構成的活動——とそこに見られる自律性や主体性——が失われ、授業外での受動的・表面的・非主体的な学習を招くのでは無いかという危惧も表明可能である。ここにもまた、授業での学習が授業外へと広がっていく一方で、授業外で可能であった学習ではなく受動的・表面的・非主体的な学習を実現してしまうというジレンマがあると考えられる。これらのジレンマは、他律と自律をめぐるジレンマ——他律を通じて自律がいかにして可能か——という教育に根ざす深いジレンマと関わっている。確かに、大学での教育実践を通じて学生に働きかける教職員が、これらのジレンマに敏感であることは重要なことである。しかし、それらのジレンマを見る視線が、学生がどこまでも単に働きかけられる受動的な存在であり、それ以外ではないという想定によって自らの視野を制約されてしまう事態は避けねばならない。学生は確かに教授・授業・教育の受け手という点で必然的に働きかけられる存在ではある。無条件・無制約の主体性を備えているなどということはない。しかし、同時に学生たちは、自らの学習に対して力と責任を持って、自らへの働きかけに対して働き返していく、つまり再帰的に世界に働きかけている存在そしてその力を有する存在なのである。このように考えるならば、先に見たジレンマは、絶対に勝てない負け戦の到来というよりも、日々日常の実践の営みを通じて取り組んでいくべき課題の出現と見ることができる。そのジレンマは、教職員だけでなく学生もともに力と責任を持って取り組むハードルとなる。実際に、WAVOCでは、ただし教職員と学生の相当のエネルギーと絶えざる奮闘を通じて、そのハードルを越えようとしていた。他にも、今日の大学教育実践の挑戦の中で少なからぬ実践がこうしたハードルに挑み越えようとしている。ハードルとジレンマに対する奮闘に向けて、実践コミュニティに足場を置いたラーニング・ブリッジングは、

教育の側の働きかけに対して学生が力と責任を持つ1つの形であり、学習者が再帰的に世界に働きかけていくという理論を練り上げていくための理論的装置の1つなのである。

　ここからさらに敷衍して考えることが許されるならば、学習ダイナミクスとしてまた教育目標への応答としてのラーニング・ブリッジングは、大学教育における重要な価値と結びついていると考えられる。それは、大学のオートノミーである。オートノミーとは、組織体に関して用いられる場合は自治を表し、個人に関して用いられる場合は自律を表す。実践コミュニティに足場を置いたラーニング・ブリッジングは、これまで見てきたとおり、学習者1人ひとりの自律に関わっている。そればかりでなく、組織体としての大学の自治に関わっていると考えられる。学生たちは、授業外での実践コミュニティに足場を置いて授業での学習とラーニング・ブリッジングすることを通じて、教育目標への応答として自分の学習への力と責任を引き受けていく。そこで、学生の側と教職員の側、教育をされる側と教育する側、学ぶ側と学びを支援する側、両側において互いの責任を果たし、互いの自律に向けて進んでいく。このような過程を通じて、またこのような努力があってこそ、大学という組織体のオートノミーは達成されると考えられる。むしろ、それぞれの大学構成員によるこのような努力なしで、大学という組織体のオートノミーが達成されると考えることは難しい。このような努力なしに達成されたとしても、そこに価値が宿るのだろうか。

　言うまでもなく、大学のオートノミーは、待っていて自然に発生するものでもなければ、誰かがどこかから与えてくれるものでもない。今日、大学のオートノミーに関しては、各高等教育機関が自己評価を通じて質保証を行うことすなわち内部質保証システムを構築すること、そしてその過程で共通認識を形成していけるようなデータに基づく教育改善を図ること、そのためにもFDとIRを結びつける努力を進めることが欠かせないと考えられている（金子 2011b; 鳥居 2012）。FDとIRのそれぞれにとっても両者を結びつけるうえでも、教育目標について考えることが重要である[24]。そして、ここでの考察を踏まえるならば、その教育目標の意味するところである「自分に対する

教育を自分で編成していく力と責任を学生たちに与えていく」(松下 2003)こ
とと各機関の文脈にローカライズされた具体的な内実、そしてその目標への
1つの意味的応答としての実践コミュニティに足場を置いたラーニング・ブ
リッジングという授業／授業外にわたる学習ダイナミクスが駆動して「学び
と成長」が達成されていくこともまた、大学のオートノミーに向けて重要な
役割を果たしていくと考えられるのである。学生の責任ある応答と教職員の
教育への責任遂行とが合わさって、大学の責任を果たすことができる。すな
わち、学生の「学びと成長」と教職員の教育改善があって質が保証されると
同時に向上していくことが可能になる。その時、意味のある内部質保証シス
テムが構築されるのであり、社会をはじめとする各所から高等教育機関に寄
せられる声に応えていくこともできる。

　このように、授業外実践コミュニティに足場を置いたラーニング・ブリッ
ジングは、学生を「いかに学ばせ成長させるか」(溝上 2012)という教育する
側の実践的観点と接続可能な形で見出された学生の学習ダイナミクスである
と言える。それはまた、各機関・各部局の掲げる目標、大学教育改革政策や
高等教育制度全体の目標までも貫く学生の側の応答として捉えることもでき
る。そしてまた、やがてあるいはすでに招来しうるジレンマ、そして大学教
育に伴う他律と自律のジレンマという深く本質的な問題に対して実践を通
じて取り組んでいくための1つの応答可能性の形として捉えることもできる。
さらにまた、その持っている潜在力がいかんなく発揮されるのであれば、学
習者としての学生にとどまらず、教職員、そして大学それ自体のオートノ
ミーの実現へと一歩進めることになると考えることができる。大学のオート
ノミーに通じ、大学教育の重要な目標に呼応しながら、学生の「学びと成長」
を駆動していくところに、本書で見いだされた授業／授業外にわたる学習ダ
イナミクスとしてのラーニング・ブリッジングの意義がある。

第2節　本書の示唆と残された課題と展望

　最後に、本書の研究を通じて見えてきた、大学教育の研究と実践に対する

示唆をまとめる。(1)では、共通認識をつくり出すためのさらなる大学教育研究に関する示唆をまとめる。その際に、学生の「学びと成長」に対する認識枠組みのさらなる彫琢に活かせるように、本書で共通認識を作り出すための研究を進める際に下敷きにされていた認識枠組みを浮き上がらせて明確にしておく。あわせて、本書の研究の方法論について省察し、示唆をまとめる。続けて、教育実践に対する視点や課題といった大学教育実践に関する示唆をまとめる。特に、WAVOC教育実践に即して実践に関する示唆を考えていく。最後に、大学教育全体に関わる示唆をまとめる。さらに(2)では、本書の研究で残された課題を示す。学生の学びと成長の厚い背景の下で、本書の研究は進められた。残された課題は少なくない。研究枠組み、授業外での学習や授業での学習、そして学生の人生形成、大学教育研究全体などに関して、可能な限り、今後の展望とあわせて課題をまとめていく。

(1) 本書の示唆

本書では、授業外での活動における経験と学習の重要性を強調する大学生調査研究の先行研究を踏まえ、授業外での経験や学習と授業での学習とその間の関係という学習ダイナミクスを研究対象にしてきた。そうすることで、授業外での経験や学習を授業での学習と結び合わせることによって、学生の学習が深化するという可能性を見出してきた。こうした対象の選択は、他のどのような対象に対する非選択なのかを示すことから始める。まず、本書の研究対象の選択は、大学生活またはキャンパスライフ全体を直接的に対象としたわけではない。大学生活またはキャンパスライフ全体を研究対象として、大学生の適応やアイデンティティ形成を調査研究することも可能である。また、本書の研究対象の選択は、授業という単位における学習を直接的に対象としたわけではない。授業での教授行為や教授内容や授業デザインとの関連から学生の学習を問うていく研究もまた、重要である。また、授業外での教育実践での学生の経験や学習だけを対象としたわけではない。特色のあるまた効果的な教育実践における学生の経験や学習については明らかにされねばならないことはまだまだ多い。このように考えてくると、学生の学習につい

て、いくつかの水準を考えることができる。具体的には、学習の対象との関係の水準、学習が行われる活動の水準、複数の活動の関係の水準、大学生活全体の水準といった複数の水準を想定できる。ここで、それぞれの水準を包含関係と見てしまうと、より包括的な水準が他の水準を決定するという見方に流れてしまう。具体的には、大学生活全体に関わる自己決定態度や適応が個別の場面での学習を一方的に決定するといった捉え方である。本書の研究でも、それぞれの水準を「直接的に」扱ったわけではないが、それぞれの関連を見てきた。例えば、自己アイデンティティ形成と学習ダイナミクスとしてのラーニング・ブリッジングが相互に関連し合っていることについて見てきた。そこで明らかになったように、包括的な水準が一方的に決定するのではなく、それぞれの水準は相互に関連し、相互に規定し、作用し合い、連動していると考えられる。ここでも、関係論的認識に立つことが必要である。このような学生の学習に関わる複数の水準、そしてその中で複数の活動の間の関係という水準への照準化が、本書での研究を進める中で下敷きにされていたことである。したがって、今後の大学教育研究にとっても、このような複数の水準とその間の相互関連を見据えて、自らの研究を位置づける際の認識枠組みとして参照していくことができると考えられる。そして、今後の大学教育研究にとって、具体的な学習内容に関する研究や個別の実践の研究に加えて、複数の活動が関わるような研究対象についての研究そしてそれらの間の相互作用がさらに進められる必要がある。そしてまた、この水準での成果と結びつけて、個別の実践での研究や授業での学習の研究や個別の学習内容に関する研究を進めることが必要である。ラーニング・ブリッジングが深い学習アプローチを通じて授業内容の深い理解につながっていくというように、授業での学習に関連する要因を授業場面に焦点化するだけでなく広く研究していくことができる。複数の水準を関連させて研究することで、学生の「学びと成長」の実態と可能性についての理解がさらに発展することが期待できる。

　本書の研究はまた、いくつかの方法論上の特徴をもって進められた。1つは、学生の「学びと成長」に関する実態の把握と可能性の追求を合わせて進

めたことである。実際に、実態の把握に基づく可能性の追求として実践コミュニティに足場を置いたラーニング・ブリッジングを概念化した。さらにこの概念を中心に据えて実態の把握にも臨んだ。共通認識を形成していくためのデータに基づく実態把握の研究の意義はどれだけ強調しても強調され過ぎているということはない(山田礼子 2012)。ただし、実態の把握だけに限定してしまうと、いきおい学生の学習の不十分な点の指摘に終始するということになりかねない。可能性の追求をもう1つの軸として据えることで、こうした慣性あるいは陥穽に流し込まれることをいくらか避けられると考えられる。可能性の追求はまた、前節の終わりで見てきたように、学生の責任の余白に目を向けることでもある。学生の「学びと成長」の可能性に関して、研究を通じて明らかにすることで、学生の責任の余白を見出し、学生を待つこともできると考えられる。とはいえ、可能性の追求に目を奪われて、実態を見えなくなってしまっては元も子もないのであるが。したがって、学生の「学びと成長」に関する大学教育研究においては、実態の把握と可能性の追求は、両輪として、また両者を効果的に組み合わせて進められることが求められる。

　実態の把握として、教育実践調査研究と全国調査研究に取り組んだことも本書の研究の特徴の1つである。教育実践調査研究と全国調査研究のそれぞれで意義深い成果が生み出されうるし、実際に生み出されてきている。そしてそうであればこそ、両者を結びつける研究のもたらす成果も少なくないだろう。実際の実践の中の具体的な学生の「学びと成長」に迫る教育実践調査研究と1つの実践や1つの機関ではなく全国の学生を対象に学生の「学びと成長」の一般的な姿を探る全国調査研究を組み合わせることで、実践の中でラーニング・ブリッジングがどのように促され達成されるかという問いやラーニング・ブリッジングがどのような広い関連の中に置かれているかという問いについて検討・考察することができた。今後の大学教育研究においても、教育実践調査研究と全国調査研究はともに不可欠であり、関連する研究の参照などによって、可能な限り両者の間で研究上の問いや理論的パースペクティヴを交流していく必要がある。

本書の研究、主に教育実践調査研究では、量的研究と質的研究を組み合わせた混合研究法を採って学生の「学びと成長」にアプローチしてきた。質問紙調査によってWAVOCプロジェクト参加学生の特徴を大まかに把握した上で、実際に学生自身の行っている意味づけを探るためにインタビュー調査を行った。また、それらの調査研究を通じて生成した概念化をさらに調査研究の対象として据えて研究を進めていった。量的研究と質的研究のそれぞれで明らかにできることは確かに多い。それゆえに、両方の研究を組み合わせて明らかにできることも多いはずである。大学教育研究においても、量的研究と質的研究を組み合わせる方法論の開発・探究を進める（川那部ほか 2013）とともに、両者を組み合わせて学生の「学びと成長」について明らかにしていくことが求められる。

　本書の研究ではまた、調査研究だけでなく、学習についての研究の理論を参照して考察を進めてきた。学習研究の理論を参照・活用する必要性は度々指摘されてきたものの（例えば、小山 2010）、実際にそれほど実現されてこなかった。本書の研究は、授業と授業外という異なる状況を移行・往還しながら、授業外で実践コミュニティに参加し、そこを足場として、授業外での学習と授業での学習を結びつけて統合していくことをラーニング・ブリッジングとして概念化した。そして、この概念化は、行動主義・認知科学・状況論とパースペクティヴを共存・拡張してきた学習研究の流れとその後の研究関心の展開に対して、状況・学習者・対象のうち学習者に焦点化し、複数の状況の間を移行することに基づいて学習の対象である知識や概念に働きかける学習者の構成的活動に関する概念かつ学習者自身の変容である自己アイデンティティ形成と結びついた概念として位置づけられた。こうした関連を視野に入れることで、さらなる調査研究での検討・考察に進むことができる。今後も、学生の「学びと成長」に関する大学教育研究は、学習についての研究や理論に目を向けることで、そこから多くの果実を手にすることができると考えられる。さらに、逆に、子ども・生徒を対象とすることの多い学習研究や学習理論に対し、高等教育機関の学生を対象に調査・研究することで貢献していくことも求められると考えられる。

本書では、実態の把握と可能性の追求、教育実践調査研究と全国調査研究、量的研究と質的研究の混合研究法、調査研究と理論研究といった組み合わせのもとで研究を進めてきた。本書の研究でも、それぞれの対だけでなく、様々な結びつきを持って進めてきた。学生の「学びと成長」という厚い背景を有する研究対象に取り組むにあたっては、また不安定化する現代社会および大学教育にあって喫緊かつ中核的な課題に取り組むにあたっては、可能な限り多面的かつ複合的にアプローチし、包括的・体系的に研究を進める必要があるだろう。

　以上が、本書の研究を通じて見出されてきた大学教育研究に対する示唆である。また、本書の研究を通じて、大学教育実践に関する示唆を見出すことができる。まず、実践を見る視点が作られたと考えられる。本書の研究を通じて、先行研究で重要性が指摘されていた授業外での学習および学習と遊びのバランスのとれた大学生活の意義は再確認された。さらに、効果的な大学教育実践についての示唆を導きだすことができる。日本の大学教育においては、大綱化以降、各大学においてカリキュラム改革と授業改善の努力が続けられている。そうした授業を核とする改善の努力と相まって、WAVOC教育実践のように授業外での活動を支援するカリキュラム補助型の教育実践も進められている。その中には、サービス・ラーニング（桜井・津止2009）のようにボランティア活動を通じて学ぶ教育実践もあれば、インターンシップやコーオプ教育のようなキャリア教育実践（加藤2011；日本キャリア教育学会編2008）、プロジェクト型学習（山田和人2012）やピア・サポート（沖2012a, 2012b）など多様な形態がある。WAVOC教育実践のような授業外でのカリキュラム補助型教育実践に対して、そこでの「学びと成長」を問う視点だけでなく授業外の活動での経験や学習が授業での学習へどう関連しているかを問う視点が有意義であるということが見出された。また、授業に対しては、授業での学習内容へ取り組む中で他の授業実践や授業外での教育実践での学習との関連を問う視点が見出された。このように学生の学習について複数の異なる状況での学習との関連を視野に入れ、どのような実践コミュニティで、どのようなラーニング・ブリッジングが、どのように達成されているのかを問う

ことで、当該教育実践での学生の学習の質について考えていくことができる。

以上の示唆は、本書の研究から導きだされた一般的な示唆であるが、WAVOC教育実践の特徴を踏まえるならば、効果的な教育実践を進めていく上でのより具体的な示唆を導き出すことができる。第1に、単なる情報の提供にとどまらず、「現場での活動」を支援することが、学生の授業外での経験にとって重要であると考えられる。加えて、授業外での活動の先達であり専門知識を備えた教職員の支援を受けながら活動に取り組むことができるならば、学生にとって「学びと成長」につながる有意義な経験となるであろう。そして、「学びと成長」につながる有意義な経験とするためには、アルバイトのように大学とかかわりのない活動ではなく、「遊び」の側面の強い活動とも異なって、キャリア教育やサービス・ラーニングあるいは教養教育のいずれであれ、授業外でのカリキュラム補助型教育実践として授業外での活動に取り組む場があることが重要であると考えられる[25]。そのために、大学教育は、授業を中心とするカリキュラム改革だけでなく、授業外でのカリキュラム補助型教育実践を含むより包括的な教育改革を視野に入れる必要があるだろう。あわせて、学生がカリキュラムを自らのものとして越えていく可能性にオープンでいる必要がある。そして、時代の要請や学術の進展だけでなく学生の跳躍を受けて、さらにカリキュラムを柔軟に変えていく構えも求められる。

第2に、活動の熟達者あるいはメンターとしての教職員とのかかわりをはじめとして、学生同士のかかわり、学外者とのかかわりといった「他者とのかかわり」の機会を設けることが、学生の授業外での活動における経験と学習にとって重要である。学生たちは、他者とのかかわりを通じて、自分たちの思考を深めたり、活動の意味を問うたりする。そうした活動における他者とのかかわりから、学習への興味関心や知る責任感が生まれてくる。また、他者に向けて自らの活動を説明する報告書やプレゼンテーションの機会があるならば、それが授業外での活動を学習へ結びつけていく機会となるだろう。仲間同士のかかわりや教職員とのかかわりは、実践コミュニティもしくはラーニング・コミュニティの感覚を育み、学生にとってのお互いの信頼関

係の構築に資すると考えられる。この点で、授業外での活動を実践コミュニティやラーニング・コミュニティの構築として捉え直すことができる。他者とのかかわりの機会を育むことが、学生の「学びと成長」に対する支援となる。

　第3に、そういった他者とのかかわりの中で、構造的なリフレクションの機会を設けると同時にリフレクションの深化を学生に求めることが重要である。WAVOC教育実践は、「ふりかえり支援」という形で、実際の実践として報告書やプレゼンテーションの機会、日々のミーティングやかかわりの中、ことあるごとに自らの経験を省察するよう学生に求めていた。また、学生のリフレクションの深化が学生の成長の形であると認識し、教職員間で共有するような文化がWAVOCには見られた。リフレクションの深化を通じて、「問題を社会の仕組みの中に位置づける力」「想像し、共感する力」「企画・立案／運営・発信する力」「自分の生き方を他者とのかかわりの中で紡ぎ出す力」といった教育目標の力を育むことを実践の中で目指していた。学生の学びと成長としてのリフレクションの深化に教育する側が集中している状態が、学生にとってさらにリフレクションの深化を促す環境であるという好循環が生まれうる。

　さらに、第4に、他者とのかかわりとふりかえり支援というWAVOC教育実践の特徴は、WAVOCの教育目標と密接に結びついている。特に、自分の生き方を他者とのかかわりの中で紡ぎ出す力の育成が関わっている。他者とのかかわりとふりかえり支援は、教職員と学生の間で共有される文化となっていると同時に目標という形で活動とそこでの学習そして活動への支援の焦点となっているのである。学生たちは、WAVOC教育実践において他者とのかかわりとふりかえり支援を受け、自分の生き方を紡ぎ出していくことができる。

　最後に、WAVOC教育実践は、授業外および授業での学習へ後押しすることで、さらなる「学びと成長」につなげることができていると考えられる。この点は、WAVOC教育実践が潜在的に有している力だと考えられる。本書の研究を通じて、学生が授業外での活動における経験や学習を授業での学習に結びつけるラーニング・ブリッジングが学生の「学びと成長」につながっ

ていることが明らかになった。このことを考慮するならば、授業外での活動と授業外での学習を結びつけること、さらにそれらと授業での学習を結びつけることといった結合・統合それ自体を支援する教育実践もまた有効だと考えられる。このように、WAVOC教育実践は、力強く学生の「学びと成長」を支援しており、大学教育実践に関する豊かな示唆を実らせてくれた。

　本書の研究はまた、以上のような実践を見る視点と合わせて、実践における課題を浮き上がらせた。まず、授業外での学習に取り組む実践コミュニティに参加してそこからラーニング・ブリッジしている学生はそう多くない点に留意が必要である。それどころか、全国的に見れば、授業外で実践コミュニティに参加するものの学習活動には取り組まない学生がかなり多い現状を軽視することはできない。あらためて学生の授業外学習、そしてそれを行う場としての実践コミュニティの構築や支援が大学教育にとっての課題であると言わねばならない。さらに、授業外学習を促進・支援していく中で学生の受動的・表面的・非主体的な学習の促進に転化してしまわないよう思慮深く実践の営みに臨まねばならない。学生のアクティブで、深く、主体的な学習を点火する授業外での実践コミュニティ、カリキュラム補助型教育実践、そして授業が求められる。

　視野を広げてみると、入試難易度の高い機関の学生に関して授業外で学習を行う実践コミュニティに参加していく学生の割合が相対的に高く、高校時代の「学びの習慣」のあり方が大学時代の「学びの習慣」に持続的に影響を及ぼしていると考えられた。ここには、大学教育が大学生活における学生の「学びの習慣」の変容に寄与できるかという大きな課題、そして授業外で学習に取り組むような実践コミュニティの創出やそこへの参加を促せるかという課題あるいは授業外での学習と授業での学習のラーニング・ブリッジングをいかに創発・促進できるかという課題を見出すことができる。この課題に対して、今日、高校教育の現場でも、アクティブラーニング、キャリア教育、地域参加学習などの実践的取り組みが進められている[26]。大学はじめとする高等教育機関のみならず高校も、また高校のみならず高等教育機関も改善に向けて歩みを進めている。上記の課題に対しても、高大連携を視野に入れて

考えていくことが欠かせないであろう。

　さらに、先行研究では、大学時代の授業での学習への積極的関与や自主的な学習や読書などを含む「学びの習慣」が卒業後の就労や仕事のパフォーマンスに影響を及ぼすことが明らかにされている (濱中 2013; 中原・溝上編 印刷中; 溝上ほか 2012; 矢野 2005)。この点で、学生の成長そして卒業後の人生に関わるものとして、大学生活・大学時代の「学びの習慣」の構築が重要になってくる。本書の研究では、学生の実践コミュニティに足場を置いたラーニング・ブリッジングという学習ダイナミクスと2つのライフそして対話的な自己アイデンティティ形成との相互関連、学生の「学びと成長」の相互関連を見てきた。学生の成長と卒業後の人生に関連する点でも、学生が大学生活・大学時代に授業外での実践コミュニティで学習に取り組み、授業での学習とラーニング・ブリッジすることで、学習生活を構築していくことが重要であることを意味している[27]。

　本書で見いだされてきたことは、学生が授業外での活動における経験と学習を授業での学習に結びつけていくことができるということ、そしてそのラーニング・ブリッジングがアクティブラーニングや深い学習といった授業での学習と結びついていること、さらに大学生活全体または人生形成という水準の対話的な自己アイデンティティ形成と結びついていることである。このように学生の学習が、個別の授業での学習、授業外での学習、人生の形成といった水準と関連し連動していることから、大学教育実践もまた複数の水準を越えてまた実践同士で連携し協働する必要がある。個別の授業実践と授業外での教育実践と学生のキャリア形成支援とがそれぞれの実践の質の向上を目指すこととあわせて互いの実践の間で連携と協働を追求していく必要がある。このように、学生の「学びと成長」を起点・焦点に据えて、学生の「学びと成長」の理解に基づいて、大学教育実践を構想・展開していくことが今後いっそう求められるであろう。

　最後に、教育実践を見る視点や教育実践上の課題といった示唆に加えて、大学教育全体に関する示唆を導きだすことができる。大学教育改革は、その質を学生の学習の質によって測らねばならないと考えられている (苅谷 1998;

寺崎 2003)。本書の研究を踏まえて考えるならば、第1に学生が授業外での学習に取り組むような実践コミュニティに参加していくようになったかどうか、第2に授業外での実践コミュニティを足場に授業での学習へラーニング・ブリッジしていくようになったかどうか、第3にラーニング・ブリッジングを経て授業での学習が深い学習となったかどうか、および学生の人生の見通しが広がったかどうかまた日常生活で実行に移せているかどうかといった点などが学生の学習の質を測る視点として形成されたと言えるだろう。授業内容を十分に理解したかといった授業ごとの目標、実践やプログラムごとの目標、大学時代を通してどういう力を身につけるかというカリキュラムレベルの目標とあわせて、これらの視点からも学生の学習の質を見ていくことができる。

また、学生がどのように授業外での経験と学習と、授業での学習との間を結びつけてラーニング・ブリッジしているかという、その機関・部局・教育実践ごとに具体的なあり方を把握して学生の学習を理解していくことができる。そして、そのような学生の「学びと成長」の理解そのものが、学生の「学びと成長」についての共有財産 (Shulman 2004; Huber & Hutchings 2005; cf. 平山・松下 2009) をつくっていくFD・SDの形であると言える。また、学生が授業外と授業の間をラーニング・ブリッジしていくのと同様に異なる授業・コースでの学習の間をラーニング・ブリッジしていく (河井・溝上 2012) ということを考慮に入れてコース間の関係であるカリキュラム改善に取り組むことができる。このように、学生の「学びと成長」の実態と可能性を理解していくことは、実践の改善や再構成の契機であり、大学教育改善を構想・進展する上で重要な役割を担うと考えられる。学生の「学びと成長」の理解に基づく大学教育改善への道のりが開かれつつあるのである。

さらに、今日、大学教育に対しては、外部評価だけでなく自己評価による内部質保証システムの構築が求められている。アカウンタビリティまたは外部との関係だけに目を奪われると、実践の営みが見えなくなる。本書では、実践の営みに目を向けて研究が進められた。そこで、授業外での学習と授業での学習とその間の関係という学習ダイナミクスの1つとして、実践コミュニティに足場を置いたラーニング・ブリッジングが見出されてきた。さら

に、この学習ダイナミクスは、「自分に対する教育を自分で編成していく力と責任を学生たちに与えていく」ことを意味する大学教育の目標に対する学生の応答の1つの形と考えられた。そして、このような力と責任を引き受けていく応答を通じて学生は自律に向かい、それによって相互的に、教育実践に責任を持つ教職員も責任を果たして自律に向かい、それら全体として大学のオートノミーの実現に向かうと考えられた。これら一連の過程を進めるためにも、学習者である学生が実践コミュニティに足場を置いたラーニング・ブリッジングによって力と責任を引き受けていくこと、学生にその責任のための余白をつくること、そしてそのために教職員がカリキュラムや授業やカリキュラム補助型教育実践を通じて支援していくことが求められる。同様のことが、教育の担い手として教育に関わる教職員にも言えるだろう。すなわち、教育実践における教育する側と教育される側があり、教育される側の学生に責任の余白をつくり出すのと同様に、不安定化する現代社会において教育を託す側と教育を担う側があり、教育を託されて担う高等教育機関、中でも実践を託されて担う教職員に責任の余白をつくり出すことが求められていると考えられる。何よりも、学生たちが自らの学習に対する力と責任を引き受け、同時に教職員そして高等教育機関が教育に対する責任を果たしていくことで、学生の「学びと成長」を核として実現していきながら、大学のオートノミーが構成され、大学の社会への責任が果たされねばならない。そうした学生と教職員の責任とそのための余白を欠いたとしたなら、大学のオートノミーとそれによって支えられる価値が揺らがずにいられないだろう。学生と教職員の責任とそのための余白を持ちえない大学教育改革がうまくいくとは考えられない。そして、そうした責任について十分に配慮されなくなった時、その責任を果たす努力が歩みを止めてしまった時、またその責任の余白がなくなった時、大学教育改革そして大学教育は何か大切なものを置き去りにして進むことになるのではないか。

(2) 残された課題と展望

　続けて、本書の研究を通じて残された課題をまとめる。研究枠組み、授業

外での学習や授業での学習、そして学生の人生形成、大学教育研究全体といった点に絞って課題を特定していく。その際に、可能な限り、今後の展望とあわせて課題をまとめていく。展望とあわせてまとめることで、本書の研究を、今後の大学教育研究のための踏み石としたい。

第1に、本書では、大学生調査研究を柱として研究を進めてきた。本書の研究では、「実践コミュニティとラーニング・ブリッジング」項目によって学生をグループ分けするというシンプルな方法での検討に留まっている。実践コミュニティに足場を置いたラーニング・ブリッジングが深い学習アプローチ (Entwistle 2009=2010; Entwistle & McCune 2004) や学生の人生形成への積極的関与 (溝上 2010; 溝上・畑野 2013) とどのような構造的関係にあるかを明らかにするためには、より精密な検討方法を採る必要がある。そしてまた、大学生活を通じて、実践コミュニティに足場を置いたラーニング・ブリッジング、深い学習アプローチのような授業での学習、将来と日常への意識・行動両面からの接続のような人生形成への積極的関与 (溝上 2010; 溝上・畑野 2013) との関係がどのように変化していくかという変化の動態を明らかにしていくためには、縦断調査を通じて調査研究する必要がある (Singer & Willett 2003=2012; 高橋 2012)。実際、大学教育研究における学生の学びと成長に関して、縦断調査を用いた検討が試みられており (畑野 2013; 畑野ほか 2013; 斉藤 2013; 梅崎・田澤 2013)、こうした流れを受けてさらに研究を進める必要がある。

第2に、本書の研究では、授業外の活動と学習を対象に進められた。しかし、本書では、インタビュー調査を通じ、授業外での活動に関するリフレクションを対象にしたに留まる。また、授業外での学習として、活動での経験をふりかえって聴衆に向けて伝えるプレゼンテーションを対象にしたに留まる。つまり、授業外でのボランティア・プロジェクトの経験それ自体を対象としたわけではない。授業外での活動、特にボランティア活動に関しては、参加型観察やフィールドワークによってボランティア活動における学生同士の協働やふりかえりを対象とする研究があり (時任・久保田 2013; 岩井 2010; 山本ほか 2012)、それらと結びつけて授業外での活動の中の学習についても迫っていく必要がある。学生たちは、まさに授業外での活動の「中」で考えて行

動してリフレクションして学んでいく。そうした授業外での学生の姿をさらに追う研究もまた求められる。

　第3に、質問紙調査に基づく大学生調査研究を柱とするという性格から、本書の調査研究における検討は、学習の内的側面というよりは外的側面に重点化されていた。深い学習を問題にするためには、態度・行動面における学習への積極性だけでなく、学習内容の理解のような認知面における学習への積極さが問われねばならない (松下 2009; 松下・田口 2012)。また、授業での学習との関連を検討してきたが、授業での学習それ自体さらには1人ひとりの学生の授業での学習内容の分析に踏み込めたわけではない。今後は、授業での学習行動についての研究 (遠海ほか 2012; 畑野 2011; 畑野・溝上 2013; 杉江 2011; 安永 2011) やゼミでの学習についての研究 (伏木田ほか 2011, 2012; 岸ほか 2010; 山田嘉徳 2012) といった授業での学習についての大学教育研究、さらにはパフォーマンス評価 (松下 2007, 2012b) のような直接評価についての研究と関連させて、学生の学習についての複合的な研究に取り組む必要がある。さらに、学習研究における学習の対象としての学習内容に関わる研究は、概念の変化または学習の研究として進められている。高等教育の文脈で、この流れを受けた概念の変化または学習についての研究もまた求められる。

　そして第4に、学生の学びと成長の関係について実態の把握と可能性の追求をさらに進める必要がある。本書の研究でも見てきたように、「学びと成長」は相互に関連し、作用し、連動して進むと考えられる。対話的な自己アイデンティティ形成プロセスを基礎として、複数の異なる「私」が対話的に知識・技能を活用していき、複数の異なる学習が結びついて統合していく——ラーニング・ブリッジング——と考えられた。他方で、実践コミュニティに足場を置いたラーニング・ブリッジングを通じて、他者とのかかわりを通じて相互承認関係を築いたり、自らのものの見方や考え方を広げたり、複数の異なるものの見方や考え方そして知識を結びつけたりして自己変容そして対話的な自己アイデンティティ形成を成し遂げていくと考えられた。しかしながら、本書の研究では、先の第1点目の課題と関わるが、実践コミュニティに足場を置いたラーニング・ブリッジングは、授業外での学習と授業

での学習それも比較的関連性のありそうな知識の結合に焦点化された検討がなされたに留まる。対話的な自己アイデンティティ形成プロセスと実践コミュニティに足場を置いたラーニング・ブリッジングは考察の中で考えられたに留まる。今後は、それらの相互関係とその動態・実態についても検討して明らかにしていく必要がある (cf. 溝上 2013)。また、学習ダイナミクスに関しては比較的具体的に明らかにしていったと考えられるが、学生のキャリア意識やそれに関わる行動そしてキャリア形成といった成長ダイナミクスに関しては2つのライフや自己アイデンティティ形成といった包括的な概念との関連を検討・考察したに留まる。学生の成長ダイナミクスについても具体的に研究して学習ダイナミクスとの関係構造が研究されねばならない。そしてその際には、学生のキャリア意識と行動およびキャリア教育に関する研究蓄積 (Coll & Zegwaard 2011; 本田 2005, 2009; 児美川 2011; 日本キャリア教育学会 2008; 若松・下村 2012; 吉本編 2012) とも結びつけていかねばならない。さらに、不安定化する現代社会において、高校教育と大学教育の接続そして学校から仕事へのトランジションという2つの移動についての研究が進められている (濱中 2013; 半澤 2012; 苅谷・本田編 2010; 中原・溝上編 印刷中; 溝上ほか 2012; 矢野 2005; 山内 2008)。このように広がっている接続と移行に関する研究蓄積に立脚して、大学生としてのキャリア形成と卒業後のキャリア形成をともに探究していく必要がある。学生の学習ダイナミクスがどう学生の成長を推進するか (あるいは妨げるのか)、また学生の成長ダイナミクスがどう学生の学習を深化させるか (あるいはさせないのか) といった「学びと成長」の関係構造についても研究を深める必要がある。

　第5に、本書の研究では、教授・学習過程における学生の学習に焦点化して研究を進めた。学生を「いかに学ばせ成長させるか」という教育する側の実践的観点と結びつけたものの、ティーチングや授業それ自体について研究したわけではない。本書の研究で見出されたラーニング・ブリッジングを可能にするあるいは促進するティーチングについての研究そして授業研究が必要である。そのような研究には、授業での教授行為、カリキュラム、組織体といった様々な側面からの研究が考えられる。例えば、特定のコースに絞っ

て授業外要因の効果を検討する研究が考えられる (cf. 立石 2012)。また、教授行為に関して、どのような授業デザイン (cf. 大山・田口 2013a; 蒋 2010) が、学生の授業外学習とそこからのラーニング・ブリッジングをいかに促すかを問うことができる。学生が受動的な容器ではなく能動的な構築者として授業外での活動の経験や学習を授業での学習にラーニング・ブリッジしうるという想定に立った時、省察的実践者としての授業者のリフレクション (cf. 今野ほか 2009; 今野・三石 2011; 松下・田口 2012; 大山・田口 2013b) はどこまでまたどのように深化するのかを問うこともできる。また、カリキュラムに関して、3つのポリシー (アドミッション・カリキュラム・ディプロマ) 策定の流れとともに、カリキュラム・マップの整理が進められている。どのようなカリキュラムが、学生の授業／授業外での学習の深化とラーニング・ブリッジングに結びついていくのかはまだ明らかになっていない。先述の学生の「学びと成長」の関係構造という点を考えると、「大学・学部の教育意思の表現体」(寺﨑 2001) であるだけでなく「学習者に与えられる学習経験の総体」(松下 2012a) としてのカリキュラムは、実践コミュニティに足場を置いたラーニング・ブリッジングのような学生の学習ダイナミクスとどのような関係を切り結ぶのかを問うことができる。そこから派生して、学生に見られる成長の段階ごとに学習ダイナミクスそしてカリキュラムとの関係を考えるという研究上のみならず実践上も重要な課題を考えることができる。組織体に関しては、大学の各部局で進められる教育改善活動それ自体の展開を対象とする研究がある。また、教育改善活動を学生の「学びと成長」を対象とする活動システムとみて研究することも可能である。実践との関係で言うと、本書では教育実践に対して調査研究を通じて関わってきた。実践に対して、実際に学生に働きかけたり、介入を行ったりするわけではなく、実践に参加する学生の「学びと成長」を調査によって目に見えるものにしていくという研究であった。今後さらに、教育研究としては、実際に教育実践に関与するなかで取り組むアクション・リサーチを展開していくことも可能である (Norton 2009)。アクション・リサーチの中で、学生のラーニング・ブリッジングを実際に促せるかどうかという実践上の課題と密接に結びつきながら研究を進める必要がある。その際、

新たな視点を生み出したり深いリフレクションを促したりすることで実践に資すると同時に実践が進むプロセスの中で学生の学習を研究するというような実践と研究との相互に形成的な関係を築く必要があるだろう（Engeström 2011; 河井 2012b）。実践を進める教職員の方々そして学生との対話とそうした対話に臨むための文献研究や理論研究による認識枠組みの彫琢を伴いながら、さらなる共通認識の形成に向けて、学生の「学びと成長」の実態の把握と可能性の追求を目指す研究を進めていきたい。

註

21　「ラーニングフル・ライフ」という表現は、中原（2011）に依る。大学生活における Learningless Life を拒み、それに抗い、Learning/Learningful Life に向けて進むことが重要である。

22　ここで、「待つ」という動詞を用いるのは、立命館大学サービスラーニングセンターでの山口洋典先生らとの会話に負うところが大きい。

23　授業での学習で経験についてのパーソナルで省察的な意味形成ができないということではなく、授業外で知識や概念の意味理解というアカデミックな学習にアクセスできないということでもない。重点の置き所が異なると考えられる。

24　この一見、単純に見える命題の持つ意味は深い。この深さについて、現在の立命館大学教育開発推進機構のIRプロジェクトを通じて教えられた。このことを教えていただいた同機構の同僚の鳥居朋子先生・川那部隆司先生・石本雄真先生・小野勝大課員・辰野有課員、そしてプロジェクトの仕事を通じて出会った各部局の改善に深い洞察を持って取り組んでおられる先生方に御礼申し上げます。

25　アルバイトや遊びが「学びと成長」につながらないと断定するものではない。ただし、アルバイトが授業外で学習に取り組む場とはなっていないことは明らかにされた。本書の研究は、アルバイトや遊びが「学びと成長」につながる可能性を否定するものではないが、それは本書の研究で明らかにしたのとは別の通路を通って、また別の形の「学びと成長」につながると考えられる。

26　筆者が知る範囲は十分なものではないと思われるが、2011年より継続している大学生研究フォーラムでの「高校教諭のためのシンポジウム」や2013年度からの「高校教育フォーラム」といった場でそうした実践に触れることができた。また、筆者が関わりを持たせていただいている岐阜県立可児高校では、地域での学び・リフレクション・キャリア意識形成・学業をミックスして生徒の「学びと成長」を後押しするチャレンジが進められている。と同時に、目標とアセスメント方法を体系的に構築していく実践が精力的に進められている。

27　ラーニング・ブリッジングはまた、企業での職場学習や働く大人の学習についての研究として考えることができるかもしれない。今日、働く大人は、OJTやOff-JTまたはフォーマル／インフォーマルそしてマルチタスク・マルチプロジェクトといった

異なる活動に同時並行的に取り組んでいく状況にある(中原 2010; 中原編 2012)。異なる複数の活動に同時並行的に関わるのであれば、その間にラーニング・ブリッジングを生み出していくことは可能である。したがって、そのそれぞれでどのような学習に取り組んでいるか、いかにしてそれぞれの学習を結びつけて統合するラーニング・ブリッジングできるか、どのような場がその足場となるか、その結果として組織や個人にとってどのような知識の創出や協働の創発あるいはイノベーションがもたらされるかといった問いを考えていくことができるだろう。

あとがき

　本書は、筆者が2012年に京都大学大学院教育学研究科に提出した博士論文「授業／授業外にわたる学習ダイナミクスについての研究―ラーニング・ブリッジングの検討―」を加筆修正したものである。「大学生学習論」としての博士論文と本書を執筆するにあたり、様々な方にお世話になった。まず、京都大学高等教育研究開発推進センターの溝上慎一先生に指導いただいた。自己論・大学生論・大学生の学びと成長研究といった基礎理論研究から実証・実践研究まで広く深く研究を進めておられる溝上先生からご指導いただいたことは大きな財産である。

　また、本研究の調査実施に際して、多大な労をとっていただいたWAVOC助教岩井雪乃先生とWAVOC職員福元彩子様に感謝の意を表します。また、本書の研究の調査に協力してくださった学生の皆さん、WAVOC訪問時に私の質問に快くかつ深くお答えくださった学生の皆さん、職員の方々に御礼申し上げます。そして、WAVOCを訪問した際に、あたたかい歓迎をしてくださったWAVOC前所長野嶋栄一郎先生、WAVOC所長紙谷敦之先生、WAVOC副所長堀口健治先生、WAVOC助教兵藤智佳先生・秋吉恵先生・加藤基樹先生、WAVOC元助教西尾雄志先生、WAVOC前事務長外川隆様、WAVOC現事務長本間知佐子様、WAVOC元職員古閑敬浩様、職員スタッフの皆様、協力してくださった学生の皆さんに感謝いたします。

　修士論文に引き続き博士論文審査の副査を引き受けて指導してくださった京都大学高等教育研究開発推進センター松下佳代先生、京都大学大学院教育学研究科南部広孝先生、授業・ゼミなどでコメントをくださった大塚雄作先生はじめ京都大学高等教育研究開発推進センターの先生方、教育学研究科の

先生方、総合人間学部の先生方、学会や集中講義等でアドバイスや激励くださった先生方に深く感謝の意を表します。溝上先生、大塚先生、松下先生はじめ同センターの先生方には、私が学部生の頃より親身にかつ厳しくご指導いただいた。野放図に散らばるばかりの私の思考が、何はともあれ文章に結実するに至ったのは、先生方のご指導に負うところが大きい。

　また、公益財団法人電通育英会の皆様にも御礼申し上げる。

　そして現在所属する立命館大学教育開発推進機構長の森本朗裕先生および教育開発支援センター長の沖裕貴先生はじめ同僚の先生方、また立命館大学教育開発支援課の皆様にも御礼申し上げる。同僚の先生方には、日々の仕事を通じて、大学人としてのあり方と大学教育を支援することの意義とポテンシャルを教えていただいている。また、教職協働を1つの特徴とする立命館大学にあって、教育開発支援課の皆様には右も左も分からない私に前と後ろがわかるよう背中を押していただいている。学生の「学びと成長」についての私の研究が、教職員の読者の皆様に響くところがあるとすれば、ご指導いただいた先生方と同僚の先生方そして職員の皆様のお陰である。

　本書の価値を認め、刊行を引き受けて下さり、編集とご助言を下さった東信堂の下田勝司社長に、感謝の意を表したい。また本書の刊行にあたっては、京都大学総長裁量経費・若手研究者出版助成事業による助成を受けた。ここに謝意を表する。

　友人諸氏に感謝します。研究室の皆さん、研究仲間の皆さん、勉強会のメンバー、東京への調査時に宿を貸してくれた友人諸氏、そして折に触れ私の研究を激励してくれた友人諸氏に深く感謝します。個人名も挙げず、ここで多くは記さないが、次にお会いした際に御礼を述べたい。最後に、いつも温かく私の研究を応援してくれた家族そして惜しみない期待をかけてくれた祖父母はじめ親戚に感謝いたします。

文　献

ACPA (American College Personnel Association) (1994) *The Student Learning Imperative: Implications for Student Affairs.* Washington, DC: Author.

ACPA (American College Personnel Association) and NASPA (National Association of Student Personnel Administrators) (1997) *Principles of Good Practice for Student Affairs.* Washington, D.C.: American College Personnel Association and National Association of Student Personnel Administrators.

Adelman, C. (2008) *The Bologna Club: What U.S. Higher Education Can Learn from a Decade of European Reconstruction.* Washington, D.C: Institute for Higher Education Policy.

────── (2009) *The Bologna Process for U.S. Eyes: Re-learning Higher Education in the Age of Convergence.* Washington, DC: Institute for Higher Education Policy.

Adler, P.S., & Heckscher, C. (Eds.) (2006) *The Firm as a Collaborative Community: Reconstructing Trust in the Knowledge Economy.* Oxford: Oxford University Press.

Alverno College Faculty (1979) *Assessment at Alverno College.* Milwaukee: Alverno College Publications.

Ash, S.L. & Clayton, P.H. (2004) The articulated learning: An approach to guided reflection and assessment. *Innovative Higher Education,* 29(2), 137-154.

────── (2009) Generating, deepening, and documenting learning: The power of critical reflection in applied learning. *Journal of Applied Learning in Higher Education,* 1(1), 25-48.

Ash, S.L. Clayton, P.H. & Atkinson, M.P. (2005) Integrating reflection and assessment to capture and improve student learning. *Michigan Journal of Community Service Learning,* 11(2), 49-60.

Ash, S.L. Clayton, P.H. & Moses, M.G. (2009) *Learning through Critical Reflection: A Tutorial for Service-Learning Students.* Raleigh, NC.

Association of American Colleges and Universities (AAC&U) (2007) *College Learning for the New Global Century: A Report from the National Leadership Council for Liberal Education and America's Promise.* Washington, DC: Association of American Colleges and Universities.

────── (2012) *A Crucible Moment: College Learning and Democracy's Future.* National Task Force on Civic Learning and Democratic Engagement, Washington, DC: Association of American Colleges and Universities.

Astin, A.W. (1970) The methodology of research on college impact. *Sociology of*

　　　　Education, 43(3), 223-254.
―――― (1977) *Four Critical Years*. San Francisco CA: Jossey-Bass.
―――― (1984) Student involvement: A developmental theory for higher education. *Journal of College Student Development*, 25(4), 207-308 / (1999) *Journal of College Student Development*, 40(5), 518-529.
―――― (1993) *What Matters in College?: Four Critical Years Revisited*. San Francisco CA: Jossey-Bass.
Astin,.A.W. & Sax, J. (1998) How undergraduates are affected by service participation. *Journal of College Student Development*, 39(3), 251-263.
Astin, A.W., Vogelsang, L.J., Ikeda, E.K., & Yee, J.A. (2000) *How Service Learning Affects Students*. Los Angeles: Higher Education Research Institute, University of California.
Bain, K. (2004) *What the Best College Teacher Do*. Cambridge, MA: Harvard University Press (高橋靖直訳 (2008)『ベストプロフェッサー』玉川大学出版部.)
Banta, T.W. (Ed.) (2004) *Hallmarks of Effective Outcomes Assessment*. San Francisco, CA: Jossey-Bass Publishers.
Banta, T.W., & Associates (2002) *Building a Scholarship of Assessment*. San Francisco: Jossey-Bass.
Banta, T.W., Pike G. & Hansen M. (2009) The use of engagement data in accreditation, planning and assessment. *New Directions for Institutional Research*, 141, 21-34.
Barron, B. (2004) Learning ecologies for technological fluency: Gender and expertice differences. *Journal of Educational Computing Research*, 31(1), 1-36.
―――― (2006) Interest and self-sustained learning as catalysts of development: A learning ecology perspective. *Human Development*, 49, 193-224.
Barton, D. & Tusting, K. (Eds.) (2005) *Beyond Communities of Practice: language, Power and Social Context*. New York: Cambridge University Press.
Bassok, M. & Holyoak, K. J. (1989) Interdomain transfer between isomorphic topics in algebra and physics. *Journal of Experimental Psychology: Learning Memory and Cognition*, 15, 153-166.
Beach, K. (1995) Activity as a mediator of sociocultural change and individual development: The case of school-work transition in Nepal. *Mind, Culture, and Activity*, 2, 285-302.
―――― (1999) Consequential transitions: A sociocultural expedition beyond transfer in education. *Review of Research in Education*, 24, 101-139.
―――― (2003) Consequential transitions: A developmental view of knowledge propagation through social organizations. In Tuomi-Gröhn T., & Engeström, Y. (Eds.) *Between School and Work: New Perspectives on Transfer and Boundary-Crossing*. Amsterdam: Pergamon. pp.39-61 (藤野友紀訳 (2004)「共変異――

社会的組織化による知識とアイデンティティの増殖としての一般化」石黒広昭編『社会文化的アプローチの実際――学習活動の理解と変革のエスノグラフィー』北大路書房. pp. 71-93.)
Beck, U. & Beck-Gernsheim E. (2002) *Individualization: Institutionalized Individualism and Its Social and Political Consequences*. London: Sage.
Bielaczyc, K., & Collins, A. (1999) Learning communities in classrooms: A reconceptualization of educational practice. In Reigeluth, C.M. (Ed.) *Instructional Design Theories and Models*. Mahwah, NJ: Erlbaum. pp. 269-291.
Bielaczyc, K. Pirolli, P. L. & Brown, A. L. (1995) Training in self-explanation and self-regulation strategies for learning computer programming. *Cognition and Instruction*, 13, 161-188.
Biggs, J. & Tang, C. (2011) *Teaching for Quality Learning at University: What the Student Does (4th edition)*. New York: Open University Press.
Boud, D., Keogh, R., & Walker, D. (Eds.) (1985) *Reflection: Turning Experience into Learning*. London: Kogan Page.
Boud, D., Cohen, R. & Walker, D. (Eds.) (1993) *Using Experience for Learning*. Buckingham: SRHE and Open University Press.
Boud, D., & Walker, D. (1998) Promoting reflection in professional courses: the challenge of context. *Studies in Higher Education*, 23(2), 191-206.
Bourdieu, P. (1977) *Outline of a Theory of Practice*. Cambridge UK: Cambridge University Press.
Boyer, E.L. (1987) *College: The Undergraduate Experience in America*. New York: Harper Collins (喜多村和之・伊藤彰浩・舘昭訳 (1988)『アメリカの大学・カレッジ』リクルート出版.)
――― (1990) *Scholarship Reconsidered: Priorities of the Professoriate*. Princeton, NJ: Carnegie Foundation for the Advancement of Teaching (有本章訳 (1996)『大学教授職の使命：スカラーシップ再考』玉川大学出版部.)
Boyer, E. L., & Mitgang, L. D. (1996) *Building Community: A New Future for Architecture Education and Practice*. Princeton, NJ: The Carnegie Foundation for the Advancement of Teaching.
Bransford, J. D., Brown, A. L., & Cocking, R. R. (Eds.) (1999) *How People Learn: Brain, Mind, Experience and School*. National Academy Press (森敏昭・秋田喜代美監訳 (2002)『授業を変える――認知心理学のさらなる挑戦――』北大路書房.)
Bransford, J.D. & Schwartz, D.L. (1999) Rethinking transfer: A simple proposal with multiple implications. *Review of Research in Education*, 24, 61-100.
Bringle R.G. & Hatcher, J.A. (1995) A service-learning curriculum for faculty. *Michigan Journal of Community Service Learning*, 2, 112-122.

―――― (1999) Reflection in service learning: making meaning of experience. *Educational Horizons,* summer 179–85.

―――― (2009) Innovative practices in service-learning and curricular engagement. *New Directions for Higher Education,* 147, 37-46.

Brittingham, B., O'Brien, P.M., and Alig, J.L. (2008) Accreditation and institutional research: The traditional role and new dimensions, institutional research: More than just data. *New Directions for Higher Education,* 141, 69-76.

Brown, A. L. (1975) The development of memory: knowing, knowing about knowing and knowing how to know. In Reese, H. W. (Ed.), *Advances in Child Development and Behavior,* vol. 10, 103-152.

―――― (1978) Knowing when, and how to remember: A problem of metacognition. In Glaser, R. (Ed). *Advances in Instructional Psychology (Vol.1).* Hillsdale: Lawrence Erlbaum Associates. pp. 77-165.

―――― (1992) Design experiments: Theoretical and methodological challenges in creating complex interventions in classroom settings. *Journal of the Learning Sciences,* 2, 141-178.

Brown, A.L. & Campione, J.C. (1994) Guided discovery in a community of learners. In McGilly, K. (Ed.), *Classroom Lessons: Integrating Cognitive Theory and Classroom Practice.* Cambridge: MIT Press. pp. 229-270.

―――― (1996) Psychological theory and the design of innovative learning environments: On procedures, principles and systems. In Schauble, L. & Glaser, R. (Eds.). *Innovations in Learning :New Environments of Education.* Mahwah: Erlbaum. pp.289-325.

Brown, J.S. & Duguid, P. (1991) Organizational learning and communities-of-practice: Toward a unified view of working, learning and innovation. *Organization Science,* 2(1), 40-57.

―――― (2000) *The Social Life of Information.* Boston MA: Harvard Business School Press.

Bruner, J. (1990) *Acts of Meaning.* Cambridge, MA: Harvard University Press (岡本夏木・仲渡一美・吉村啓子訳 (1991)『意味の復権: フォークサイコロジーに向けて』ミネルヴァ書房.)

Campbell, C.M., & Cabrera, A.F. (2011) How sound is NSSE? Investigating the psychometric properties of NSSE at a public, research-extensive institution. *Review of Higher Education,* 35(1), 77–103.

Carey, S. (1985) *Conceptual Change in Childhood.* Cambridge MA: MIT Press.

―――― (1992) The origin and evolution of everyday concepts. In R.N. Giere (Ed.) *Cognitive Models of Science: Minnesota studies in the Philosophy of Science.* Minneapolis, MN: University of Minnesota Press, pp.89-128.

Caravita, S., & Hallden, O. (1994) Re-framing the problem of conceptual change. *Learning and Instruction*, 4, 89–111.
Carraher, T.N., Carraher, D.W., & Schliemann, A.D. (1985) Mathematics in the streets and in schools. *British Journal of Developmental Psychology*, 3, 21-29.
Chi, M.T.H. (1992) Conceptual change within and across ontological categories: Examples from learning and discovery in science. In R. Giere (Ed.) *Cognitive Models of Science: Minnesota Studies in the Philosophy of Science*. Minneapolis, MN: University of Minnesota Press. pp. 129-160.
Chi, M.T.H., Slotta, J.D., & de Leeuw, N. (1994) From things to processes: A theory of conceptual change for learning science concepts. *Learning and Instruction*, 4, 27-43.
Chickering, A.W., & Associates, (1981) *The Modern American College*. San Francisco: Jossey-Bass.
Chickering, A. W., & Gamson, Z. F. (1987) Seven principles for good practice in undergraduate education. *The Wingspread Journal*, Johnson Foundation. And *AAHE Bulletin*, 39, 3-7.
Chinn, C.A. & Brewer, W.F. (1993) The role of anomalous data in knowledge acquisition: A theoretical framework and implications for science instruction. *Review of Educational Research*, 63, 1-49.
Clement J. (2008) *Creative Model Construction in Scientists and Students: the Role of Imagery, Analogy, and Mental Simulation*. Amherst, MA: Springer.
Cognition and Technology Group at Vanderbilt (1990) Anchored instruction and its relationship to situated cognition. *Educational Researcher*, 19(5), 2-10.
Cohen, A P. (1985) *The Symbolic Construction of Community*. London: Tavistock (吉瀬雄一訳 (2005)『コミュニティは創られる』八千代出版.)
―――― (1994) *Self-Consciousness: An Alternative Anthropology of Identity*. London: Routledge.
Cole, M., & Engeström, Y. (2007) Cultural-historical approaches to designing for development. In Rosa, A., & Valsiner J. (Eds.) *Cambridge Handbook of Socio-Cultural Psychology*. New York: Cambridge University Press. pp.484-507.
Coll, R.K., & Zegwaard, K.E. (Eds.) (2011) *International Handbook for Cooperative and Work-integrated Education: International Perspectives of Theory, Research and Practice*. Lowell, MA: World Association for Cooperative Education.
Crafter, S., & deAbreu, G. (2010) Constructing identities in multicultural learning contexts. *Mind, Culture, and Activity*, 17, 102-118.
Creswell, J. W., & Plano Clark, V. L. (2007) *Designing and Conducting Mixed Methods Research*. Thousand Oaks, CA: Sage (大谷順子訳 (2010)『人間科学のための混合研究法：質的・量的アプローチをつなぐ研究デザイン』北大路書房.)

Delanty, G. (2003) *Community.* London: Routledge (山之内靖・伊藤茂訳 (2006)『コミュニティ——グローバル化と社会理論の変容』NTT出版.)
Dole, J.A., & Sinatra, G.M. (1998) Reconceptualizing change in the cognitive construction of knowledge. *Educational Psychology,* 33(2-3), 109-128.
Druckman, D & Bjork, R.A. (Eds.) (1994) *Learning, Remembering, Believing: Enhancing Human Performance.* Committee on Techniques for the Enhancement of Human Performance, National Research Council, Washington D.C.: National Academy Press.
Dyer, H.S. (1966) Can institutional research leads to a science of institutions? *Educational Record,* 47(4), 452-466.
Edgeton, R., & Shulman, L.S. (2000) Foreword. National Survey of Student Engagement. *The NSSE 2000 Report: National Benchmarks of Effective Educational Practice.* pp. ii-iii.
────── (2001) Foreword: National Survey of Student Engagement. *Improving the College Experience: National Benchmarks of Effective Educational Practice.* pp. 2-3.
────── (2002) Foreword: National Survey of Student Engagement. *From Promise to Progress: How Colleges and Universities Are Using Student Engagement Results to Improve College Quality.* pp. 2-3.
────── (2003) Foreword: National Survey of Student Engagement. *Converting Data into Action: Expanding the Boundaries of Institutional Improvement.* pp.2-4.
Edwards (2005) Let's get beyond community and practice: The many meanings of learning by participating. *The Curriculum Journal,* 16(1), 49-65.
Elliot, C.W. (1869) *Educational Reform: Essays and Addresses.* New York: Century.
Ellis, A. B. (2007) A taxonomy for categorizing generalizations: Generalizing actions and reflection generalizations. *Journal of Learning Sciences,* 16(2), 221-262.
Engeström, Y. (1987) *Learning by Expanding: An Activity-theoretical Approach to Developmental Research.* Helsinki: Orienta-Konsultit (山住勝広・松下佳代・百合草禎二・保坂裕子・庄井良信・手取義宏・高橋登訳 (1999)『拡張による学習——活動理論からのアプローチ』新曜社.)
────── (1993) Developmental studies on work as a test bench of activity theory. In Chaiklin, S. & Lave, J. (Eds.) *Understanding Practice: Perspectives on Activity and Context,* New York: Cambridge University Press. pp. 64-103.
────── (1994) *Training for Change : New Approach to Instruction and Learning in Working Life.* Geneva: International Labor Organization (松下佳代・三輪建二訳 (2010)『変革を生む研修のデザイン——仕事を教える人への活動理論』鳳書房.)
────── (2000a) From individual action to collective activity and back: Developmental

work research as an interventionist methodology. In Hindmarsh, P. L., & Heath, C. (Eds.) *Workplace Studies*. New York: Cambridge University Press.
―――― (2000b) Activity theory as a framework for analyzing and redesigning work. *Ergonomics,* 43(7), 960-974.
―――― (2001) Expansive learning at work: toward an activity theoretical reconceptualization. *Journal of Education and Work,* 14(1), 133-156.
―――― (2007) Enriching the theory of expansive learning: Lessons from journeys toward co-configuration. *Mind, Culture, and Activity,* 14(1-2), 23-39.
―――― (2009) A future of activity theory: A rough draft. In Sannino, A., Daniels, H., & Gutiérrez, K. (Eds.) *Learning by Expanding with Activity Theory.* Cambridge, UK: Cambridge University Press. pp. 303-328.
―――― (2011) From design experiments to formative interventions. *Theory and Psychology,* 21(5), 598-628.
Engeström, Y., Engeström, R., & Kärkkäinen, M. (1995) Polycontextuality and boundary crossing in expert cognition: Learning and problem solving in complex work activities. *Learning and Instruction,* 5(4), 319-336.
Engeström, Y. & Kerosuo, H. (2007) From workplace learning to inter-organizational learning and back: The contribution of activity theory. *Journal of Workplace Learning,* 19, 336-342.
Engeström, Y., & Sannino, A. (2010) Studies of expansive learning: Foundations, findings and future challenges. *Educational Research Review,* 5, 1-24.
Engle, R.A. (2006) Framing interactions to foster generative learning: A situative explanation of transfer in a community of learners classroom. *Journal of Learning Sciences,* 15(4), 451-498.
Engle, R.A., Lam, D.P., Meyer, X.S., & Nix, S.E. (2012) How does expansive framing promote transfer? Several proposed explanations and a research agenda for investigating them. *Educational Psychologist,* 47(3), 215-231.
Engle, R.A., Nguyen, P.D. & Mendelson. A. (2011) The influence of framing on transfer: Initial evidence from a tutoring experiment. *Instructional Science,* 39, 603–628.
Entwistle, N. (2009) *Teaching for Understanding at University: Deep Approaches and Distinctive Ways of Thinking.* Basingstoke: Palgrave Macmillan (山口栄一訳 (2010)『学生の理解を重視する大学授業』玉川大学出版部.)
Entwistle, N. & McCune, V. (2004) The conceptual bases of study strategies inventory. *Educational Psychology Review,* 16(4), 325-345.
Entwistle, N., McCune, V., & Hounsell, D. (2002) *Approaches to Studying and Perceptions of University Teaching-Learning Environments: Concepts, Measures and Preliminary Findings.* ETL Project (ESRC), Occasional Report 1.

Entwistle, N., & Ramsden, P. (1983) *Understanding Student Learning.* London: Croom Helm.

Erikson, E.H. (1968) *Identity: Youth and Crisis.* New York: Norton (岩瀬庸理訳 (1982)『アイデンティティ』金沢文庫.)

Evans, N.J., Forney, D.S., Guido, F.M., Patton, L.D. & Renn, K.A. (2009) *Student Development in College: Theory, Research and Practice (2nd edition).* San Francisco: Jossey-Bass.

Ewell, P.T. (1987) *Assessment, Accountability and Improvement: Managing the Contradiction.* Washington, DC: American Association for Higher Education.

────── (1991) To capture the ineffable: New forms of assessment in higher education. In G. Grant (Ed.), *Review of Research in Education,* (Vol.17), Washington DC: American Educational Research Association. pp. 75-126.

────── (2002). An emerging scholarship: A brief history of assessment. In T. W. Banta & Associates (Eds.), *Building a Scholarship of Assessment.* San Francisco, CA: Jossey-Bass. pp. 3–25.

────── (2009) *Assessment, Accountability, and Improvement: Revisiting the Tension. NILOA Occasional Paper.* (No. 1), University of Illinois and Indiana University, National Institute of Learning Outcomes Assessment, Urbana, IL.

Ewell, P.T. & Jones, D.P. (1996) *Indicators of "Good Practice" in Undergraduate Education: A Handbook for Development and Implementation.* National Center for Higher Education Management Systems, Boudler, CO.

Eyler, J., & Giles, D.E. (1999) *Where's the Learning in Service-Learning?* San Francisco: Jossey-Bass.

Eyler, J., Giles, D. E., & Schmiede, A. (1996) *A Practitioner's Guide to Reflection in Service Learning.* Nashville, TN: Vanderbilt University.

Feldman, K.A., & Newcomb, T.B. (1969/1994) *The Impact of College on Students.* New Brunswick, NJ: Transaction.

Fincher, C. (1985) The art and science of institutional research. *New Directions for Institutional Research,* 46, 17-37.

Flavell, J.H. (1979) Metacognition and cognitive monitoring: a new area of cognitive-developmental inquiry. *American Psychologist,* 34, 906-911.

Fuller, A., Hodkinson, H., Hodkinson, P., & Unwin, L. (2005) Learning as peripheral participation in communities of practice: A reassessment of key concepts in workplace learning. *British Educational Research Journal,* 31(1), 49-68.

Furco, A. (1996) Service-learning: A balanced approach to experiential education. In Corporation for National Service, *Expanding Boundaries: Serving and Learning.* Columbia, MD: The Cooperative Education Association. pp. 2-6

Gabelnick, F., Mac Gregor, J., Matthews, R.S., & Smith, B.L. (1990) Students in learning communities: Engaging with self, others, and the college community. *New Directions for Teaching and Learning,* 41(1), 39-51.

Gagné, R. M. (1965) *The Conditions of Learning.* New York: Holt, Rinehart and Winston.

Gaither, G. H. (ed.) (1995) Assessing Performance in an Age of Accountability: Case Studies. *New Directions for Higher Education,* (no. 91), San Francisco: Jossey-Bass.

Gamson, Z. (1991) A brief history of the seven principles for good practice in undergraduate education. *New Directions for Teaching and Learning,* 47, 5-12.

Gardner, H. (1985) *The Mind's New Science: A History of the Cognitive Science.* New York: Basic Books (佐伯胖・海保博之監訳 (1987)『認知革命――知の科学の誕生と展開』産業図書.)

Gibson, J. J. (1979/1986) *An Ecological Approach to Visual Perception.* Hillsdale: Lawrence Erlbaum Associates.

Gick, M. L. & Holyoak, K. J. (1980) Analogical problem solving. *Cognitive Psychology,* 12, 306-355.

――― (1983) Schema induction and analogical transfer. *Cognitive Psychology,* 15, 1-38.

――― (1987) The cognitive basis of knowledge transfer. In S. M. Cormier & J. D. Hagman (Eds.), *Transfer of Learning: Contemporary Research and Application.* San Diego: Academic Press. pp.9-46.

Giddens, A., (1991) *Modernity and Self-Identity: Self and Society in the Late Modern Age.* Stanford: Stanford University Press. (秋吉美都・安藤太郎・筒井淳也訳 (2005)『モダニティと自己アイデンティティ――後期近代における自己と社会』ハーベスト社).

Giles, D.E. (1991) Dewey's theory of experience: Implications for service-learning. *Journal of Cooperative Education,* 27(2), 87-90.

Gittell, R., & Vidal, A. (1998) *Community Organizing: Building Social Capital as a Development Strategy.* Thousand Oaks, CA: Sage Publication.

Goldstone, R.L., & Day, S.B. (2012) Introduction to new conceptualizations of transfer of learning. *Educational Psychologist,* 47(3), 149-152.

Goldstone, R.L., & Wilensky, U. (2008) Promoting transfer through complex systems principles. *Journal of the Learning Sciences,* 17, 465–516.

Greeno, J. G. (1998) The situativity of knowing, learning and research. *Cognitive Psychology,* 12, 306-355.

――― (2006) Learning in activity. In R. K. Sawyer (Ed.), *The Cambridge Handbook of the Learning Sciences.* New York: Cambridge University Press. pp. 79-96.

Greeno, J. G., Smith, D. R. & Moore, J. L. (1993) Transfer of situated learning. In D.

K. Detterman & R.J. Sternberg (Eds.) *Transfer on Trial: Intelligence, Cognition and Instruction.* Norwood: Ablex. pp. 99-167.

Greeno, J.G., Collins, A.M., & Resnick, L.B. (1996) Cognition and learning. In Berliner, D. C. & Calfee, R. C. (Eds.) *Handbook of Educational Psychology.* New York: Simon & Schuster. pp. 15-46.

Guile, D. (2006) Learning across context. *Educational Philosophy and Theory,* 38(3), 251-268.

Guile, D. & Griffiths, T. (2001) Learning through work experience. *Journal of Education and Work,* 14(1), 113–132.

Guile, D. & Young, M. (2003) Transfer and transition in vocational education: Some theoretical considerations. In T. Tuomi-Gröhn & Y. Engeström (Eds.), *Between School and work: New Perspectives on Transfer and Boundary-Crossing.* Amsterdam: Pergamon. pp.63-81.

Hall, R., & Greeno, J.G. (2008) Conceptual learning. In T. Good (Ed.) *21st Century Education: A Reference Handbook.* Los Angeles: Sage Publication. pp. 212–221.

Hart Research Associates (2009) *Learning and Assessment: Trends in Undergraduate Education: A Survey among Members of the Association of American Colleges and Universities,* Washington DC. 〈http://www.aacu.org/membership/documents/2009MemberSurvey_Part1.pdf〉 (2013.07.30)

Hatano, G. (Ed.) (1994) Special Issue on conceptual change: Japanese perspectives to conceptual change. Special issue. *Human Development,* 37, 189-197.

Hatcher, J. A., Bringle, R. G., & Muthiah, R. (2004) Designing effective reflection: What matters to service-learning? *Michigan Journal of Community Service Learning,* 11, 38-46.

Hermans, H.J.M., Kempen, H.J.G., & van Loon, R.J.P. (1992) The dialogical self: Beyond individualism and rationalism. *American Psychologist,* 47, 23-33.

Hermans, H.J.M. & Kempen, H.J.G. (1993) *The Dialogical Self: Meaning as Movement.* New York: Academic Press (森岡正芳・溝上慎一・水間玲子訳 (2006)『対話的自己――デカルト/ジェームズ/ミードを超えて』新曜社.)

Holland, D., Lachicotte, W., Skinner, D., & Cain, C. (1998) *Identity and Agency in Cultural Research.* Cambridge MA: Harvard University Press.

Honnet, E.P., & Poulsen, S.J. (1989) *Principles of Good Practice for Combining Service and Learning.* Wingspread Special Report, Racine, Wisconsin: The Johnson Foundation, Inc.

Howard, J.P.F. (1998) Academic service learning: A counter-normative pedagogy. In A.R. Rhoads, and J.P.F. Howard, (Eds.), *Academic Service Learning: A Pedagogy of Action and Reflection; New Directions for Teaching and Learning,* (No. 73), Jossey Bass, San Francisco. pp. 21-29.

Howard, R.D. (Ed.) (2001) *Institutional Research: Decision Support in Higher Education.* Tallahassee FL: The Association for Institutional Research. (大学評価・学位授与機構 (2012)『IR実践ハンドブック:大学の意思決定支援』玉川大学出版部.)

Huber, M.T., & Hutchings, P. (2005) *The Advancement of Learning: Building the Teaching Commons.* The Carnegie Foundation for the Advancement of Teaching, San Francisco: Jossey-Bass.

Hurd, S., & Stein, R. (Eds.) (2004) *Building and Sustaining Learning Communities: The Syracuse University Experience.* Bolton, MA: Anker Publishing Co..

Hutchings, P. (2010) *Opening Doors to Faculty Involvement in Assessment NILOA Occasional Paper,* (No. 4), Urbana, IL: University of Illinois and Indiana University, National Institute for Learning Outcomes Assessment.

Hutchings, P., & Schulman, L. S. (1999) The scholarship of teaching: New elaborations, new developments. *Change,* 31(5), 11-15.

Illeris, K. (2009) Transfer of learning in the learning society: How can the barriers between different learning spaces be surmounted, and how can the gap between learning inside and outside schools be bridged? *International Journal of Lifelong Education,* 25(2), 137-148.

―――― (2011) *The Fundamentals of Workplace Learning: Understanding How People Learn in Working Life.* London: Routledge.

Inkelas, K.K., Daver, Z.E., Vogt, K.E., & Leonard, B.J. (2007) Living-learning programs and first-generation college students' academic and social transition to college. *Research in Higher Education,* 48 (4), 403–34.

Inkelas, K. K., & Weisman, J. (2003) Different by design: An examination of outcomes associated with three types of living–learning programs. *Journal of College Student Development,* 44, 335–368.

Jameson, J. K., Clayton, P. H., & Bringle, R. G. (2008) Investigating student learning within and across linked service-learning courses. In M. A. Bowdon, Billig, S. H. & Holland, B. A. (Eds.), *Advances in Service-Learning Research: Scholarship for Sustaining Service-Learning and Civic Engagement.* Greenwich, CN: Information Age Publishing. pp. 3-27.

Jarvis, P. (1992) *Paradoxes of Learning.* San Francisco, CA: Jossey-Bass.

Johnson, C.M. (2001) A survey of current research on online communities of practice. *Internet and Higher Education,* 4, 45–60.

Kawai T. Torii T. Kawanabe, T. & Ishimoto, Y. (2013) The examination of institutional research through the lens of action research: Focusing on the IR project at the Institute for Teaching and Learning at Ritsumeikan University. *Proceedings for IIAI International Conference on Advanced Applied Informatics 2013,* 83.

Kayes, D. C. (2002) Experiential learning and its critics: Preserving the role of experience in management learning and education. *Academy of Management Learning and Education*, 1(2), 137-149.

Kinzie, G. 江原昭博訳 (2009)「アメリカの高等教育における学生調査とIRの拡大する役割」山田礼子編『大学教育を科学する—学生の教育評価の国際比較』東信堂. pp. 175-201.

Kolb, D.A. (1984) *Experiential Learning: Experience as the Source of Learning and Development*. Englewood Cliffs, NJ: Prentice-Hall.

Kolb, D. A., Boyatzis, R., & Mainemelis, C. (2001) Experiential learning theory: Previous research and new directions. In Sternberg, R. & Zhang, L. (Eds.) *Perspectives on Thinking, Learning, and Cognitive Styles*. Mahwah, NJ: Lawrence Erlbaum. pp. 227-247.

Kolb, A.Y., & Kolb, D.A. (2005) Learning styles and learning spaces: Enhancing experiential learning in higher education. *Academy of Management Learning and Education*, 4(2), 193-212.

Koljatic, M., & Kuh, G. D. (2001) A longitudinal assessment of college student engagement in good practices in undergraduate education. *Higher Education*, 42, 351-371.

Kuh, G. D. (2001a) Assessing what really matters to student learning: Inside the National Survey of Student Engagement. *Change*, 33(3), 10-17, 66.

——— (2001b) *The National Survey of Student Engagement: Conceptual Framework and Overview of Psychometric Properties*. Indiana University Center for Postsecondary Research, Bloomington, IN.

——— (2003) What we're learning about student engagement from NSSE. *Change*, 35(2), 24-32.

——— (2008) *High-Impact Practices: What They Are, Who Has Access to Them, and Why They Matter*. Washington DC: Association of American Colleges and Universities.

——— (2009) The national survey of student engagement: Conceptual and empirical foundations. *New Directions for Institutional Research*, 141, 5–20.

Kuh, G. D., & Ewell, P. T. (2010) The state of learning outcomes assessment in the United States. *Higher Education Management and Policy*, 22(1), 9-28.

Kuh, G., & Hu, S. (2001) The effects of student-faculty interaction in the 1990s. *The Review of Higher Education*, 24, 309-332.

Kuh, G. D., & Vesper, N. (1997) A comparison of student experiences with good practices in undergraduate education between 1990 and 1994. *The Review of Higher Education*, 21(1), 43-61.

Kuhn, T.S. (1962) *The Structure of Scientific Revolutions*. Chicago: University of Chicago

Press (中山茂訳 (1971)『科学革命の構造』みすず書房.)
Laboratory of Comparative Human Cognition (1982) A model system for the study of learning difficulties. *The Quarterly Newsletter of the Laboratory of Comparative Human Cognition,* 4, 39-66.
Lave, J. (1988) *Cognition in Practice: Mind, Mathematics and Culture in Everyday Life.* New York: Cambridge University Press (無藤隆・中野茂・山下清美・中村美代子訳 (1995)『日常生活の認知行動——ひとは日常生活でどう計算し、実践するか』新曜社.)
Lave, J. & Wenger, E. (1991) *Situated Learning: Legitimate Peripheral Participation.* New York: Cambridge University Press (佐伯胖訳 (1993)『状況に埋め込まれた学習——正統的周辺参加』産業図書.)
Lazerson, M., Wagener, U., & Shumanis, N. (2000) Teaching and learning in higher education 1980-2000. *Change,* 32(3), 12-19.
Lea, M.R. (2005) 'Communities of practice' in higher education: Useful heuristic or educational model? In Barton, D. and Tusting, K. (Eds.) *Beyond Communities of Practice: Language, Power, and Social Context.* New York: Cambridge University Press. pp. 180-197.
Loacker, G. & Rogers, G. (2005) *Assessment at Alverno College: Student, Program, Institutional.* Milwaukee, WI: Alverno College Institute.
Lobato, J. (2003) How design experiments can inform a rethinking of transfer and vice versa. *Educational Researcher,* 32(1), 17-20.
―――― (2004) *An International Working Conference: Addressing the Transfer Dilemma.* Proposal funded by the National Science Foudation.
―――― (2006) Alternative perspectives on the transfer of learning: History, issues and challenges for future research. *Journal of the Learning Sciences,* 15(4), 431-449.
―――― (2012) The actor-oriented transfer perspective and its contributions to educational research and practice. *Educational Psychologist,* 47(3), 232-247.
Marton, F. (2006) Sameness and difference in transfer. *Journal of the Learning Sciences,* 15(4), 499-535.
Marton, F. & Säljö, R. (1976) On qualitative differences in learning: outcome and process. *British Journal of Educational Psychology,* 46, 4-11.
―――― (1997) Approaches to learning. In Marton, F. Hounsell, D. and Entwistle, N. (Eds.) *The Experience of Learning,* Edinburgh: Scottish Academic Press. pp. 39-58.
Mason, L. (2007) Introduction: Bridging the cognitive and sociocultural approaches in research on conceptual change: Is it feasible? *Educational Psychologist,* 42(1), 1–7.
Mayer, R.E. & Wittrock, M.C. (1996) Problem-solving transfer. In D.C. Berliner, &

R.C. Calfee, (Eds.) *Handbook of Educational Psychology*. New York: Simon & Schuster. pp.47-62.

Mentkowski, M., & Associates. (2000) *Learning that Lasts: Integrating Learning, Development, and Performance in College and Beyond*. San Francisco: Jossey-Bass.

Mezirow, J. (1991) *Transformative Dimensions of Adult Learning*. San Francisco: Jossey-Bass (金澤睦・三輪建二監訳 (2012)『おとなの学びと変容：変容的学習とは何か』鳳書房.)

National Survey of Student Engagement (2010) *National Survey of Student Engagement: The College Student Report*. 〈http://nsse.iub.edu/pdf/US_paper_10.pdf〉 (2013.7.30).

Nelson Laird, T.F., Shoup, R., Kuh, G.D., & Schwarz, M.J. (2008) The effects of discipline on deep approaches to student learning and college outcomes. *Research in Higher Education*, 49(6), 469–494.

Nermirovsky, R. (2011) Episodic feelings and transfer of learning. *The Journal of Learning Sciences*, 20(2), 308-337.

Norman, D.A. (1980) Twelve issues for cognitive science. *Cognitive Science*, 4, 1-32.

Norman, D. A. (1993) *Things that Make Us Smart: Defending Human Attributes in the Age of the Machine*. New York: Addison-Wesley.

Norton, L.S. (2009) *Action Research in Teaching and Learning: A Practical Guide to Conducting Pedagogical Research in Universities*. Abingdon, UK: Routledge.

Nunes, T., Schliemann, A.D., & Carraher, D.W. (1993) *Street Mathematics and School Mathematics*. Cambridge: Cambridge University Press.

Pace, C. R. (1982) *Achievement and the Quality of Student Effort: Report Prepared for the National Commission on Excellence in Education*. Los Angeles CA: Higher Education Research Institute, University of California at Los Angeles.

Palinscar, A. S. & Brown, A. L. (1984) Reciprocal teaching of comprehension monitoring activities. *Cognition and Instruction*, 1, 117-175.

Pappert, S. (2006) Afterword: After how comes what. In Sawyer, R. K. (Ed.) *The Cambridge Handbook of the Learning Sciences*. Cambridge: Cambridge University press. pp. 581-586.

Parker, C., & Schmidt, J. (1982) Effects of college experience. *Encyclopedia of Educational Research*, 2, 535-543.

Parpala, A. Lindblom-Ylänne, S. Komulainen, E. Litmanen, T. & Hirsto, L. (2010) Students' approaches to learning and their experiences of the teaching-learning environment in different disciplines. *British Journal of Educational Psychology*, 80, 269-282

Pascarella, E. T., & Terenzini, P. T. (1991) *How College Affects Students: Findings and*

Pike, G.R., Kuh, G.D., & McCormick, A.M. (2011) An investigation of the contingent relationships between learning community participation and student engagement. *Research in Higher Education,* 52(3), 300–322.

Pike, G.R., Schroeder, C.C., & Berry, T.R. (1997) Enhancing the educational impact of residence halls: The relationship between residential learning communities and first-year college experiences and persistence. *Journal of College Student Development,* 38, 609–621.

Pintrich, P.R., Marx, R.W., & Boyle, R.A. (1993). Beyond cold conceptual change: The role of motivational beliefs and classroom contextual factors in the process of conceptual change. *Review of Educational Research,* 63(2), 167-199.

Posner, G. J., Strike, K. A., Hewson, P. W., & Gertzog, W. A. (1982). Accommodation of a scientific conception: Towards a theory of conceptual change. *Science Education,* 66, 211–227.

Prosser, M., & Trigwell, K. (1991) *Understanding Learning and Teaching.* Buckingham: The Society for Research into Higher Education and Open University Press.

Putnam, R.D. (2000) *Bowling Alone: The Collapse and Revival of American Community.* New York: Simon & Schuster (柴内康文訳 (2006)『孤独なボウリング——米国コミュニティの崩壊と再生』柏書房.)

Ramsden, P. (2003) *Learning to Teach in Higher Education (2nd edition).* London: Taylor and Francis, Inc.

Reed, S.K. (2012) Learning by mapping across situations. *Journal of the Learning Sciences,* 21(3), 353-398.

Rhodes, T. (2009) The VALUE Project overview. *Peer Review,* 11(1), 4-7.

Rhodes, T. (Ed.) (2010) *Assessing Outcomes and Improving Achievement: Tips and Tools for Using Rubrics.* Washington, DC: Association of American Colleges & Universities.

Rudolph, F. (1962) *The American College and University: A History.* New York: Vintage Books (阿部美哉・阿部温子訳 (2003)『アメリカ大学史』玉川大学出版部.)

Saltmarsh J. (1996) Education for critical citizenship: John Dewey's contribution to the pedagogy of community service learning. *Michigan Journal of Community Service Learning,* 3, 13–21.

Saupe, J.L. (1990) *The Functions of Institutional Research (2nd edition).* Tallahassee: Association for Institutional Research.

Sawyer, R. K. (2003) *Group Creativity: Music, Theater, Collaboration.* Mahwah, NJ: Erlbaum.

Sawyer, R.K. (Ed.) (2006) *The Cambridge Handbook of the Learning Sciences*. Cambridge MA: Cambridge University press (森敏昭・秋田喜代美監訳 (2009)『学習科学ハンドブック』培風館.)

Sawyer, R.K., & Greeno, J.G. (2009) Situativity and learning. In Robbins, P. & Aydede, M. *The Cambridge Handbook of Situated Cognition* (Cambridge Handbooks in Psychology), Cambridge: Cambridge University Press. pp.347-367.

Saxe, G. (1988a) Candy selling and math learning. *Educational Researcher*, 17, 14-21.

―――― (1988b) The mathematics of street vendors. *Child Development*, 59, 1415-1425.

―――― (1990) *Culture and Cognitive Development: Studies in Mathematical Understanding*. Hillsdale: Erlbaum.

Scardamalia, M., Bereiter, C., & Steinbach, R. (1984) Teachability of reflective process in written composition. *Cognitive Science*, 8, 173-190.

Scardamalia, M., & Bereiter, C. (1991) Higher levels of agency for children in knowledge-building: A challenge for the design of new knowledge media. *Journal of the Learning Sciences*, 1, 37-68.

―――― (1994) Computer support for knowledge-building communities. *Journal of the Learning Sciences*, 3(3), 265-283.

―――― (2003) Knowledge building environments: Extending the limits of the possible in education and knowledge work. In DiStefano, A. Rudestam, K.E. & Silverman, R. (Eds.) *Encyclopedia of Distributed Learning*. Thousand Oaks: Sage Publications. pp. 1370-1373.

―――― (2006) Knowledge building: Theory, pedagogy and technology. In Sawyer, R.K. (Ed.) *The Cambridge Handbook of the Learning Sciences*. Cambridge: Cambridge University press. pp. 97-118.

Schoenfeld, A.H. (1983) Problem solving in the mathematics curriculum: A report, recommendation and an annotated bibliography. *Mathematical Association of American Notes*, No.1

―――― (1985) *Mathematical Problem Solving*. Orlando: Academic Press.

―――― (1991) On mathematics as sense-making: An informal attack on the unfortunate divorce of formal and informal mathematics. In J. F. Voss, D. N. Perkins, & J. w. Segal, (Eds.), *Informal Reasoning and Education*, Hillsdale: Erlbaum. pp.311-343.

Schön, D. A. (1983) *The Reflective Practitioner: How Professionals Think in Action*. New York: Basic Books. (柳沢昌一・三輪建二訳 (2007)『省察的実践とは何か――プロフェッショナルの行為と思考』鳳書房).

Schwartz, D.L. & Bransford, J.D. (1998) A time for telling. *Cognition and Instruction*, 16, 475-522.

Schwartz, D. L., & Martin, T. (2004) Inventing to prepare for future learning: The hidden efficiency of encouraging original student production in statistics instruction. *Cognition and Instruction,* 22, 129–184.
Scribner, S. (1984) Studying working intelligence. In B. Rogoff, & J. Lave (Eds.), *Everyday Cognition: Its Development in Social Context.* Cambridge: Harvard University Press, pp. 9-40.
Scribner, S. & Cole, M. (1981) *The Psychology of Literacy.* Cambridge: Harvard University Press.
Sfard, A. (1998) On two metaphors for learning and the dangers of choosing just one. *Educational Researcher,* 27(2), 4-13.
Shaw, R., Turvey, M.T., & Mace, W. (1982) Ecological psychology: The consequence of a commitment to realism. In W. B. Weimer & D. S. Palermo (Eds.), *Cognition and the Symbolic Processes (Vol.2).* Hillsdale: Lawrence Erlbaum Associates, pp.159-226.
Shaffer, D. W., & Resnick, M. (1999) Thick authenticity: New media and authentic learning. *Journal of Interactive Learning Research,* 10(2), 195–215.
Shapiro, N.S., & Levine, J.H. (1999) *Creating Learning Communities: A Practical Guide to Winning Support, Organizing for Change, and Implementing Programs.* San Francisco: Jossey-Bass.
Shavelson, R. J. (2010) *Measuring College Learning Responsibly: Accountability in a New Era.* San Francisco CA: Stanford University Press.
Shulman, L.S. (1993) Teaching as community property. *Change,* 25(6), 6-7.
―――― (1999) Taking learning seriously. *Change,* 31(4), 10-17.
―――― (2004) *Teaching as Community Property: Essays on Higher Education.* San Francisco: Jossey-Bass.
Singer, J.D., & Willett, J.B. (2003) *Applied Longitudinal Data Analysis: Modeling Change and Event Occurrence.* London: Oxford University Press（菅原ますみ訳 (2012)『縦断データの分析 I: ――変化についてのマルチレベルモデリング――』朝倉書店.）
Singley, M. K. & Anderson, J. R. (1989) *The Transfer of Cognitive Skill.* Cambridge: Harvard University Press.
Skinner, B. F. (1938) *The Behavior of Organisms: An Experimental Analysis.* New York: Appelton-Century-Crafts.
―――― (1950) Are theories of learning necessary? *Psychological Review,* 57(4), 193-216.
Smith, B.L., MacGregor, J., Matthews, R., & Gabelnick, F. (2004) *Learning Communities: Reforming Undergraduate Education.* San Francisco: Jossey-Bass.
Smith, J.P., diSessa, A.A., & Roschelle, J. (1993) Misconceptions reconceived: A constructivist analysis of knowledge in transition. *Journal of the Learning*

Sciences, 3, 115–63.
Study Group on the Conditions of Excellence in Higher Education (1984) *Involvement in Learning: Realizing the Potential of American Higher Education.* Washington, DC: National Institute of Education.
Suchman, L. (1987) *Plans and Situated Actions: The Problem of Human-Machine Communication.* Cambridge: Cambridge University Press（佐伯胖・水川喜文・上野直樹・鈴木栄幸訳 (1999)『プランと状況的行為――人間-機械コミュニケーションの可能性』産業図書.）
Taylor E.W., & Cranton, P. (2012) *The Handbook of Transformative Learning: Theory, Research, and Practice.* California: Jossey-Bass.
Terenzini, P. T. (1993) On the nature of institutional research and the knowledge and skills it requires. *Research in Higher Education, 34*, 1–10.
Thagard, P. (1988) *Computational Philosophy of Science.* Cambridge, MA: MIT Press.
Thorndike, E. L. (1913) *Educational Psychology: Vol.2. The Psychology of Learning.* New York: Columbia University Press.
Thorndike, E. L. & Woodworth, R. S. (1901) The influence of improvement in one mental function upon efficacy of other functions. *Psychological Review, 8*, 247-261.
Tinto, V. (2000) What we have learned about the impact of learning communities on students? *Assessment Update,* 12(2), 1–2, 12.
Trow, M. (1972) The expansion and transformation of higher education. *The International Review of Education,* 18(1), 61-84 (天野郁夫・喜多村和之訳 (1976)『高学歴社会の大学―エリートからマスへ――』東京大学出版会.)
――― (1973) Problems in the transition from elite to mass higher education. *Policies for Higher Education,* from the General Report on the Conference on Future Structures of Post-Secondary Education, 55-101 (天野郁夫・喜多村和之訳 (1976)『高学歴社会の大学―エリートからマスへ――』東京大学出版会.)
Trowler, V. (2010) *Student Engagement Literature Review.* York: Higher Education Academy.
Tuomi-Gröhn, T., & Engeström, Y. (2003) Conceptualizing transfer: From standard notions to developmental perspectives. In Tuomi-Gröhn, T. & Engeström, Y. (Eds.) *Between School and Work: New Perspectives on Transfer and Boundary-Crossing.* Amsterdam: Pergamon. pp. 19-38.
Tuomi-Gröhn, T., & Engeström, Y. (Eds.) (2003) *Between School and Work: New Perspectives on Transfer and Boundary-Crossing.* Amsterdam: Pergamon.
Volkwein, J.F. (1999) The four faces of institutional research. *New Directions for Institutional Research,* 104, 9-19.
Vosniadou, S. (2003) Exploring the relationships between conceptual change and

intentional learning. In G.M. Sinatra, & P.R. Pintrich (Eds.), *Intentional Conceptual Change*. Mahwah, NJ: Lawrence Erlbaum Associates, Inc. pp. 377-406.
────── (2007) Conceptual Change and Education. *Human Development*, 50(1), 47-54.
Vosniadou, S. (Ed.) (2008) *International Handbook of Research on Conceptual Change*. New York: Routledge.
────── (2013) *International Handbook of Research on Conceptual Change (2nd edition)*. New York: Routledge.
Vygotsky, L. S. (1987) Thinking and speech, In *The Collected Works of L. S. Vygotsky, Volume 1: Problems of General Psychology*. New York: Prenum, pp. 39-285.
Watson, J. B. (1913) Psychology as the behaviorist views it. *Psychological Review*, 20, 158-177.
Wenger, E. (1998) *Community of Practice: Learning, Meaning and Identity*. Cambridge MA: Cambridge University Press.
Wenger, E., McDermott, R., & Snyder, W.M. (2002) *Cultivating Communities of Practice*. Cambridge MA: Harvard Business School Press (櫻井祐子訳 (2002)『コミュニティ・オブ・プラクティス――ナレッジ社会の新たな知識形態の実践』翔泳社.)
Whitney B.C. & Clayton P.H. (2011) Research on and through reflection in international service learning, In R.G.Bringle, J.A. Hatcher and S.G. Jones (Eds.), *International Service Learning: Conceptual Frameworks and Research*. Virginia: Stylus Publishing. pp. 145-187.
Wolf, R.A. (2013) The role of institutional research at a time of major disruption. *Association for Institutional Research Annual Forum*, Long Beach, CA, May 20, 2013.
Young, M. (2001) Contextualising a new approach to learning: Some comments on Yrjo Engestrom's theory of expansive learning. *Journal of Education and Work*, 14(1), 157-161.

天城勲編 (2004)『業績と回顧——IDE50周年・高等教育研究所25周年記念誌』民主教育協会・高等教育研究所.
天野郁夫 (1986)『高等教育の日本的構造』玉川大学出版部.
――― (1989)『近代日本高等教育研究』玉川大学出版部.
――― (1998)「日本の高等教育研究——回顧と展望」『高等教育研究』1: 7-27.
――― (2003)『日本の高等教育システム——変革と創造』東京大学出版会.
――― (2004)『大学改革——秩序の崩壊と再編』東京大学出版会.
――― (2005)『大学改革の社会学』玉川大学出版部.
荒木淳子 (2007)「企業で働く個人の「キャリアの確立」を促す学習環境に関する研究−実践共同体に着目して」『日本教育工学会論文誌』31(1): 15-27.
――― (2009)「企業で働く個人のキャリアの確立を促す実践共同体のあり方に関する質的研究」『日本教育工学会論文誌』33(2): 131-142.
有本章・江原武一 (1996)『大学教授職の国際比較』玉川大学出版部.
安西祐一郎・大津由紀雄・溝口文雄・石崎俊・波多野誼余夫 (1992)『認知科学ハンドブック』共立出版.
安藤輝次 (2006)「アルバーノ大学の一般教育カリキュラムの改革」『奈良教育大学紀要 人文・社会科学』55(1): 65-78.
――― (2007)「アルバーノ大学の教員養成カリキュラム」『教育実践総合センター研究紀要』16: 89-100.
池田輝政・戸田山和久・近田政博・中井俊樹 (2001)『成長するティップス先生』玉川大学出版部.
石本雄真・真田樹義・小沢道紀・小野勝大・辰野有・川那部隆司・鳥居朋子 (印刷中)「学生自らの学習改善への貢献からとらえなおした学習成果測定結果の活用——学生個人へのフィードバックの試み」『立命館高等教育研究』14.
市川伸一 (1995)『学習と教育の心理学』岩波書店.
乾彰夫 (2010)『〈学校から仕事へ〉の変容と若者たち——個人化・アイデンティティ・コミュニティ』青木書店.
井下理 (2011)「体験型学習の意義と課題」『IDE現代の高等教育』530: 6-13.
岩井雪乃 (2010)「ボランティア体験で学生は何を学ぶのか——アフリカと自分をつなげる想像力」『人間環境論集』10(1): 1-11.
岩井雪乃編 (2012)『学生のパワーを被災地へ！——「早稲田型ボランティア」の舞台裏』早稲田大学出版部.
岩田弘三・北條英勝・浜島幸司 (2001)「生活時間調査からみた大学生の生活と意識：3大学調査から」『大学教育研究』9: 1-29.
上野直樹編 (2001)『状況のインタフェース』金子書房.
潮木守一 (1973)『近代大学の形成と変容 一九世紀ドイツ大学の社会的構造』東京大学出版会.

梅崎修・田澤実 (2013)『大学生の学びとキャリア：入学前から卒業後までの継続調査の分析』法政大学出版局．
浦田広朗 (2009)「「全国大学生調査」からみた麗澤大学の学生と教育」『麗沢学際ジャーナル』17(1): 1-11.
江原武一 (1984)『現代高等教育の構造』東京大学出版会．
──── (2003)「大学教員のみた日米の大学：90年代初頭」『京都大学大学院教育学研究科紀要』49: 69-91.
──── (2010)『転換期日本の大学改革：アメリカとの比較』東信堂．
遠海友紀・岸磨貴子・久保田賢一 (2012)「初年次教育における自律的な学習を促すルーブリックの活用」『日本教育工学会論文誌』36(suppl.): 209-212.
遠藤利彦 (2004)「観察法──日常のふるまいのなかに心の本質を見出す」高野陽太郎・岡隆編『心理学研究法──心を見つめる科学のまなざし』有斐閣．pp. 212-236.
大塚雄作 (2007)「授業評価アンケート項目の特徴を探る」山地弘起編『授業評価活用ハンドブック』玉川大学出版部．pp. 139-165.
──── (2012)「教授活動に関わる評価の諸課題」京都大学高等教育研究開発推進センター『生成する大学教育学』ナカニシヤ出版．pp. 187-201.
大山牧子・田口真奈 (2013a)「大学におけるグループ学習の類型化──アクティブ・ラーニング型授業のコースデザインへの示唆」『日本教育工学会論文誌』37(2): 129-143.
──── (2013b)「大学における教員のコースデザインの協調的な省察を促す支援環境の構築」『京都大学高等教育研究』19: 59-71.
岡田聡志 (2011a)「アメリカにおけるIRの歴史と機能観をめぐる論争」沖清豪・岡田聡志編『データによる大学教育の自己改善──インスティテューショナル・リサーチの過去・現在・展望』学文社．pp. 15-38.
──── (2011b)「学部レベルではインスティテューショナル・リサーチはどのように捉えられているか──2009年ベネッセ調査からの知見」沖清豪・岡田聡志編『データによる大学教育の自己改善──インスティテューショナル・リサーチの過去・現在・展望』学文社．pp. 119-137.
岡田努 (2010)『青年期の友人関係と自己──現代青年の友人認知と自己の発達』世界思想社．
岡田有司・鳥居朋子・宮浦崇・青山佳世・松村初・中野正也・吉岡路 (2011)「大学生における学習スタイルの違いと学習成果」『立命館高等教育研究』11: 167-182.
小方直幸 (2008)「学生のエンゲージメントと大学教育のアウトカム」『高等教育研究』11: 45-64.
沖清豪 (2011)「日本におけるインスティテューショナル・リサーチの可能性と課題──実践例からの示唆」沖清豪・岡田聡志編『データによる大学教育の自

己改善――インスティテューショナル・リサーチの過去・現在・展望』学文社．pp. 139-157.
沖清豪・岡田聡志編 (2011)『データによる大学教育の自己改善――インスティテューショナル・リサーチの過去・現在・展望』学文社．
沖裕貴 (2012a)「『ピア・サポート』で大学が変わる」清水亮・橋本勝編『学生・職員と創る大学教育――大学を変えるFDとSDの新発想』ナカニシヤ出版．pp. 30-39.
―――― (2012b)「ピア・サポート・プログラム-立命館大学」『IDE』546: 54-59.
小田隆治・杉原真晃編 (2010)『学生主体型授業の冒険――自ら学び，考える大学生を育む』ナカニシヤ出版．
―――― (2012)『学生主体型授業の冒険2――予測困難な時代に挑む大学教育』ナカニシヤ出版．
香川秀太 (2007)「行為・変化の契機としての学内-学外間のギャップ――看護学生の学習過程の分析」『日本認知科学会「教育環境のデザイン」研究分科会研究報告』13(1): 7-18.
―――― (2008)「『複数の文脈を横断する学習』への活動理論的アプローチ――学習転移論から文脈横断論への変異と差異」『心理学評論』51(4): 463-484.
―――― (2012)「看護学生の越境と葛藤に伴う教科書の『第三の意味』の発達：学内学習-臨地実習間の緊張関係への状況論的アプローチ」『教育心理学研究』60(2): 167-185.
鹿毛雅治 (1995)「内発的動機づけと学習意欲の発達」『心理学評論』38(2): 146-170.
葛城浩一 (2006)「在学生によるカリキュラム評価の可能性と限界」『高等教育研究』9: 161-180.
―――― (2008)「学習経験の量に対するカリキュラムの影響力――大学教育によって直接的に促される学習経験に着目して――」『広島大学大学院教育学研究科紀要(第三部)』57: 133-140.
加藤かおり・杉原真晃・ホートン広瀬恵美子 (2011)「学生の理解を深める教授学習 (deep learning)」『大学教育学会誌』33(2): 88-91.
―――― (2012)「学生の理解を深める教授学習 (deep learning) その2」『大学教育学会誌』34(2): 62-65.
加藤敏明 (2011)「理論と実践の両輪を展開――総合大学型キャリア教育の追及」『大学と学生』90: 13-21.
加藤浩・有元典文編 (2001)『認知的道具のデザイン』金子書房．
加藤基樹編 (2011)『0泊3日の支援からの出発――早稲田大学ボランティアセンター・学生による復興支援活動』早稲田大学出版部．
加藤善子 (2007)「ラーニング・コミュニティ・教育改善・ファカルティ・ディヴェロプメント」『大学教育研究』16: 1-16.
金田尚子 (2010)「早稲田大学海外リーダー養成プロジェクト・イン・ボルネオの活

動」『白山人類学』13: 125-130.
金子元久 (2009)「大学教育の質的向上のメカニズム——「アウトカム志向」とその問題点」『大学評価研究』8: 17-29.
――― (2011a)「IR――期待, 幻想, 可能性」『IDE』528: 4-12.
――― (2011b)「質保証の新段階」『IDE』533: 4-11.
――― (2012)「大学教育と学生の成長」『名古屋高等教育研究』12: 211-236.
――― (2013)『大学教育の再構築:学生を成長させる大学へ』玉川大学出版部.
唐木清志 (2010)『アメリカ公民教育におけるサービス・ラーニング』東信堂.
苅谷剛彦 (1992)『アメリカの大学・ニッポンの大学――ＴＡ・シラバス・授業評価』玉川大学出版部.
――― (1998)『変わるニッポンの大学――改革か迷走か』玉川大学出版部.
苅谷剛彦・本田由紀編 (2010)『大卒就職の社会学――データからみる変化』東京大学出版会.
河井亨 (2011a)「学生の学習ダイナミクスの研究枠組み」『名古屋高等教育研究』11: 95-114.
――― (2011b)「自己とコミュニティの関係についての社会学的考察――G.H. ミードとE.H. エリクソンの再読を通じて――」『京都大学大学院教育学研究科紀要』57: 641-653.
――― (2012a)「アクション・ラーニングについての方法論的考察」『名古屋高等教育研究』12: 135-154.
――― (2012b)「Y. エングストロームの形成的介入の方法論――教育実践と調査・研究の形成的関係に向けて――」『京都大学大学院教育学研究科紀要』58: 453-465.
河井亨・木村充 (2013)「サービス・ラーニングにおけるリフレクションとラーニング・ブリッジングの役割:立命館大学「地域活性化ボランティア」調査を通じて」『日本教育工学会論文誌』36(4): 419-428.
河井亨・溝上慎一 (2012)「学習を架橋するラーニング・ブリッジングについての分析――学習アプローチ, 将来と日常の接続との関連に着目して」『日本教育工学会論文誌』36(3): 217-226.
川口俊明 (2011)「教育学における混合研究法の可能性」『教育學研究』78(4): 386-397.
川嶋太津夫 (2008)「ラーニング・アウトカムズを重視した大学教育改革の国際的動向と我が国への示唆」『名古屋高等教育研究』8: 173-191.
――― (2009)「アウトカム重視の高等教育改革の国際的動向――「学士力」提案の意義と背景」『比較教育学研究』38: 114-131.
川那部隆司・笠原健一・鳥居朋子 (2013)「教学IRにおける学生調査の手法開発:量的アプローチと質的アプローチを併用した学業成績変化過程の検討」『立命館高等教育研究』13: 61-74.

河村美穂 (2012)「教育実践の質を高めるリフレクションの提案——プロセスレコード、授業リフレクション、ナラティヴ・アプローチから学ぶ」『福祉教育・ボランティア学習学会研究紀要』20: 31-40.
河村美穂・諏訪徹・原田正樹 (2001)「福祉教育における学習者の内面的変化に関する検討」『福祉教育・ボランティア学習研究年報』7: 144-170.
岸磨貴子・久保田賢一・盛岡浩 (2010)「大学院生の研究プロジェクトへの十全的参加の軌跡」『日本教育工学会論文誌』33(3): 251-262.
喜多村和之 (1973)「アメリカにおける「大学研究」の展開：序説」『大学論集』1: 20-31.
——— (1987)『大学教育の国際化：外から見た日本の大学 増補版』玉川大学出版部.
——— (1993)「コミュニティとしての大学」本間長世編『アメリカ社会とコミュニティ』財団法人 日本国際問題研究所. pp. 207-224.
——— (1999)『現代の大学・高等教育——教育の制度と機能』玉川大学出版部.
絹川正吉 (2006)『大学教育の思想——学士課程教育のデザイン』東信堂.
絹川正吉・小笠原正明編 (2011)『特色GPのすべて』ジアース教育新社.
木村充 (2012)「職場における業務能力の向上に資する経験学習のプロセスとは：経験学習モデルに関する実証的研究」中原淳『職場学習の探究 企業人の成長を考える実証研究』生産性出版. pp. 33-71.
木村充・河井亨 (2012)「サービス・ラーニングにおける学生の経験と学習成果に関する研究：立命館大学「地域活性化ボランティア」を事例として」『日本教育工学会論文誌』36(3): 227-238.
木村充・中原淳 (2012)「サービス・ラーニングが学習成果に及ぼす効果に関する実証的研究：広島経済大学・興動館プロジェクトを事例として」『日本教育工学会論文誌』36(2): 69-80.
京都大学FD研究検討委員会 (2013)『自学自習等学生の学習生活実態調査 報告書』
京都大学高等教育研究開発推進センター編 (2003)『大学教育学』培風館.
——— (2012)『生成する大学教育学』ナカニシヤ出版.
京都大学高等教育研究開発推進センター／電通育英会 (2007)『大学生のキャリア意識調査』〈http://www.dentsu-ikueikai.or.jp/research/〉(2012.11.29).
吉良直 (2010)「米国大学のCASTL プログラムに関する研究：3教授の実践の比較考察からの示唆」『名古屋高等教育研究』10: 97-116.
栗田佳代子・加藤由香里・井上史子・尾澤重知・北野健一・城間祥子・皆本晃弥 (2010)「ティーチング・ポートフォリオ——導入の意義と可能性」『大学教育学会誌』32(2): 55-58.
経済産業省 (2006)「社会人基礎力に関する研究会『中間とりまとめ』」〈http://www.meti.go.jp/policy/kisoryoku/chukanhon.pdf〉(2013.07.30)
——— (2010)「大学生の「社会人観」の把握と「社会人基礎力」の認知度向上実証に関する調査」〈http://www.meti.go.jp/policy/kisoryoku/201006daigakus

einosyakaijinkannohaakutoninntido.pdf〉（2013.07.30）
小松親次郎 (2009)「GP 事業の出発——問題意識の展開を中心に」『IDE』516: 55-60.
児美川孝一郎 (2006)『若者とアイデンティティ』法政大学出版局.
―――― (2011)『若者はなぜ「就職」できなくなったのか？——生き抜くために知っておくべきこと』日本図書センター.
―――― (2012)「ノンエリート層の教育・キャリア支援をどう考えるか」電通育英会編『IKUEI NEWS Vol.60 大学生研究フォーラム 2012 グローバルキャリアの時代に大学教育は何ができるか』pp. 15-16.
小山治 (2010)「新規大卒労働市場における大学教育の就職レリバンス——学習理論に着目した新しい分析モデルの提出」『大学教育学会誌』32(2): 95-103.
今野文子・三石大 (2011)「授業改善・高度化のための授業リフレクションと情報技術活用」『システム制御情報学会誌』55(10): 439-445.
今野文子・樋口祐紀・三石大 (2009)「授業計画と実施結果の差異に着目した授業リフレクション手法の提案」『日本教育工学会論文誌』32(4): 383-393.
斉藤有吾 (2013)「大学生の学習へのアプローチの変容に授業経験が与える影響——縦断的調査による検討」『大学教育学会第35回大会発表要旨集録』p. 294.
佐伯胖 (1999)「監訳者あとがき」ルーシー・A・サッチマン『プランと状況的行為——人間-機械コミュニケーションの可能性』産業図書. pp. 209-214.
佐伯胖・若狭蔵之助・中西新太郎 (1996)『学びの共同体』青木書店.
酒井浩二 (2009)「米国の大学におけるラーニング・コミュニティの視察報告」『日本教育工学会研究報告集』09(2): 37-44.
酒井博之・田口真奈 (2012)「大学教員のためのコースポートフォリオ実践プログラムの開発」『日本教育工学会論文誌』36(1): 35-44.
桜井政成・津止正敏編 (2009)『ボランティア教育の新地平——サービスラーニングの原理と実践』ミネルヴァ書房.
佐藤浩章 (2010)『大学教員のための授業方法とデザイン』玉川大学出版部.
佐藤学 (2000)『「学び」から逃走する子どもたち』岩波書店.
蒋妍 (2010)「授業外学習を促す授業実践の研究」『大学教育学会誌』32 (1): 134-140.
新堀通也 (1985)『大学生——ダメ論をこえて（現代のエスプリ）』至文堂.
杉江修治 (2011)『協同学習入門——基本の理解と51の工夫』ナカニシヤ出版.
杉江修治・関田一彦・安永悟・三宅なほみ (2004)『大学授業を活性化する方法』玉川大学出版部.
杉谷祐美子 (2009)「入学後の経験と教育効果の学生間比較」山田礼子編『大学教育を科学する——学生の教育評価の国際比較』東信堂. pp. 63-83.
―――― (2011)「能動的な学びをめざして」杉谷祐美子編『大学の学び：教育内容と方法』玉川大学出版部. pp. 292-300.
杉谷祐美子編 (2011)『大学の学び：教育内容と方法』玉川大学出版部.

鈴木鯛功・安岡高志 (2007)「単位修得に必要な学修時間についての調査──授業外学修時間を中心として」『大学教育学会誌』29(2): 159-164.

全国大学生活協同組合連合会広報調査部編 (2012)『学生生活実態をはじめとした調査分析』報告書.

大学基準協会 (2009)『内部質保証システムの構築──国内外大学の内部質保証システムの実態調査──』〈http://www.juaa.or.jp/images/publication/pdf/h20/h20_report.pdf〉(2013.07.30アクセス)

大学教育学会25年史編纂委員会編 (2004)『あたらしい教養教育をめざして──大学教育学会25年の歩み 未来への提言』東信堂.

大学評価・学位授与機構 (2011)『高等教育に関する質保証用語集 (3rd edition)』〈http://www.niad.ac.jp/n_shuppan/package/no9_21_niadue_glossary3_2011_v2.pdf〉(2013.07.30).

髙木光太郎 (2001)「移動と学習」茂呂雄二編『実践のエスノグラフィ』金子書房. pp. 96-128.

高田英一・森雅生・高森智嗣・桑野典子 (2013)「国立大学法人におけるIRの機能・データベース・組織のあり方について－IR担当理事に対するアンケート調査結果を中心に－」『大学評価研究』12: 159-174.

高野篤子 (2007)「ラーニング・コミュニティを活用した教育の改善について」『大学教育研究』16: 17-32.

高橋哲也 (2013)「大阪府立大学の教学IR──現状と課題」『第19回大学教育研究フォーラム』配布資料.

高橋雄介 (2012)「変化の動態や発達の個人差に焦点を当てるための縦断データ分析法」『青年心理学会第20回大会準備委員会企画研究セミナー』配布資料.

武内清 (1989)「大学生文化の研究──7大学の調査から」『上智大学教育学論集』24: 32-62.

────(2008)「学成文化の実態と大学教育」『高等教育研究』11: 7-23.

武内清編 (2003)『キャンパスライフの今』玉川大学出版部.

────(2005)『大学とキャンパスライフ』上智大学出版.

竹内洋 (2001)『大学という病』中央公論新社.

田嶋充士 (2010)『「分かったつもり」のしくみを探る──バフチンおよびヴィゴツキー理論の観点から』ナカニシヤ出版.

────(2011)「再文脈化としての概念変化：ヴィゴツキー理論の観点から」『心理学評論』54(3): 342-357.

舘昭 (1997)「設置基準「大綱化」以降の大学教育改革──学部教育から学士課程教育へ」『大学教育学会誌』19(2): 37-40.

────(2010)「ボローニャ・プロセスの意義に関する考察──ヨーロッパ高等教育圏形成プロセスの提起するもの」『名古屋高等教育研究』10: 161-180.

────(2011)「質保証の国際動向──QFの世界的な展開と質保証」『IDE』533:

56-61.
立石慎治 (2012)「授業外要因と学習成果の関連：東北大学における初修外国語を事例に」『東北大学高等教育開発推進センター紀要』7: 1-12.
舘野泰一 (印刷中)「入社・初期キャリア形成期の探究：『大学時代の人間関係』と『企業への組織適応』を中心に」中原淳・溝上慎一編『活躍する組織人の探究』東京大学出版会．
田中耕治 (2003)『教育評価の未来を拓く：目標に準拠した評価の現状・課題・展望』ミネルヴァ書房．
─── (2008)『教育評価』岩波書店．
田中統治 (2000)「カリキュラムと教育実践──中学校選択教科性の事例分析を中心に」藤田英典・志水宏吉編『変動社会の中の教育・知識・権力──問題としての教育改革・教師・学校文化』新曜社．pp. 386-408.
谷村英洋 (2009)「大学生の学習時間分析──授業と学習時間の関連性」『大学教育学会誌』31(1): 128-135.
─── (2010)「大学生の学習時間と学習成果」『大学経営政策研究』1: 71-84.
谷村英洋・金子元久 (2010)「学習時間の日米比較」『IDE』515: 61-65.
土持・ゲーリー・法一 (2007)『ティーチング・ポートフォリオ──授業改善の秘訣』東信堂．
─── (2009)『ラーニング・ポートフォリオ──学習改善の秘訣』東信堂．
─── (2011)『ポートフォリオが日本の大学を変える──ティーチング/ラーニング/アカデミック・ポートフォリオの活用』東信堂．
寺﨑昌男 (1979)『日本における大学自治制度の成立』評論社．
─── (1998)『大学の自己変革とオートノミー──点検から創造へ』東信堂．
─── (1999)『大学教育の創造──歴史・システム・カリキュラム』東信堂．
─── (2001)「高等教育カリキュラムの改革動向」日本カリキュラム学会編『現代カリキュラム事典』ぎょうせい．pp. 415-416.
─── (2003)『大学教育の可能性──教養教育・評価・実践』東信堂．
─── (2007)『大学改革その先を読む』東信堂．
─── (2010)『大学自らの総合力──理念とFDそしてSD』東信堂．
東京大学大学経営・政策研究センター〈http://ump.p.u-tokyo.ac.jp/crump/cat77/cat82/〉(2012.11.29).
時任隼平・久保田賢一 (2013)「卒業生を対象とした正課外活動の成果とその要因に関する研究」『日本教育工学会論文誌』36(4): 393-405.
徳永保 (2006)「競争的な資源配分による大学の組織的な教育研究活動助成事業について」『IDE』479: 11-16.
鳥居朋子 (2011)「立命館大学における教学領域のIR」『IDE』528: 43-47.
─── (2012)「大学の教学改善とIRをめぐる課題」2011年度第3回教学実践フォーラム 教学IR国際セミナー『大学における根拠に基づく教学改善と

IR』発表資料.
——— (2013)「質保証に向けた教学マネジメントにIRはどう貢献できるのか？——立命館大学における教学IRの開発経験から」『大学マネジメント』9(3): 2-7.
鳥居朋子・山田剛史 (2010)「内部質保証システム構築に向けた教学IRとFDの連動」『大学教育学会誌』32(2): 39-42.
中井俊樹・齋藤芳子 (2007)「アメリカの専門職団体が描く学生担当職員像——学生担当職のための優れた実践の原則」『名古屋高等教育研究』7: 169-185.
中井俊樹・中島英博 (2005)「優れた授業実践のための7つの原則とその実践手法」『名古屋高等教育研究』5: 283-299.
中井俊樹・鳥居朋子・藤井都百編 (2013)『大学のIR　Q&A』玉川大学出版部.
中島伸子 (2011)「天文学の領域での概念変化：地球についての子どもの理解」『心理学評論』54(3): 268-282.
中島英博・中井俊樹　(2005)「優れた授業実践のための7つの原則に基づく学生用・教員用・大学用チェックリスト」『大学教育研究ジャーナル』2: 71-80.
中根智子 (2010)「CSLフィールドとしての福祉教育推進プラットフォーム：参加学生の『学びと変容の物語』から見えるもの」『福祉教育・ボランティア学習研究紀要』16: 43-52.
中原淳 (2010)『職場学習論－仕事の学びを科学する』東京大学出版会.
——— (2011)『知がめぐり、人がつながる場のデザイン——働く大人が学び続ける"ラーニングバー"というしくみ』英治出版.
中原淳編 (2012)『職場学習の探究　企業人の成長を考える実証研究』生産性出版.
中原淳・荒木淳子・北村士朗・長岡健・橋本諭 (2006)『企業内人材育成入門』ダイヤモンド社.
中原淳・溝上慎一編 (印刷中)『活躍する組織人の探究』東京大学出版会.
中村高康 (2011)『大衆化とメリトクラシー：教育選抜をめぐる試験と推薦のパラドクス』東京大学出版会.
中村高康編 (2010)『進路選択の過程と構造：高校入学から卒業までの量的・質的アプローチ』ミネルヴァ書房.
名古屋大学高等教育センター (2005)『ティップス先生からの7つの提案〈大学編〉』名古屋大学高等教育センター.
——— (2006)『ティップス先生からの7つの提案〈教員編〉』名古屋大学高等教育センター.
日本キャリア教育学会編 (2008)『キャリア教育概説』東洋館出版社.
野嶋栄一郎 (2010)「WAVOCのはじまり」早稲田大学平山郁夫記念ボランティアセンター (WAVOC)編『世界をちょっとでもよくしたい——早大生たちのボランティア物語』早稲田大学出版. pp. 8-14.
羽田貴史・米澤彰純・杉本和弘編 (2011)『高等教育質保証の国際比較』東信堂.

畑野快 (2011)「『授業プロセス・パフォーマンス』の提唱及びその測定尺度の作成」『京都大学高等教育センター紀要』17: 27-36.
―――― (2013)「主体的な学習態度の獲得を促す自己調整学習方略－潜在差得点モデルを用いた検討－」『第19回大学教育研究フォーラム発表論文集』pp. 138-139.
畑野快・溝上慎一 (2013) 「大学生の主体的な授業態度と学習時間に基づく学生タイプの検討」『日本教育工学会論文誌』37(1): 13-22.
畑野快・高橋雄介・溝上慎一 (2013)「自己効力感の変化が自己調整学習方略の変化に与える影響：潜在差得点モデルを用いた検討」『日本教育心理学会第55回発表論文集』p. 310.
波多野誼余夫・稲垣佳世子 (2006)「概念変化と教授」大津由紀雄・波多野誼余夫・三宅なほみ編『認知科学への招待2』研究社. pp. 95-110.
濱中淳子 (2013)『検証・学歴の効用』勁草書房.
原田正樹 (2012)「福祉教育・ボランティア学習における創造的リフレクションの開発」『福祉教育・ボランティア学習学会研究紀要』20: 41-52.
半澤礼之 (2009)「大学1年生における学業に対するリアリティショックとその対処－学業を重視して大学に入学した心理学専攻の学生を対象とした面接調査から－」『青年心理学研究』21: 31-51.
―――― (2012)「入学したら何をすべきか」若松養亮・下村英雄編『詳解 大学生のキャリアガイダンス論』金子書房. pp. 74-89.
兵藤智佳 (2010)「『暴力』に向き合う」早稲田大学平山郁夫記念ボランティアセンター（WAVOC）編『世界をちょっとでもよくしたい――早大生たちのボランティア物語』早稲田大学出版. pp. 77-137.
―――― (2013)『僕たちが見つけた道標――福島の高校生とボランティア大学生の物語』晶文社
平山朋子・松下佳代 (2009)「理学療法教育における自生的FD 実践の検討：OSCEリフレクション法を契機として」『京都大学高等教育研究』15: 15-26.
深野政之 (2013a)「アメリカ大学カレッジ協会によるカリキュラム提言」『大学教育研究開発センター年報』2012: 51-68.
―――― (2013b)「アメリカ大学カレッジ協会によるカリキュラム改革プロジェクト」『大学教育学会第35回大会発表要旨集録』222-223.
福島真人 (2001)「状況・行為・内省」茂呂雄二編『実践のエスノグラフィ』金子書房. pp. 129-178.
―――― (2010a)「学習の実験的領域――学習の社会理論のための覚書」渡部信一編『「学び」の認知科学事典』大修館書店. pp. 95-108.
―――― (2010b)『学習の生態学：リスク・実験・高信頼性』東京大学出版会.
伏木田稚子・北村智・山内祐平 (2011)「学部3,4年生を対象としたゼミナールにおける学習者要因・学習環境・学習成果の関係」『日本教育工学会論文誌』

35(3): 157-168.
——— (2012)「テキストマイニングによる学部ゼミナールの魅力・不満の検討」『日本教育工学会論文誌』36(suppl.): 165-168.
朴澤泰男 (2009)「一橋大学における学生の時間使用：「全国大学生調査」を用いた研究ノート」『一橋大学大学教育研究開発センター年報2008』73-86.
堀野緑・市川伸一 (1997)「高校生の英語学習における学習動機と学習方略」『教育心理学研究』45(2): 140-147.
本田由紀 (2005)『若者と仕事――「学校経由の就職」を超えて』東京大学出版会.
——— (2009)『教育の職業的意義――若者、学校、社会をつなぐ』ちくま新書.
松尾睦 (2006)『経験からの学習――プロフェッショナルへの成長プロセス』ダイヤモンド社.
——— (2011)『「経験学習」入門』ダイヤモンド社.
松下佳代 (2003)「大学カリキュラム論」京都大学高等教育研究開発推進センター『大学教育学』培風館. pp. 63-86.
——— (2007)『パフォーマンス評価』日本標準.
——— (2008)「相互研修型FDとSoTL」『京都大学高等教育叢書』26: 209-223.
——— (2009)「『主体的な学び』の原点――学習論の視座から」『大学教育学会誌』31(1), 14-18.
——— (2010)「〈新しい能力〉概念と教育――その背景と系譜」松下佳代編『〈新しい能力〉は教育を変えるか――学力・リテラシー・コンピテンシー』ミネルヴァ書房. pp. 1-41.
——— (2012a)「大学カリキュラム」京都大学高等教育研究開発推進センター『生成する大学教育学』ナカニシヤ出版. pp. 25-55.
——— (2012b)「パフォーマンス評価による学習の質の評価：学習評価の構図の分析にもとづいて」『京都大学高等教育研究』18: 75-114.
——— (2013)「アクティブで深い学びのための仕組み」『京都大学高等教育叢書』32: 338-341.
松下佳代編 (2010)『〈新しい能力〉は教育を変えるか――学力・リテラシー・コンピテンシー』ミネルヴァ書房.
——— (2011)『大学教育のネットワークを創る――FDの明日へ』東信堂.
——— (印刷中)『ディープ・アクティブラーニング』勁草書房.
松下佳代・田口真奈 (2012)「大学授業」京都大学高等教育研究開発推進センター『生成する大学教育学』ナカニシヤ出版. pp. 77-107.
松下良平 (2002)「教育的鑑識眼研究序説――自律的な学びのために」天野正輝編『教育評価論の歴史と現代的課題』晃洋書房. pp. 212-228.
溝上慎一 (1996)「大学生の学習意欲」『京都大学高等教育研究』2: 184-197.
——— (2003a)「学生主体形成論－学生の世界から大学教育を考える－」京都大学

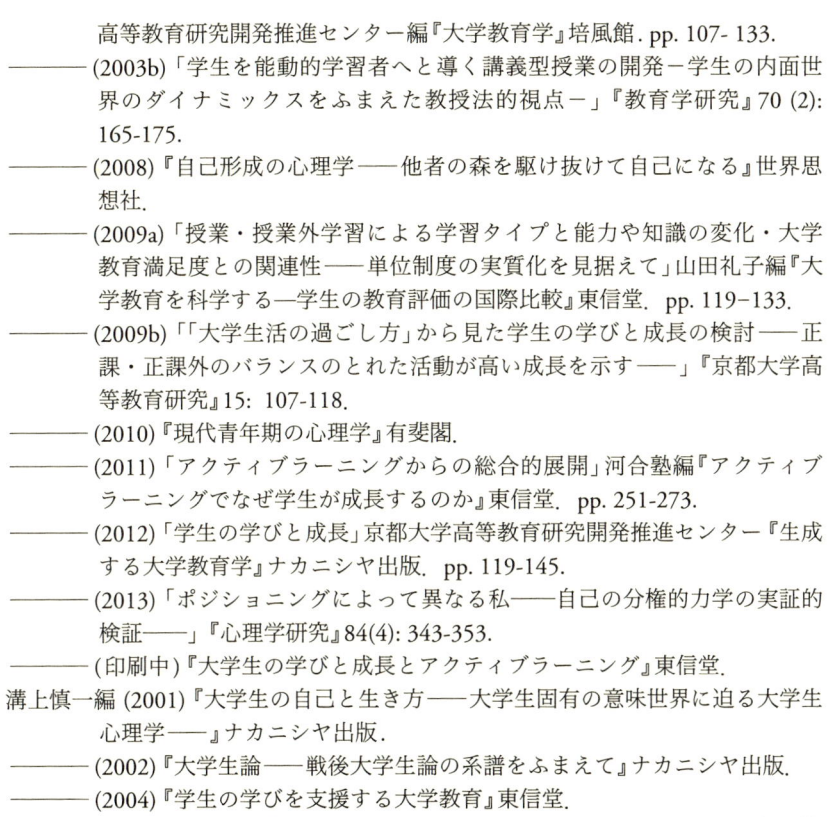

　　　　高等教育研究開発推進センター編『大学教育学』培風館. pp. 107-133.
─── (2003b)「学生を能動的学習者へと導く講義型授業の開発－学生の内面世界のダイナミックスをふまえた教授法的視点－」『教育学研究』70 (2): 165-175.
─── (2008)『自己形成の心理学──他者の森を駆け抜けて自己になる』世界思想社.
─── (2009a)「授業・授業外学習による学習タイプと能力や知識の変化・大学教育満足度との関連性──単位制度の実質化を見据えて」山田礼子編『大学教育を科学する─学生の教育評価の国際比較』東信堂. pp. 119-133.
─── (2009b)「「大学生活の過ごし方」から見た学生の学びと成長の検討──正課・正課外のバランスのとれた活動が高い成長を示す──」『京都大学高等教育研究』15: 107-118.
─── (2010)『現代青年期の心理学』有斐閣.
─── (2011)「アクティブラーニングからの総合的展開」河合塾編『アクティブラーニングでなぜ学生が成長するのか』東信堂. pp. 251-273.
─── (2012)「学生の学びと成長」京都大学高等教育研究開発推進センター『生成する大学教育学』ナカニシヤ出版. pp. 119-145.
─── (2013)「ポジショニングによって異なる私──自己の分権的力学の実証的検証──」『心理学研究』84(4): 343-353.
─── (印刷中)『大学生の学びと成長とアクティブラーニング』東信堂.
溝上慎一編 (2001)『大学生の自己と生き方──大学生固有の意味世界に迫る大学生心理学──』ナカニシヤ出版.
─── (2002)『大学生論──戦後大学生論の系譜をふまえて』ナカニシヤ出版.
─── (2004)『学生の学びを支援する大学教育』東信堂.
溝上慎一・畑野 快 (2013)「将来展望と日常生活との接続が学習に与える影響－接続尺度の開発を通して－」『キャリアデザイン研究』9: 65-78.
溝上慎一・中原淳・舘野泰一・木村充 (2012)「仕事のパフォーマンスと能力業績に及ぼす学習・生活の影響──学校から仕事へのトランジション研究に向けて」『大学教育学会誌』34(2): 139-148.
溝上慎一・中間玲子・山田剛史・森朋子 (2009)「学習タイプ（授業・授業外学習）による知識・技能の獲得差違の検討」『大学教育学会誌』31 (1): 112-119.
村上徹也 (2012)「サービスラーニングにおけるリフレクション研究の到達点」『福祉教育・ボランティア学習学会研究紀要』20: 8-18.
村澤昌崇 (2003)「学生の力量形成における大学教育の効果」有本章編『大学のカリキュラム改革』玉川大学出版部. pp. 60-74.
村山功 (2011)「概念変化についての諸理論」『心理学評論』54(3): 218-231.
森利枝 (2009)「オーストラリア、アメリカから見る学生調査とIR──日本の動向」山田礼子編『大学教育を科学する─学生の教育評価の国際比較』東信堂.

pp. 157-174.
茂呂雄二編 (2001)『実践のエスノグラフィ』金子書房.
茂呂雄二・青山征彦・伊藤崇・有元典文・香川秀太 (2012)『状況と活動の心理学――コンセプト・方法・実践』新曜社.
両角亜希子 (2010)「大学生の学習行動の大学間比較――授業の効果に着目して」『東京大学大学院教育学研究科紀要』49: 191-206.
文部科学省 (2008)『学士課程教育の構築に向けて』〈http://www.mext.go.jp/component/b_menu/shingi/toushin/__icsFiles/afieldfile/2008/12/26/1217067_001.pdf〉(2013.07.30).
─── (2011)『大学における教育内容等の改革状況について』〈http://www.mext.go.jp/a_menu/koutou/daigaku/04052801/__icsFiles/afieldfile/2011/08/25/1310269_1.pdf〉(2013.07.30).
安永悟 (2006)『実践・LTD話し合い学習法』ナカニシヤ出版.
─── (2012)『活動性を高める授業づくり:協同学習のすすめ』医学書院.
矢野眞和 (1992)「教育計画」『教育社会学研究』50: 126-145.
─── (2005)『大学改革の海図』玉川大学出版部.
山口洋典 (2009)「自分探しの時代に承認欲求を満たす若者のボランティア活動:先駆的活動における社会参加と社会変革の相即を図る「半返し縫い」モデルの提案」『ボランティア学研究』9: 5-57.
山住勝広 (2004)『活動理論と教育実践の創造――拡張的学習へ』関西大学出版部.
山住勝広・エンゲストローム, Y.編 (2008)『ノットワーキング――結び合う人間活動の創造へ』新曜社.
山田一隆・井上泰夫 (2009)「ボランティア活動から学生は何を学ぶのか――2007年度立命館大学大学生調査を事例として」桜井政成・津止正敏編『ボランティア教育の新地平――サービスラーニングの原理と実践』ミネルヴァ書房. pp. 21-50.
山田和人 (2012)「君は何ができるようになったか――プロジェクト型チーム学習と初年次の導入教育」清水亮・橋本勝編『学生・職員と創る大学教育――大学を変えるFDとSDの新発想』ナカニシヤ出版. pp. 80-104.
山田剛史・森朋子 (2010)「学生の視点から捉えた汎用的技能獲得における正課・正課外の役割」『日本教育工学会論文誌』34(1): 13-21.
山田嘉徳 (2012)「ペア制度を用いた大学ゼミにおける文化的実践の継承過程」『教育心理学研究』60(1): 1-14.
山田礼子 (2007)『転換期の高等教育における学生の教育評価の開発に関する国際比較研究』平成16-18年度科学研究費補助金研究基盤 (B) 研究成果報告書.
─── (2009)「日本版学生調査による大学間比較」山田礼子編『大学教育を科学する―学生の教育評価の国際比較』東信堂. pp. 13-38.
─── (2011)「学生調査とIR――教育の質の保証にむけてのデータの活用」

『IDE』528: 30-35.
―――― (2012)『学士課程教育の質保証へむけて――学生調査と初年次教育からみえてきたもの』東信堂.
山田礼子編 (2009)『大学教育を科学する―学生の教育評価の国際比較』東信堂.
山地弘起編 (2007)『授業評価活用ハンドブック』玉川大学出版部.
山内乾史 (2002)「大学の授業とは何か――改善の系譜」京都大学高等教育教授システム開発センター編『大学授業研究の構想――過去から未来へ』東信堂. pp. 5-54.
―――― (2004)『現代大学教育論――学生・授業・実施組織』東信堂.
―――― (2008)『教育から職業へのトランジション――若者の就労と進路職業選択の教育社会学』東信堂.
山本眞一 (2009)「大学改革とGP」『IDE』516: 10-14.
山本良太・今野貴之・岸磨貴子・久保田賢一 (2012)「海外フィールドワークにおける学習を促す要因の検討：協働する他者との関わりに注目して」『日本教育工学会論文誌』36(suppl.): 213-216.
湯澤正通 (2003)「概念と概念形成」『児童心理学の進歩』42: 34-58.
―――― (2011)「科学的概念への変化：概念変化の要因と研究の課題」『心理学評論』54(3): 206-217.
湯澤正通・稲垣佳世子編 (2011)「特集 概念変化研究」『心理学評論』54(3): 201-387.
吉田文 (2008)「大学生研究の位相」『高等教育研究』11: 127-142.
―――― (2009)「大学生の学習成果の測定をめぐるアメリカの動向」山田礼子編『大学教育を科学する―学生の教育評価の国際比較』東信堂. pp. 242-263.
吉田文・田口真奈 (2005)『模索されるeラーニング――事例と調査データにみる大学の未来』東信堂.
吉本圭一編 (2012)『インターンシップと体系的なキャリア教育・職業教育』高等教育研究叢書117.
若松養亮・下村英雄編 (2012)『詳解 大学生のキャリアガイダンス論』金子書房.
和栗百恵 (2010)「『ふりかえり』と学習：大学教育におけるふりかえり支援のために」『国立教育政策研究所紀要』139: 1-16.
早稲田大学平山郁夫記念ボランティアセンター (WAVOC) 編 (2010)『世界をちょっとでもよくしたい――早大生たちのボランティア物語』早稲田大学出版.

事項索引

欧字

AAC&U(Association of American College and Universities)／米カレッジ・大学協会　25-27, 69-70
ACPA(American College Personnel Association)　22
ALSI (Approach to Learning and Studying Inventory)　57-58
CIRP(Cooperative Institutional Research Program)　13, 31, 42, 80
Compass プロジェクト　26
CSILE (Computer Supported Intentional Learning Environment)　54
CSS(College Senior Survey)　13
e-Learning　32
FCL (Fostering a Community of Learners) Project　53, 150
GPA(Grade Point Average)　7-9, 13
ICT　ii
I - E - O モデル　13
IR コンソーシアム　37
LEAP (Liberal Education and America's Promise) プロジェクト　25
NSSE(National Survey of Student Engagement)　22-26, 30-31, 42, 59, 80, 82
SOTL(Scholarship of Teaching and Learning)　18
SOT(Scholarship of Teaching)　18, 21, 30
Study Group on the Conditions of Excellence in Higher Education　19
The Community of Learners Project　50
The Fifthe Dimension Project in Sandiego　50
The Jasper Project at Vanderbilt University　50
VALUE (Valid Assessment of Learning in Undergraduate Education) プロジェクト　27
WAVOC教職員　76-77, 79, 91-92, 103, 118-119, 121, 136-137, 140, 142, 179, 182-183, 204, 215, 222-223, 232, 240-241

あ行

アウトカム志向　38-39, 61
アカウンタビリティ　5, 15, 23, 27, 31, 38-41, 55, 61, 244
アクション・リサーチ　249
アクティブラーニング　8, 10, 22-23, 26, 35, 49, 55, 59, 187, 200, 209, 226
アセスメント　7, 13, 19, 21, 23, 26-30
新しい能力　9
アドミッション・ポリシー　ii, 249
アフォーダンス　52
アルヴァーノ・カレッジ　21, 24, 70
意味づけ　47, 56, 58, 73, 101, 104, 116, 123, 208, 216, 238
因子分析　42, 83, 170, 196
インスティテューショナル・リサーチ／Institutional Research: IR　12-16, 21, 25, 27-31, 36-40, 233, 250
インタビュー調査 64, 66, 73-74, 101, 123, 145-146, 181, 216-217, 224, 238, 246
インターンシップ　77, 219, 239
インディアナ大学パデュー校 (IUPUI)　28-29
インプット要因　13-14, 35, 38
エージェンシー　154, 166
大阪府立大学　37
オートノミー　38, 233-234, 245

か行

カイ二乗検定／χ^2検定　89, 175, 189-190
解釈的知識　155

概念的知識	155		248
概念変化	152-154	活動理論	150
外部質保証	5	カレッジ・インパクト／College Impact:	
科学教育	152	CI	12-16, 21, 25, 31-33, 38, 61
科学的概念	152	カリキュラム改革	i-iii, 4, 5, 7, 15, 26, 60, 160, 228, 232 , 239-240
学士課程教育	i, 6, 8, 11, 19, 23, 36,		
『学士課程教育における優れた実践のための7つの原則』	22-23, 25, 31, 59	カリキュラム補助型 (co-curricular)	25, 46, 53, 56, 60, 63, 65, 76, 79, 120, 204, 214, 219, 225, 227, 239-240, 242, 245
『学士課程教育の構築に向けて』	6, 59, 68, 230	カリキュラム・ポリシー	ii, 249
学習アプローチ	56-60	環境要因	13-14, 34, 36
学習科学	49, 155	関係論的認識	51, 147-148, 156, 236
学習活動（項目）	82	監査	14
学習研究	iv, 46-53, 66, 第5章, 167, 207, 214, 221, 238, 247	間接評価	26-28, 30, 36
学習時間	7, 11, 34-35, 42, 90, 95, 177, 186, 203, 232	管理運営／管理運営志向	15-16, 24, 29-31, 39-41, 61
学習成果／ラーニング・アウトカムズ	5, 7-8, 13-15, 21, 23, 25-29, 33-36, 38-39, 62-63, 70, 77, 80, 98, 103, 214, 219	『危機に立つ国家』	19
		キャップ制	7-8
		キャリア教育	239-240
		教育改善志向	29-31, 37-41,
学習生活 Learning Life/ 学習のあふれる生活 Learningful Life	209, 225, 243	教育実践調査研究と全国調査研究	iii-iv, 64-67, 185, 215, 224, 237
学習の仕方（項目）	82	教授・学習過程	18, 38-41, 56, 61, 214, 248
学習の組織化	209, 225		
学習の内的側面と外的側面	59-60, 63-64,	教授団／ファカルティ	16-17, 20, 23, 29-30, 56
『学習への関与』	19-22, 24-25, 27, 30, 63-64	教授法	7, 18, 32, 50, 54, 115, 153, 193
学習方略	151	教職協働	37, 256
学術研究志向	14-16, 29, 39-41, 61	共通認識	i-iv, 12, 33, 41, 56, 60, 62, 67, 167, 185, 213-214, 219-221, 233, 235, 237, 250
学士力	7-9, 68, 231		
学生エンゲージメント	13, 24, 26, 35, 55, 59, 62, 214, 219	共有財産	iii, 8, 13, 18, 30, 54, 244
		協同学習	32
学生関与（Student Involvement）／関与理論	14, 20-21, 24, 62, 214, 219	協働学習	54-55
		協働の機会（項目）	82
学生主体型授業	32	京都大学高等教育研究開発推進センター	33, 42, 81, 186
『学生担当職のための優れた実践の原則』	22		
		クラスター分析	43, 83
『学生の学習インペラティヴ』	22	クリティカル・リフレクション	115, 180
学校から仕事へのトランジション	210,	グローバル化	i, 4

経験学習　　8, 10, 22, 77-78, 96, 102, 115, 180-181, 220, 229, 232
経済産業省　　7, 9
ケース・スタディ　　27, 31
行為者志向パースペクティヴ　　155, 221
コーオプ教育　　239
効果的な教育実践　　22-26, 55, 63, 65, 204, 207, 219-220, 225, 235, 240
高校から大学への接続　　248
高大連携　　242
高等教育政策　　4, 6, 8
高等教育政策―指示型　　4
高等教育政策―システム型　　4
行動主義　　46-48, 53, 147-148
個人化　　9
混合研究法　　73, 214, 224, 238
コンフリクト　　130-132

さ行

財政　　14-15
サービス・ラーニング　　96, 101-103, 115, 120, 180, 219, 239-240
自己アイデンティティ形成　　131-137, 139-140, 181-182, 209-211, 221-223, 228-229, 243
自己調整　　58
実践コミュニティ　　53-56, 128, 136-137, 139, 148-151, 153-154, 156-158, 164-166, 222-223
実践コミュニティとラーニング・ブリッジング（項目）　　164-165, 168-169, 196
実践的妥当化　　9
実践と研究の相互形成的な関係　　250
実態の把握と可能性の追求　　iii-v, 64-67, 73, 145, 167, 185, 214-215, 218, 236-239, 247, 250
質的研究　　73, 214, 238-239
質保証　　5-6, 36, 39-40, 61, 67, 233
質保証枠組み　　5, 67
島根大学　　37

質問紙調査　　27, 58, 63, 65, 73, 79-80, 101, 145, 168, 224, 238, 247
社会人基礎力　　7-9, 69
社会文化的　　53, 153, 155
授業デザイン　　ii, 232, 235, 249
授業評価　　i, ii, 9, 32,
主体性　　9
主体的な学習・主体的な学び　　ii, 7-8, 10-11, 226-227, 242
状況論　　50-53, 147-148
情報公開　　14-15
将来の学習のための準備　　155
初年次教育　　55, 219
シラキュース大学　　55
シラバス　　i, ii, 18,
ジレンマ（学習をめぐる）　　231-232
水平的熟達　　157
優れた教育実践（Good Practice）　　i, 7-8, 10
スタッフ・ディベロップメント／SD　　i-iii, 37-38, 244
省察／リフレクション／ふりかえり　　78-79, 102-103, 112-116, 136-137, 162-163, 178-182, 208-209, 216-217, 220, 222-224, 241, 249
政策・制度の研究　　247
成績　　59
成績評価　　7-8
成長ダイナミクス　　248
正統的周辺参加　　149, 157-159
ゼミ　　54, 124-125, 135, 179, 247
相互作用研究　　52
相互教授　　53, 158
相談の機会（項目）　　82
組織学習　　150-151

た行

大学基準協会　　5
大学教育研究　　11-12, 32-33, 41-42, 54, 60, 160, 162, 213, 219, 234-239, 246-247
大学行政管理学会　　37

大学経営	15, 36, 37	同一要素理論	47
大学経営評価指標	37	動機づけ	17, 35, 153, 194-195, 204-205, 224, 228
大学経営の時代	39		
大学進学率	i, 4	東京大学大学経営・政策研究センター	33, 35
大学生学習論	253		
大学生活の過ごし方（項目）	42-44, 81, 83-85, 168, 170-171, 187, 196-197	読書冊数（項目）	82
		独立行政法人化	i

な行

大学生活への適応	55-56, 202, 225, 235	内部質保証	5, 28, 30, 233-234, 244
大学生ダメ論	32	日常的概念	152-153
大学生調査研究プログラム／JCIRP (Japanese Cooperative Institutional Research Program)	33, 35, 37	日本版新入生調査（JFS: Japanese Freshman Survey）	35
大学生のキャリア意識調査	33, 42, 81, 186	日本版大学生調査 JCSS (Japanese College Student Survey)	35-36
大学設置基準	4	日本版短大生調査（JJCSS: Japanese Junior College Student Survey）	35
大学ランキング	4	日本能率協会	37
大綱化	4-5, 8, 32, 239	認知科学	48-50,53, 147-148
多文脈性	157	認知革命	48
対話的自己形成	132	認知葛藤	153
探究的学習プロセス	154	能力の脱文脈的志向	9
談話実践	151	能力の要素主義的志向	9
知識・技能の習得（項目）	83, 169, 187, 198-200		

は行

調査研究と理論研究（概念化）	iii-v, 64-67, 73, 145, 167, 185, 214-215, 218, 236-239, 247, 250	パーソナルで省察的な意味形成	116-118, 120, 136, 146, 178, 216, 220, 223, 227, 229, 250
直接評価	27-28, 30, 36, 247	パフォーマンス評価	30, 247
t検定	88	パラダイム・シフト	152
ティーチング	i-iii, 11-12, 16-19, 21, 30, 32-33, 41, 56-57, 60-61,64, 149, 213, 226-227, 248	般化	156, 221
		汎用的技能	35, 171, 173, 176, 181
ディープ・アクティブラーニング	205-207, 209, 227	ピア・サポート	239
		必然的移行	157-158
ディプロマ・ポリシー	ii, 249	『人はいかに学ぶか』	49, 53, 151
データ	iii-iv, 12,-13, 24-25, 28, 32-36, 38-42, 56, 59, 66, 79, 106, 121, 125, 213, 233, 237	批判的思考	93-96, 171-174, 198-199
		ファカルティ・ディベロップメント／FD	i-iii, 37-38, 233, 244
手続き的知識	155	２つのライフ（項目）	44-45, 80-82, 86-88, 95, 188, 201-202
転移	47, 49, 53, 149-151, 153, 155-156		
電通育英会	33, 42, 81, 186		

フレームワーク理論	153, 166	ラーニング	205-206, 226-227, 243
プロジェクト・ベースド・ラーニング（PBL）	54, 96, 136, 239	ラーニング・ブリッジングとキャリア形成	209-210, 243
米国学術推進会議	49	ラーニング・ブリッジングと自己アイデンティティ形成	139-140, 181-182, 209-211, 221-223, 228-229, 243
変容的学習	211		
ベンチマーキング	26-27, 31		
ポートフォリオ	32	ラーニング・ブリッジングと深い学習（ディープ・アクティブラーニング）	206-209, 227-228, 243
ボローニャ・プロセス	4-5		

ま行

学びの習慣	191, 242-243,
メタ認知	49-50, 54, 58, 147
問題解決	93-96, 172-174, 181

や・ら・わ行

友人関係	202, 225
ユニバーサル化	4
ライティング	115, 219
ラーニング・コミュニティ	136-137, 139, 222-223
ラーニング・ブリッジング	138, 143, 160-164
ラーニング・ブリッジングとアクティブラーニング	205-206, 226-227, 243
ラーニング・ブリッジングとキャリア形成	209-210, 243
ラーニング・ブリッジングと自己アイデンティティ形成	139-140, 181-182, 209-211, 221-223, 228-229, 243
ラーニング・ブリッジングと深い学習（ディープ・アクティブラーニング）	206-209, 227-228, 243
ラーニング・ブリッジングとリフレクション	180, 211
立命館大学	37, 250
立命館大学IRプロジェクト	37, 250
立命館大学・教育開発推進機構	37, 250
立命館大学・教育開発支援センター	37
量的研究	73, 214, 238-239
臨時教育審議会	i, 4
ルーブリック	27, 31
枠組化	156, 221
早稲田大学	74, 79, 87,
早稲田大学平山郁夫記念ボランティアセンター（WAVOC）	74-79

人名索引

Astin, A.W.	13-14, 19-20, 23, 35	Pascarella & Terenzini	14-15, 23, 34-35
Banta, T.W.	28	Piaget, J.	152
Beach, K.	157, 159	Posner, G.J.	152
Bereiter, C.	54	Sanford, N.	13, 23
Bielaczyc, K.	54	Scardamalia, M.	54
Boyer, E.L.	16-19, 21	Schön, D.	102
Bransford, J.D.	49, 155	Shulman, L.S.	18
Brown, A.	49-50, 53, 150	Suchman, L.	52
Carey, S	152	Thorndike, E.L.	47
Chickering, A	22-23	Vosniadou, S.	153, 156
Collins, A.	54	Vygotsky, L.S.	152
Dewey, J.	102	Wenger, E.	156-159
Edwards, A.	149	Wilensky, U.	156
Ellis, A.B.	156	Wolf, R.A.	29
Engestr_m, Y	150, 157	天野郁夫	34
Engle, R.A.	150, 156	江原武一	19, 39
Ewell, P.	23	大塚雄作	9, 253
Fuller, A.	149	小方直幸	35
Gamson, Z.F.	23	金子元久	35, 37
Gibson, J.J.	52	喜多村和之	34
Goldstone, R.L.	156	葛城浩一	35
Kolb, D.	102	武内清	34
Kuh, G.D.	13, 23-26, 35	鳥居朋子	37-38, 250
Kuhn, T.	152	中原淳	250
Lave, J.	51-52, 156-159	松下佳代	ii, 10, 253
Lobato, J.	156	溝上慎一	ii, 11, 42-45, 61, 253
Marton, F.	57, 149, 155-156	村澤昌崇	34-35
Newcomb, T.M.	13	山口洋典	250
Pace, C.R.	13	山田礼子	33, 35

著者

河井 亨（かわい とおる）
奈良県生まれ。京都大学総合人間学部卒業。京都大学大学院教育学研究科修士課程および博士課程修了、博士（教育学）。専攻は、大学教育学・大学生学習論。
現在、立命館大学教育開発推進機構・講師

[主要著書・論文]
「大学生活と仕事生活の実態を探る」（中原淳・溝上慎一編『活躍する組織人の探究』、東京大学出版会、2014）
「サービス・ラーニングにおけるリフレクションとラーニング・ブリッジングの役割：立命館大学「地域活性化ボランティア」調査を通じて」『日本教育工学会論文誌』2013年
「授業と授業外をつなぐ学生の学習ダイナミクスの研究—WAVOCプロジェクト参加学生へのインタビュー調査の分析から—」『教育方法学研究』2012年
「学生の学習と成長に対する授業外実践コミュニティへの参加とラーニング・ブリッジングの役割」『日本教育工学会論文誌』2012年
「実践コミュニティに足場を置いたラーニング・ブリッジング—実践コミュニティと授業を架橋する学生の学習研究—」『大学教育学会誌』2011年

大学生の学習ダイナミクス――授業内外のラーニング・ブリッジング

2014年3月31日　初　版第1刷発行　　　　　　　　　〔検印省略〕

＊定価はカバーに表示してあります。

著者Ⓒ河井亨／発行者 下田勝司　　　　　　　印刷・製本／中央精版印刷

東京都文京区向丘1-20-6　郵便振替00110-6-37828
〒113-0023　TEL (03)3818-5521　FAX (03)3818-5514　　発行所 株式会社 東信堂
Published by TOSHINDO PUBLISHING CO., LTD.
1-20-6, Mukougaoka, Bunkyo-ku, Tokyo, 113-0023, Japan
E-mail: tk203444@fsinet.or.jp　http://www.toshindo-pub.com

ISBN978-4-7989-1224-0 C3037　　Ⓒ Toru Kawai

東信堂

大学の自己変革とオートノミー——点検から創造へ	寺﨑昌男	二五〇〇円
大学教育の創造——歴史・システム・カリキュラム	寺﨑昌男	二五〇〇円
大学教育の可能性——教養教育・評価・実践	寺﨑昌男	二五〇〇円
大学は歴史の思想で変わる——FD・評価・私学	寺﨑昌男	二八〇〇円
大学改革 その先を読む	寺﨑昌男	一三〇〇円
大学自らの総合力——理念とFD そしてSD	寺﨑昌男	二〇〇〇円
大学教育のネットワークを創る——FDの明日へ	寺﨑昌男	三二〇〇円
臨床的人間形成論の構築——臨床的人間形成論第1部	田中毎実	二八〇〇円
大学教育の臨床的研究——臨床的人間形成論第2部	田中毎実	二八〇〇円
高等教育質保証の国際比較	杉本和弘 米澤彰純 編	三六〇〇円
英語の一貫教育へ向けて	立教学院英語教育研究会編	二八〇〇円
「主体的学び」につなげる評価と学習方法——カナダで実践されるICEモデル	松下佳代 編集代表 京都大学高等教育研究開発推進センター編 土持ゲーリー法一 訳	一〇〇〇円
ポートフォリオが日本の大学を変える——ティーチング/ラーニング/アカデミック・ポートフォリオの活用	土持ゲーリー法一	二五〇〇円
ティーチング・ポートフォリオ——授業改善の秘訣	土持ゲーリー法一	二〇〇〇円
ラーニング・ポートフォリオ——学習改善の秘訣	土持ゲーリー法一	二五〇〇円
学生支援に求められる条件——学生支援GPの実践と新しい学びのかたち	大島英穂 清水雄司 野田多司人	二八〇〇円
学士課程教育の質保証へむけて——学生調査と初年次教育からみえてきたもの	山田礼子	三二〇〇円
大学教育を科学する——学生の教育評価の国際比較	山田礼子編著	三六〇〇円
一年次（導入）教育の日米比較	山田礼子	二八〇〇円
大学生の学習ダイナミクス——授業内外のラーニング・ブリッジング	河井亨	四五〇〇円
「深い学び」につながるアクティブラーニング——全国大学の学科調査報告とカリキュラム設計の課題	河合塾編著	二八〇〇円
アクティブラーニングでなぜ学生が成長するのか——経済系・工学系の全国大学調査からみえてきたこと	河合塾編著	二八〇〇円
初年次教育でなぜ学生が成長するのか——全国大学調査からみえてきたこと	河合塾編著	二八〇〇円

〒113-0023 東京都文京区向丘1-20-6　TEL 03-3818-5521　FAX 03-3818-5514　振替 00110-6-37828
Email tk203444@fsinet.or.jp　URL:http://www.toshindo-pub.com/

※定価：表示価格（本体）＋税

東信堂

転換期を読み解く ——潮木守一時評・書評集	潮木守一	二六〇〇円
大学再生への具体像 [第2版]	潮木守一	二四〇〇円
フンボルト理念の終焉?——現代大学の新次元	潮木守一	二五〇〇円
いくさの響きを聞きながら——横須賀そしてベルリン	潮木守一	二四〇〇円
大学教育の思想——学士課程教育のデザイン	潮木守一	二八〇〇円
国立大学法人の形成	絹川正吉	二六〇〇円
国立大学・法人化の行方——自立と格差のはざまで	大﨑仁	三六〇〇円
高等教育における観学委員制度の研究	天野郁夫	三六〇〇円
転換期日本の大学改革——アメリカと日本	林透	三八〇〇円
認証評価制度のルーツを探る		
大学の責務	江原武一	三六〇〇円
大学の財政と経営	D・ケネディ著/井上比呂子訳	三八〇〇円
私立大学マネジメント	丸山文裕	三三〇〇円
私立大学の経営と拡大・再編	立川明・坂本辰朗	四七〇〇円
——一九八〇年代後半以降の動態		
大学事務職員のための高等教育システム論(新版)	山本眞一	四二〇〇円
——より良い大学経営専門職となるために		
新自由主義大学改革——国際機関と各国の動向	細井克彦編集代表	三八〇〇円
新興国家の世界水準大学戦略	米澤彰純監訳	四八〇〇円
——世界水準をめざすアジア・中南米と日本		
原理・原則を踏まえた大学改革を	舘昭	二〇〇〇円
——場当たり策からの脱却こそグローバル化の条件		
改めて「大学制度とは何か」を問う	舘昭	一〇〇〇円
原点に立ち返っての大学改革	舘昭	一〇〇〇円
戦後日本産業界の大学教育要求	飯吉弘子	五四〇〇円
——経済団体の教育言説と現代の教養論		
イギリスの大学——対位線の転移による質的転換	秦由美子	五八〇〇円
新時代を切り拓く大学評価——日本とイギリス	秦由美子編	三六〇〇円
韓国大学改革のダイナミズム	馬越徹	二七〇〇円
——ワールドクラス(WCU)への挑戦		
韓国の才能教育制度——その構造と機能	石川裕之	三八〇〇円
スタンフォード21世紀を創る大学	ホーン川嶋瑤子	二五〇〇円
アメリカ大学管理運営職の養成	髙野篤子	三三〇〇円

〒113-0023 東京都文京区向丘1-20-6
TEL 03-3818-5521 FAX 03-3818-5514 振替 00110-6-37828
Email tk203444@fsinet.or.jp URL·http://www.toshindo-pub.com/

※定価：表示価格（本体）＋税

東信堂

子ども・若者の自己形成空間——教育人間学の視線から	高橋勝編著	二七〇〇円
文化変容のなかの子ども——経験・他者・関係性	高橋勝	二三〇〇円
君は自分と通話できるケータイを持っているか——「現代の諸課題と学校教育」講義	小西正雄	二〇〇〇円
教育文化人間論——知の逍遥／論の越境	小西正雄	二四〇〇円
「学校協議会」の教育効果——「開かれた学校づくり」のエスノグラフィー	平田淳	五六〇〇円
学級規模と指導方法の社会学——実態と教育効果	山崎博敏	二二〇〇円
夢追い形進路形成の功罪——高校改革の社会学	荒川葉	二八〇〇円
進路形成に対する「在り方生き方指導」の功罪——高校進路指導の社会学	望月由起	三六〇〇円
教育から職業へのトランジション——若者の就労と進路職業選択の社会学	山内乾史編著	二六〇〇円
階級・ジェンダー・再生産——現代資本主義社会の存続メカニズムを再生産論をこえて	橋本健二	三三〇〇円
教育と不平等の社会理論	小内透	三八〇〇円
オフィシャル・ノレッジ批判	M.W.アップル著 野崎・井口・小暮・池田監訳	二四〇〇円
拡大する社会格差に挑む教育	西村和雄・大森不二雄 倉元直樹・木村拓也編	二四〇〇円
混迷する評価の時代——教育評価を根底から問う	西村和雄・大森不二雄 倉元直樹・木村拓也編	二四〇〇円
教育における評価とモラル	西村瀬和雄之編	二四〇〇円
〈シリーズ 日本の教育を問いなおす〉保守復権の時代における民主主義教育		
〈大転換期と教育社会構造：地域社会変革の社会論的考察〉		
第1巻 教育社会史——日本とイタリアと	小林甫	七八〇〇円
第2巻 現代的教養Ⅰ——生活者生涯学習の地域的展開	小林甫	六八〇〇円
第2巻 現代的教養Ⅱ——技術者生涯学習の生成と展望	小林甫	六八〇〇円
第3巻 学習力変革——地域自治と社会構築	小林甫	近刊
第4巻 社会共生力——東アジアと成人学習	小林甫	近刊

〒113-0023 東京都文京区向丘1-20-6
TEL 03-3818-5521 FAX 03-3818-5514 振替 00110-6-37828
Email tk203444@fsinet.or.jp URL:http://www.toshindo-pub.com/
※定価：表示価格（本体）+税

東信堂

書名	著者	価格
比較教育学事典	日本比較教育学会編	一二〇〇〇円
比較教育学の地平を拓く	森山肇編著 馬越稔子	四六〇〇円
比較教育学——越境のレッスン	馬越徹	三六〇〇円
国際教育開発の再検討——伝統・挑戦、新しいパラダイムを求めて	馬越徹・大塚豊監訳 M・ブレイ編著	三八〇〇円
中国教育の文化的基盤	顧明遠著 大塚豊監訳	二四〇〇円
中国大学入試研究——変貌する国家の人材選抜	南部広孝 西村幹子 小川佳万 編著	二九〇〇円
中国高等教育独学試験制度の展開——背景・実現過程・帰結	大塚豊監訳 村川一郎	三六〇〇円
中国の職業教育拡大政策——普及に向けて	劉文君	三二〇〇円
中国の後期中等教育の拡大と経済発展パターン——江蘇省と広東省の比較	南部広孝	五〇四八円
中国高等教育の拡大と教育機会の変容	呉琦来	三八二七円
教育における国家原理と市場原理——チリ現代教育史に関する研究	斉藤泰雄	三八〇〇円
ドイツ統一・EU統合とグローバリズム——教育の視点からみたその軌跡と課題	木戸裕	六〇〇〇円
現代中国初中等教育の多様化と教育改革	楠山研	三六〇〇円
バングラデシュ農村の初等教育制度受容	日下部達哉	三六〇〇円
中央アジアの教育とグローバリズム	川野辺敏編著 嶺井明子	三二〇〇円
オーストラリアのグローバル教育の理論と実践——開発教育研究の継承と新たな展開	木村裕	三六〇〇円
オーストラリアの教員養成とグローバリズム——多様性と公平性の保証に向けて	本柳とみ子	三六〇〇円
[新版]オーストラリア・ニュージーランドの教育——グローバル社会を生き抜く力の育成に向けて	青木麻衣子 佐藤博志 編著	二〇〇〇円
オーストラリアの言語教育政策——多文化主義における"多様性"と"統一性"の揺らぎと共存	青木麻衣子	三八〇〇円
オーストラリア学校経営改革の研究——自律的学校経営とアカウンタビリティ	佐藤博志	三八〇〇円
戦後オーストラリアの高等教育改革研究	杉本和弘	五八〇〇円
マレーシア青年期女性の進路形成	鴨川明子	四七〇〇円
「郷土」としての台湾——郷土教育の展開にみるアイデンティティの変容	林初梅	四六〇〇円
戦後台湾教育とナショナル・アイデンティティ	山﨑直也	四〇〇〇円

〒113-0023 東京都文京区向丘1-20-6　TEL 03-3818-5521　FAX03-3818-5514　振替 00110-6-37828
Email tk203444@fsinet.or.jp　URL:http://www.toshindo-pub.com/

※定価：表示価格（本体）＋税

東信堂

書名	著者	価格
ハンス・ヨナス「回想記」	H・ヨナス 盛永審一郎・木下喬・馬渕浩二・山本達 訳	四八〇〇円
責任という原理——科学技術文明のための倫理学の試み〔新装版〕	H・ヨナス 加藤尚武監訳	四八〇〇円
原子力と倫理——原子力時代の自己理解	Th・ラウ 尚武訳	一八〇〇円
生命科学とバイオセキュリティ——デュアルユース・ジレンマとその対応	四ノ宮成祥・笠原雅雄 編著	二四〇〇円
バイオエシックス入門〔第3版〕	今井道雄・河原直人 編著	二三八一円
バイオエシックスの展望	香川知晶 編	三三〇〇円
死の質——エンド・オブ・ライフケア世界ランキング	松坂井悦宏・飯田亘子	二二〇〇円
生命の神聖性説批判	H・クーゼ 飯田亘之・石川悦子・小野谷加奈恵・片桐・小野谷桐谷・小野谷片桐・永野訳	四六〇〇円
概念と個別性——スピノザ哲学研究	朝倉友海	三二〇〇円
〈現われ〉とその秩序——メーヌ・ド・ビラン研究	村松正隆	三八〇〇円
省みることの哲学——ジャン・ナベール研究	越門勝彦	三二〇〇円
ミシェル・フーコー——批判的実証主義と主体性の哲学	手塚博	三二〇〇円
カンデライオ(ジョルダーノ・ブルーノ著作集 1巻)	加藤守通 訳	三二〇〇円
原因・原理・一者について(ジョルダーノ・ブルーノ著作集 3巻)	加藤守通 訳	三二〇〇円
傲れる野獣の追放(ジョルダーノ・ブルーノ著作集 5巻)	加藤守通 訳	四八〇〇円
英雄的狂気(ジョルダーノ・ブルーノ著作集 7巻)	加藤守通 訳	三六〇〇円
ロバのカバラ——ジョルダーノ・ブルーノにおける文学と哲学	N・オルディネ 加藤守通 監訳	三六〇〇円
〔哲学への誘い——新しい形を求めて 全5巻〕		
哲学の立ち位置	松永澄夫 編	三二〇〇円
哲学の振る舞い	松永澄夫 編	三二〇〇円
社会の中の哲学	松永澄夫 編	三二〇〇円
世界経験の枠組み	松永澄夫 編	三二〇〇円
自己	松永澄夫 編	三二〇〇円
価値・意味・秩序——もう一つの哲学概論：哲学が考えるべきこと	浅田淳一・松永澄夫 編	三九〇〇円
哲学史を読むⅠ・Ⅱ	伊佐敷隆弘・松永澄夫 編	各三八〇〇円
言葉は社会を動かすか	高橋克也・松永澄夫 編	二三〇〇円
言葉の働く場所	松永澄夫	二三〇〇円
食を料理する——哲学的考察	村瀬鋼・松永澄夫 編	二〇〇〇円
言葉の力(音の経験・言葉の力第Ⅰ部)	松永澄夫	二五〇〇円
音の経験(音の経験・言葉の力第Ⅱ部)——言葉はどのようにして可能となるのか	松永澄夫	二八〇〇円

〒113-0023 東京都文京区向丘1-20-6　TEL 03-3818-5521　FAX03-3818-5514　振替 00110-6-37828
Email tk203444@fsinet.or.jp　URL:http://www.toshindo-pub.com/

※定価：表示価格（本体）＋税